Hausmitteilung

SPIEGEL GESCHICHTE 6/2024

Weihnachten im Kreis der Lieben 1955

Wenn etwas Schicksal ist, dann die Familie. Niemand kann sich die Verwandtschaft aussuchen. Man liebt sie, streitet mit ihr – kann ihr aber nur begrenzt entfliehen.

Heute sind Familien bunt und vielfältig wie nie zuvor. Manche befremdet das, sie verweisen auf früher, als die Welt angeblich noch in Ordnung war. Als es Großfamilien gegeben habe, die füreinander sorgten, als Geschlechterrollen eindeutig gewesen seien und Kinder besser erzogen. Diese Ausgabe von SPIEGEL GESCHICHTE schaut auf Familien von der Antike bis heute. Sie zeigt, wie Menschen einst zusammenlebten und wie sich Erwartungen und Vorstellungen verändert haben. Und sie macht deutlich, dass vieles, was heute mit Verweis auf die Vergangenheit als Ideal heraufbeschworen wird, in Wahrheit ganz anders war – etwa die Sache mit der Großfamilie (Seite 20). So bietet das Heft auch Anregungen für aktuelle Diskussionen über die liebe Verwandtschaft (oder mit ihr).

Schon immer gab es Patchworkfamilien, allein deshalb, weil viele nach dem frühen Tod des Partners oder der Partnerin wieder heirateten. Auch Trennungen sind nicht neu, wenngleich offizielle Scheidungen erst hart erkämpft werden mussten (Seite 36). Kinder hingegen wuchsen bis ins 18. Jahrhundert ganz anders auf als heute, sie wurden behandelt wie kleine Erwachsene (Seite 82). Oder traten schon in jungen Jahren als Gesinde in den Dienst anderer Familien (Seite 88). Vor allem seit der Nachkriegszeit haben sich Familien in Deutschland stark verändert – wie sehr, das zeigen die Fernsehfamilien, die ihren Alltag seit den Fünfzigerjahren auf der Mattscheibe vorlebten (Seite 126).

Und wie sah es in berühmten Familien aus? Spoiler: auch nicht anders als beim normalen Volk. Schon im ersten Kaiser-Clan des alten Rom wurde intrigiert und gelästert (Seite 14). Dem Dichter Goethe war sein Opa offensichtlich peinlich (Seite 48). Manche Bismarcks tragen bis heute schwer am großen Namen (Seite 102), und die Musterfamilie von DDR-Staatschef Walter Ulbricht scheiterte tragisch (Seite 120). Familie war kompliziert – und bleibt es.

Wir wünschen Ihnen eine anregende Lektüre!

Ihr Team von SPIEGEL GESCHICHTE

Schreiben Sie uns, wie Sie das Heft finden oder über welche Themen Sie künftig einmal etwas in SPIEGEL GESCHICHTE lesen möchten. Sie erreichen uns unter: spiegelgeschichte@spiegel.de

Titelbild Das Foto zeigt eine typische Familie zu Beginn des 20. Jahrhunderts.

Lebensbund Ehen sollten nach dem Willen der Kirche unauflöslich sein. **Seite 30**

Inhalt

SPIEGEL GESCHICHTE 6/2024

Polit-Clan Bismarcks Erben konnten seine Fußstapfen nicht ausfüllen. **Seite 102**

Blutsbande Inzest hatte bei den Habsburgern gravierende Folgen. **Seite 42**

Neue Familienformen Regenbogenfamilien haben es noch immer schwerer. **Seite 130**

Bauernfamilie 1912: Der Fotograf August Sander porträtierte zu Beginn des 20. Jahrhunderts Familien, alle Bilder dieser Strecke sind von ihm

In Liebe

Prägend Eine Familie hat fast jeder, ob man sie mag oder nicht. Und sie stellt Weichen fürs Leben: Eltern sind meist die Ersten, die Kindern ihre Welt zeigen, Gebräuche ebenso vermitteln wie Möglichkeiten und Grenzen. Manche Familien haben Traditionen oder Besitztümer, die über Generationen weitergegeben werden, noch heute erhalten Kinder oft Namen, die an Vorfahren erinnern sollen.

Bauernkinder um 1913: Geschwister wachsen zusammen auf – und nehmen doch oft verschiedene Lebenswege

Kinder eines Gutsbesitzers 1911/14 (o.): Viele Kinder zu haben, musste man sich schon damals leisten können

Großstadtkinder 1930: Auch Freunde können gefühlt zur Familie gehören, oft sind sie wichtiger als leibliche Geschwister

Sorgend Früher galt die Familie als »Keimzelle der Gesellschaft«, die Kernfamilie war der zentrale Ort für Reproduktion und Sozialisation. Heute sind Familien viel diverser, die Formen des Zusammenlebens verändern sich.

Bindend Klassisch begann die Familiengründung mit der Eheschließung – das sehen viele heute lockerer. Auch dass erwachsene Kinder oft emotional noch eng mit ihren Eltern verbunden sind, ist eher eine neuere Entwicklung.

Bäuerliches Brautpaar um 1912: Einst war die Ehe vor allem eine Sache der Ökonomie, erst später kam die Liebe dazu

Mutter und Sohn um 1925: Das Verhältnis zwischen den Generationen war nicht immer konfliktfrei

Verwurzelt Die Vorfahren sind eine direkte Verbindung zur Vergangenheit. Manche kennen die Geschichten ihrer Familie, andere suchen nach Informationen über ihre Abstammungslinie, hoffen, so mehr über sich selbst zu erfahren.

Bauernfamilie 1911/14: Mehrere Generationen lebten erst seit dem 19. Jahrhundert in einem Haushalt zusammen

Silberhochzeit auf dem Land 1932: Traditionell heiratete man in Europa eher spät, das begrenzte die Größe der Familie

Eine schrecklich mörderische Sippe

Büsten und Statue der römischen Mächtigen Kaiser Tiberius, Kaiser Augustus, Agrippina die Jüngere, Kaiser Nero, Germanicus (v. l. n. r)

Antike Die römische Kaisergattin Julia Agrippina soll ihren Ehemann Claudius umgebracht haben. Die Anschuldigung verrät viel über die toxische Dynamik in der einflussreichsten Familie des Imperiums: Es ging um Macht – und um das Erbe.
Von Martin Pfaffenzeller

Der Abend, der Julia Agrippinas Ruf endgültig zerstörte, begann mit einem Pilzgericht. In der Residenz auf dem römischen Hügel Palatin saß die Kaisergattin mit ihrem Gemahl Claudius, bei ihnen vermutlich ihr Sohn Nero und ein paar Gäste. Der Vorkoster brachte die Speise herein, probierte einen Happen. Dann bediente sich die Familie.

Als Claudius ein paar Pilze verschlungen hatte, wurde er blass und konnte nicht mehr sprechen. Die Gäste dürfte das anfangs kaum besorgt haben: Der 63-jährige Kaiser war als Trinker bekannt und schon öfter während Gelagen eingeschlummert. Seit seiner Kindheit stotterte er.

Bald aber wurde sein Zustand zu auffällig, um ihn zu ignorieren. Sein Leibarzt führte ihm eine Feder ein, damit er sich übergab. Dann brachten ihn Diener ins Bett.

Am nächsten Morgen war Claudius tot, Agrippina Witwe und Nero neuer Kaiser.

Kaum jemand in Rom glaubte an ein natürliches Ableben von Claudius. Gerüchte verbreiteten sich: Hatte der Vorkoster etwas auf die Pilze geträufelt? Hatte der Leibarzt die Feder mit einer Tinktur behandelt, bevor er sie in den kaiserlichen Gaumen führte? Vor allem Witwe Agrippina, 38, geriet unter Verdacht. Manche behaupteten, sie bei einer Giftmischerin gesehen zu haben. Andere erzählten, sie habe Claudius den größten Pilz gereicht.

Antike Autoren wie Plinius der Ältere, Tacitus und Sueton vermuteten einen Giftmord – und beschuldigten Agrippina.

Sie profitierte zunächst am meisten vom Tod ihres Mannes: Denn ihr 16-jähriger Sohn überließ ihr nun, wie Sueton schreibt, die »ganze Leitung der Staatsangelegenheiten« – eine Frau als Regentin hatte es zuvor in Rom noch nie gegeben.

Knapp zwei Jahrtausende später lassen sich die Ereignisse von Claudius' letztem Abendmahl am 12. Oktober 54 n. Chr. nicht mehr aufklären. Aber allein das Aufkommen der Giftmordtheorie verrät einiges darüber, wie man Agrippina damals wahrnahm: als machtgierig, hinterlistig und skrupellos – auch gegenüber den eigenen Angehörigen.

Sie war erst Opfer, dann möglicherweise Täterin und am Ende wieder Opfer. Ihre Biografie ist wohl das beste Beispiel für die tödliche Familiendynamik im ersten römischen Kaiserhaus, der julisch-claudischen Dynastie, in der fast durchgehend Machtkämpfe tobten.

Verwandtschaftsbande spielten in der römischen Geschichte von Beginn an eine entscheidende Rolle, gerade in der Politik. Familien bildeten den Kern der römischen Gesellschaft. Sie bestanden traditionell aus dem Familienoberhaupt, dem pater familias, der Gattin, den Kindern, den Sklaven sowie den Freigelassenen. Jede angesehene Familie gehörte zu einer Sippe, die sich auf gemeinsame Ahnen berief. Die Clanmitglieder verehrten die Vorfahren und brüsteten sich mit deren Erfolgen. Politische Allianzen zwischen Sippen besiegelte man durch Eheschließungen, auch Adoptionen dienten diesem Zweck.

Während in der Republik noch verschiedene Familien die Macht unter sich aufteilten, drängte der erste Kaiser Augustus seit dem Jahr 27 v. Chr. den Einfluss der anderen Clans zurück und stellte die Weichen für eine dynastische Herrschaft: Nur noch Angehörige seiner Familie sollten fortan über das römische Weltreich herrschen. Und Agrippina war Teil dieser mächtigen Sippe.

Sie war die Urenkelin des ersten Kaisers – diese Abstammung blieb lebenslang ihre wichtigste Ressource im politischen Kampf. Hinzu kam, dass ihr Vater der im Volk beliebte Feldherr Germanicus war. Viele Zeitgenossen hätten ihren berühmten Ahnen eine »irrationale, fast mystische Macht« zugeschrieben, urteilt der britisch-kanadische Althistoriker Anthony Barrett.

Wirklich kennengelernt hatte Agrippina keinen der beiden Vorfahren. Augustus war 14 n. Chr. gestorben, ein Jahr vor ihrer Geburt. Der Vater war zu einer Mission nach Syrien aufgebrochen, als seine Tochter ein Kleinkind war, und kehrte nie zurück.

In Rom tuschelte man über einen möglichen Giftmord an Germanicus, wie häufig nach unerwarteten Todesfällen. Als Hintermann verdächtigte man den damaligen Kaiser Tiberius, der angeblich einen Rivalen loswerden wollte.

In Rom tuschelte man über einen Giftmord, wie häufig nach unerwarteten Todesfällen.

Heute mahnen Forschende bei angeblichen Vergiftungen zur Vorsicht, damals aber dürften die Mordgerüchte Agrippinas Kindheit überschattet haben.

Tiberius war nicht nur Kaiser, sondern auch Agrippinas Großonkel und Oberhaupt des Clans. Das römische Recht erlaubte ihm, Babys auszusetzen, Verwandte zu verstoßen – und Mädchen zwangszuverheiraten.

Als Agrippina mit 13 Jahren heiratete, dürfte sie kaum Mitsprache bei der Partnerwahl gehabt haben. Ihr Mann war Domitius, ein reicher Politiker und Großneffe von

Augustus. Derartige Eheschließungen innerhalb des eigenen Clans waren üblich, sie sollten den Zusammenhalt und damit die Macht stärken.

Doch dass die kaiserliche Macht an Familienmitglieder weitergegeben wurde, hieß nicht, dass es innerhalb des Clans friedlich zuging. Im Gegenteil, das relativ neue dynastische Prinzip, das keinen klaren Regeln folgte, sorgte für Misstrauen und Konkurrenz.

Der zunehmend paranoide Tiberius ließ Agrippinas gleichnamige Mutter und zwei ihrer drei älteren Brüder wegen einer angeblichen Verschwörung zu Staatsfeinden erklären und verbannen. Die Mutter verhungerte im Exil, ein Bruder wurde in den Suizid getrieben, der andere starb in Haft.

Auch Agrippinas Mann musste sich wegen Hochverrats verantworten. Sie war damals wohl schon schwanger und bangte um ihre Zukunft: Bei einer Verurteilung hätte sie Vermögen und Ansehen verloren.

Dann starb Kaiser Tiberius mit 77 Jahren. Für Agrippina war der Tod ein Glücksfall: Ihr Mann entging einer Bestrafung. Neuer Kaiser wurde ihr verbliebener Bruder: Gaius Caesar, zu diesem Zeitpunkt 24 Jahre alt, heute bekannt als Caligula (Stiefelchen).

Die dynastische Erbfolge innerhalb der Familie hatte der augusteische Clan nicht erfunden. Vermutlich hatte man sich das – wie so vieles – von den Griechen abgeschaut. Die dort (und auch in Ägypten) regierenden hellenistischen Könige reichten den Herrschertitel innerhalb ihrer Familien weiter.

Im hellenistischen Griechenland spielten die Frauen der Dynastien eine wichtige Rolle. Auch Caligula zeigte seine Verbundenheit zu Agrippina und ihren beiden jüngeren Schwestern. Er ließ eine Münze prägen, die sie als Göttinnen zeigten. Laut Geschichtsschreiber Sueton nahm er sie auch in den Eid für Amtsträger auf: »Auch will ich mich selbst und die Meinigen nicht lieber haben, als ich den Gaius und seine Schwestern liebe« (Übersetzung Adolf Stahr).

Die Nähe des Kaisers zu den Schwestern sorgte allerdings für Gerüchte. Sueton behauptet, Caligula habe »unzüchtigen Verkehr« mit ihnen getrieben. Agrippina habe er zudem an seine »Lieblinge« ausgeliehen. Biograf Barrett hält das für unglaubwürdig: Inzestvorwürfe waren eine beliebte Verleumdung in Rom. Andere Geschichtsschreiber erwähnen den angeblichen Geschwistersex nicht, obwohl sie sonst wenig Gutes an Caligula und Agrippina lassen.

Unstrittig hingegen war: Caligula verfiel bald einer Mischung aus Überheblichkeit und Paranoia. Er soll juwelenbesetzte Jachten bauen lassen und sein Pferd Incitatus zum Konsul ernannt haben. Außerdem ließ er Tiberius' Enkel hinrichten und Gegner absetzen. Das bizarre Verhalten ihres Bruders wurde Agrippina gefährlich. Politische Gegner in Rom wollten das Kaisertum abschaffen und warteten nur auf einen Anlass. Damit wäre nicht nur die Macht des Clans gebrochen gewesen. Auch die Chance ihres 37 n. Chr. geborenen Sohnes Domitius auf den Thron wäre dahin gewesen.

In dieser Krise emanzipierte sich die inzwischen 24-Jährige von den Männern ihres Clans und beteiligte sich an einer Verschwörung gegen Caligula. Geschichtsschreiber Tacitus glaubte zu wissen, sie habe mit deren Anführer in der Hoffnung auf die Herrschaft »Ehebruch« begangen. Vielleicht plante sie, diesen zu heiraten. Sicher ist, dass die Urenkelin des Augustus dem Putsch dynastische Legitimität verliehen hätte.

Caligula erfuhr jedoch von der Verschwörung und ließ den Anführer hinrichten. Agrippina demütigte er, indem er sie zwang, die Asche ihres angeblichen Liebhabers nach Rom zu tragen. Dann verbannte er seine Schwester.

Seine Gegner aber gaben nicht auf. Anfang 41 n. Chr. ermordeten unzufriedene Offiziere der kaiserlichen Garde Caligula in einem Gang zwischen seinem Palast und einem Theater. Nachfolger wurde Claudius, 49, ein Onkel Agrippinas. Der hatte sich bisher aus den Machtkämpfen herausgehalten und lieber historischen Studien gewidmet. Weil er hinkte, stotterte und sabberte, hatten ihn seine Vorgänger nie als Konkurrenten gesehen.

In der Krise emanzipierte sich die 24-Jährige von den Männern ihres Clans und beteiligte sich an einer Verschwörung.

Jetzt aber war er der vierte Kaiser von Rom. Und damit war das dynastische Herrschaftsprinzip endgültig etabliert. »Diese Botschaft wurde offensichtlich, als Caligula (und Claudius) sämtliche Titel und Ämter erhielten, die vor ihnen Augustus und Tiberius gehabt hatten – einfach weil sie Familienmitglieder waren«, schreibt der niederländische Althistoriker Olivier Hekster in seinem Buch über das Selbstverständnis der römischen Kaiser.

Für die inzwischen verwitwete Agrippina bedeutete Claudius eine neue Chance. Der Kaiser hob ihre Verban-

SCHNELLES WISSEN Wer waren Julier und Claudier?

Der Clan der Julier zählte früh zu den wichtigsten Adelsfamilien in Rom. Der Name leitet sich vom mythischen Julus ab, Sohn des trojanischen Fürsten Aeneas und Enkel der Göttin Venus. Julus soll nach Italien geflohen sein und eine Stadt gegründet haben, aus der wiederum die Rom-Gründer stammten. Die Claudier waren in der römischen Republik noch einflussreicher als die Julier. Der Clan galt als konservativ und arrogant. Mit der Hochzeit von Octavian (später der erste Kaiser Augustus) und Livia vereinigten sich die beiden Häuser.

nung auf und gab ihr ihren Besitz zurück. Sie heiratete einen angesehenen Senator, der bald Statthalter der Provinz Asien und später Konsul in Rom wurde. Friedlicher allerdings wurde ihr Leben erst einmal nicht. Denn auch Claudius ging ohne Skrupel gegen die eigene Familie vor. Bald ließ er Agrippinas verbliebene Schwester töten.

Agrippina hatte nun ihre Eltern und alle Geschwister verloren. Als letzte lebende Nachfahren des Augustus waren sie und ihr Sohn potenzielle Ziele weiterer Säuberungen. Schützen konnte sie nur eines: Macht – und das bedeutete im kaiserzeitlichen Rom vor allem Befehlsgewalt über die mehrere Tausend Mann starke Palastgarde.

Im Weg stand ihr dabei Claudius' Frau Messalina, über die der Dichter Juvenal lästerte, sie hätte sich nachts in Bordellen herumgetrieben und unersättlich Freier empfangen. Beide Frauen wollten jeweils dem eigenen Sohn zur Thronfolge verhelfen.

Um ihr Ziel zu erreichen, startete Agrippina eine PR-Kampagne, so vermutet es Biograf Barrett. Bei einer Pferdeparade 47 n. Chr. bejubelte das Publikum ihren Spross, während es Messalinas Knaben kaum beachtete. Solche öffentlichen Bekundungen waren in der römischen Politik wichtig: Die Kaiser mussten stets Rücksicht auf die Launen der Stadtbevölkerung nehmen.

Aber Agrippina musste ihre Rivalin gar nicht weiter provozieren. Bald verbündete sich Messalina mit einem Liebhaber, um Claudius zu stürzen. Der Kaiser wurde gewarnt und ließ die Verschwörer hinrichten. Der Platz an seiner Seite war wieder frei.

Auch Agrippinas zweiter Mann war inzwischen gestorben. Sueton berichtet, sie hätte ihn hinterlistig getötet, was vermutlich auf Gift anspielt. Es ist der erste von neun Mordvorwürfen in den Quellen, die Barrett auflistet. Allerdings, so betont er, »ohne Gewähr«. Laut Sueton und Tacitus nutzte Agrippina nun »Liebkosungen« und »Reize«, um Claudius für sich zu gewinnen. Historiker Barrett kommt aufgrund der zeitgenössischen Porträts zum Schluss, dass sie eine niedrige Stirn, ein breites Kinn und eine leicht verformte Oberlippe hatte – nicht unbedingt normschön nach antiken Standards.

Der Kaiser dürfte bei der Allianz mit Agrippina auch politische Hintergedanken verfolgt haben: Er war zwar Bruder des Germanicus und Nachkomme von Livia, der

Laut Sueton und Tacitus nutzte Agrippina »Liebkosungen« und »Reize«, um Claudius für sich zu gewinnen.

Römische Münzen mit Porträts von Kaiser Tiberius, Kaiser Caligula, Kaiser Claudius, Kaiser Augustus und Kaiser Nero mit Mutter Agrippina

Gattin des ersten Kaisers, eine direkte Blutlinie zu Augustus hatte er aber nicht. Mit dessen Urenkelin an der Seite wäre auch seine Position gestärkt.

49 n. Chr. heirateten die beiden, nachdem sie sich eine Erlaubnis vom Senat eingeholt hatten. Ehen zwischen Nichte und Onkel waren eigentlich verboten, aber der Kaiserclan konnte eine Ausnahme durchsetzen.

Wie sich bald zeigte, brachte Agrippina mehr als nur dynastische Legitimation in Claudius' Leben. Der Kaiser schätzte sie als Beraterin und betraute sie mit Staatsgeschäften.

Claudius verlieh ihrem Geburtsort am Rhein die Stadtrechte und gab ihm den Namen Colonia Claudia Ara Agrippinensium; heute ist die römische Kolonie als Köln bekannt. Zudem ließ er Münzen mit ihrem Bild und dem Ehrentitel Augusta (»die Erhabene«) prägen. So eine Ehrung hatte erstmals Augustus' Ehefrau Livia erhalten – allerdings erst nach dem Tod ihres Mannes.

Kaiser Augustus spannt dem Römer Gaius Maecenas die Frau aus (Kupfergravur von 1780)

Sie vergaß nie, wie unsicher ihre Position war – zu viele Verwandte hatte sie plötzlich stürzen sehen.

Agrippina durfte mit einem Prunkwagen über das Forum kurven, was sonst nur Priestern erlaubt war. Begleitet wurde sie von einer eigenen Leibwache. Politisch bedeutsamer war, dass sie in Rom die Unterwerfung eines Königs von der Insel Großbritannien entgegennahm – eigentlich ein Privileg von Feldherren und Kaisern.

Für konservative Zeitgenossen waren solche Machtdemonstrationen einer Frau unerhört. Die alte Elite der römischen Republik haderte ohnehin mit dem Kaisertum. Eine selbstbewusste Kaisergattin brach in ihren Augen mit allem, wofür Rom einmal gestanden hatte. »Es war freilich etwas Neues und gegenüber den Sitten der Alten ungewöhnlich«, klagte Tacitus, »dass eine Frau das Kommando über römische Truppen führte: aber sie selbst wollte als Mitinhaberin der Herrschaft auftreten« (Übersetzung Erich Heller).

In der antiken Geschichtsschreibung kommen Agrippina und Claudius schlecht weg: Sie wird als machtbesessene Manipulatorin gezeichnet, er als Pantoffelheld mit Behinderung. Historiker Barrett sieht die beiden dagegen als Power-Couple, das in »totaler Übereinstimmung« regierte.

Doch Agrippina vergaß nie, wie unsicher ihre Position war. Zu viele Verwandte hatte sie plötzlich stürzen sehen. 51 n. Chr. setzte sie einen Günstling als Kommandanten der Palastgarde ein. Auch die Offiziersränge füllte sie mit Anhängern, bisherige Truppenführer beförderte sie zur Armee weg, so fühlte sich niemand benachteiligt.

Zugleich ließ Agrippina mehrere Nebenbuhlerinnen ausschalten. Eine sollen Agrippinas Schergen zum Suizid gezwungen haben. Gegen eine andere Rivalin soll sie eine Todesstrafe wegen angeblicher Schadzauberei erwirkt haben – Justizmord per Hexenprozess.

Ihr wichtigstes Ziel war, für den Fall vorzusorgen, dass ihr Mann starb. Der war oft krank und trank gern. Ihre Versicherung war ihr Sohn. Laut Tacitus arbeitete Agrippina mit allen Tricks darauf hin, dass Claudius den Knaben zum Thronfolger ernannte. Dabei brauchte es vermutlich wenig Überredungskünste: Claudius' leiblicher Sohn mit Messalina war noch ein Kind und vermutlich Epileptiker, Senat und Volk hätten ihn als Nachfolger kaum akzeptiert. Agrippinas Sohn schien kerngesund, stand an der Schwelle zum Erwachsenendasein und konnte auf seine prominente Herkunft verweisen. Die Adoption des Jungen lag in Claudius' »bestem Eigeninteresse«, so Historiker Barrett. Agrippinas Sohn erhielt einen neuen Namen, der bei den Claudiern üblich war: Nero.

54 n. Chr. erkrankte Claudius schwer. In einem Brief an den Senat ernannte er den inzwischen 16-jährigen Nero auch offiziell zum Nachfolger. Dann aber, so behauptet es Geschichtsschreiber Sueton, habe der Kaiser seine Meinung geändert und seinem leiblichen Sohn den Thron versprochen. Agrippina habe daher entschieden, ihren Gatten auszuschalten. Ihre angebliche Waffe: das fatale Pilzgericht vom 12. Oktober.

An Agrippina blieb das Image der hinterlistigen Mörderin hängen, es wirkt bis heute nach.

Historiker Barrett zweifelt jedoch an dieser Darstellung. Der Zeitgenosse Seneca der Jüngere ließ Claudius in einer Satire, die kurz nach dem Tod des Kaisers entstand, von Febris, der Göttin des Fiebers, dahinraffen, was für ein natürliches Ableben spricht. Tatsächlich grassierte in Rom damals eine Seuche, an der auch einige Amtsträger starben.

Auch Sueton, der die Giftmordtheorie als Konsens in Rom bezeichnet, widerspricht sich selbst. In seiner Claudius-Biografie berichtet er, der Kaiser habe am Ende seines Lebens vor dem Senat darüber sinniert, »dass er die Grenze der Zeitlichkeit bereits erreicht habe«. Er wusste, dass er todkrank war.

Die Geschichte von den Pilzen diente vor allem dazu, Agrippina zu diskreditieren. Das Motiv der kaisermordenden Kaisergattin war nicht neu: Der Frau des ersten Imperators Augustus war ein Anschlag mit vergifteten Feigen vorgeworfen worden, weil sie so ihren Sohn Tiberius auf den Thron habe bringen wollen. Dieses Gerücht war so abstrus, dass es sich nicht dauerhaft durchsetzte.

Doch an Agrippina blieb das Image der hinterlistigen Mörderin hängen, es wirkt bis heute nach. Barrett stellt sie in eine Reihe mit »betörend bösen« Figuren wie Rasputin und Vlad, dem Pfähler, besser bekannt als Dracula.

Ihre eigene Sicht der Dinge wird die Nachwelt nie erfahren: Agrippina hat zwar Memoiren verfasst, auf die sich Tacitus bezieht. Aber die Schriften sind verschollen.

So bleiben auch für Agrippinas Sturz nur die Berichte der männlichen Geschichtsschreiber. Der Konflikt, der zu ihrer Entmachtung führte, nachdem sie einige Monate faktisch allein regiert hatte, scheint aber plausibel: Agrippina wollte Nero lenken, der hatte darauf aber keine Lust mehr.

Nero begann eine Liebschaft mit einer reichen und schönen Freigelassenen, wodurch er die dynastische Planung der Mutter torpedierte. Sie zeterte, doch der Sohn ignorierte sie. Um ihn zurückzugewinnen, soll sie Nero später sogar ins Schlafzimmer zur »Blutschande« eingeladen haben. Historiker Barrett hält diese Anekdote für eine Übertreibung, urteilt aber: »Sie war erstaunlich hilflos im Umgang mit ihrem Teenagersohn.«

Nero warf seine Mutter aus dem Kaiserpalast, entzog ihr die persönliche Leibwache und verweigerte ihr den Zugang zu politischen Treffen. »Alsbald verlassen war Agrippinas Schwelle: Niemand tröstete, niemand besuchte sie außer wenigen Frauen, ob aus Zuneigung oder aus Gehässigkeit, wusste man nicht«, schrieb Tacitus nicht ohne Schadenfreude.

Ganz so isoliert dürfte Agrippina aber nicht gewesen sein. Auch nach ihrem Rauswurf mischte sie sich in Neros Liebesleben, Haushaltsführung und Politik ein. Vier Jahre später eskalierte der schwelende Konflikt erneut, wohl wieder wegen einer Affäre des Sohnes. Nun beschloss Nero, die Mutter loszuwerden. Offenbar fürchtete er, dass die kaiserliche Palastgarde ihr treu ergeben war, was für Agrippinas politischen Einfluss in diesen Jahren spricht.

Also lud er sie 59 n. Chr. unter einem Vorwand zu einem Fest in den Küstenort Baiae am Golf von Neapel ein und ließ vor der Rückfahrt ihr Boot sabotieren, heißt es in den antiken Berichten. Der Anschlag misslang jedoch, und Agrippina konnte sich schwimmend ans Ufer retten – ein Sinnbild für ihren Überlebenswillen.

Doch es nützte ihr nichts: Nun schickte der Kaiser Bewaffnete, die in ihre Villa eindrangen, sie mit dem Schwert töteten und ihre Leiche verbrannten. Die zeitweise »vermutlich mächtigste Person in Rom« (Barrett) landete in einem unscheinbaren Grab, über dem ihre Diener erst Jahre später einen Hügel errichteten.

Der Sohn konnte seine Loslösung von der Mutter etwa neun Jahre lang genießen. Ohne Agrippina aber verfiel er laut den Quellen vollends dem Wahnsinn – der Tiefpunkt war seine angebliche Brandstiftung von Rom.

68 n. Chr. erhoben sich ein Heerführer und der Senat gegen ihn. Bevor seine Gegner ihn fassten, stieß er sich einen Dolch in die Kehle. Die selbstzerstörerische Dynamik der julisch-claudischen Dynastie fand ein passendes Ende.

Der nächste Kaiser kam aus einem anderen Clan.

Die erfundene Großfamilie

Mythen Früher lebten mehrere Generationen unter einem Dach, Menschen heirateten jung und kümmerten sich um die Alten? Eher nicht. Warum Familie auch in der Vergangenheit kompliziert war, erklären die Historiker *Andreas Gestrich* und *Isabel Heinemann.*

SPIEGEL: Frau Heinemann, Herr Gestrich, nehmen wir an, ein Mensch aus dem Römischen Reich würde ins Heute katapultiert. Würde dieser Mensch eine heutige Familie als solche erkennen?

Gestrich: Er würde sie erkennen, aber er wäre sicher auch verwirrt. Schon darüber, wie wir die Bezeichnung »Familie« benutzen. Das ist zwar ein römischer Begriff, aber damals verstand man darunter alle Mitglieder eines Haushalts und den gesamten sachlichen Besitz. Auch die Versklavten gehörten dazu. Ähnlich war es in der griechischen Antike mit dem Wort »oikos«. Das hieß einfach Haus. Auch im römischen Bereich wurde der Begriff Haus (»domus«) in diesem Sinne verwendet. Für die heutige Kernfamilie aus Vater, Mutter, Kinder gab es weder im Römischen noch im Griechischen eine eigene Bezeichnung, auch wenn solche Modelle praktisch existierten.

Heinemann: In der Antike galt das Modell »familia« oder »oikos« – als einem aus verschiedenen Personengruppen und teilweise auch mehreren Kernfamilien zusammengesetztem Haushalt – allerdings nicht für alle, sondern nur für die Oberschicht, die sich Versklavte und anderes Dienstpersonal leisten konnten. Der Begriff Familie für eine Form des Zusammenlebens als Kernfamilie, die es in allen sozialen Schichten gibt, ist auch im Deutschen relativ neu.

Gestrich: Bis zum Ende des 17. Jahrhunderts nutzte man auch im deutschen Sprachraum den Begriff »Haus«, und das umfasste Vater, Mutter, Kinder, aber auch das Gesinde, und Letzteres konnten sich natürlich nicht alle leisten. Erst etwa seit dem 19. Jahrhundert wurde das Gesinde begrifflich ausgegrenzt. Nun sprach man von »Familie«, wenn die Kernfamilie gemeint war.

Heinemann: Und diese Idee von der Kernfamilie verfestigte sich im 19. Jahrhundert ausgehend vom Bürgertum zu einem Ideal, mit dem wir es heute noch zu tun haben.

SPIEGEL: Das Wort Ökonomie leitet sich vom griechischen Begriff für Familie, »oikos«, ab. Wie eng hingen familiäre und wirtschaftliche Strukturen zusammen?

Gestrich: Sehr eng. Die Familie war eine Wirtschaftseinheit, eine Produktionseinheit in der Landwirtschaft, im Handwerk oder im Gewerbe. Mann und Frau nahmen unterschiedliche Rollen wahr, aber sie wirtschafteten zusammen und waren aufeinander angewiesen. Auch die Kinder waren früh in die Produktion eingebunden, etwa indem sie Aufgaben im Betrieb übernahmen.

Heinemann: Im Mittelalter oder in der Frühen Neuzeit leisteten Frauen als Verwalterinnen des Hauses oder als Gattin eines Handwerkers einen sehr wichtigen Beitrag in der Familie als Wirtschaftseinheit. In dieser Rolle hatte die Frau deutlich mehr Handlungsspielraum und einen anderen Stellenwert als in der Familie der Moderne. Ab etwa Mitte des 19. Jahrhunderts sollte der Mann der Ernährer und die Frau für das Haus und die Sorgearbeit zuständig sein. Die Arbeit des Mannes fand nun außerhalb des Hauses statt, also öffentlich. Sie wurde als wertvoller betrachtet. Der Frau blieb der private Bereich – ihre Handlungsspielräume schrumpften und ebenso der Wert, der ihrer Arbeit beigemessen wurde.

SPIEGEL: Wurden Familien im 19. Jahrhundert dann auch kleiner, als sie es vorher gewesen waren?

Gestrich: Die vorindustrielle Großfamilie, in der drei bis vier Generationen mit vielen Kindern zusammenlebten, ist ein Mythos, eine Erfindung des 19. Jahrhunderts. Demografen können zeigen, dass Haushalte auch schon im Mittelalter und in der Frühen Neuzeit relativ klein waren. Zumindest in Mittel- und Nordwesteuropa heirateten Männer wie Frauen oft erst mit 29 oder 30 Jahren, in einem Alter also, in dem ihre Eltern nicht mehr viel Zeit vor sich hatten. Wenn überhaupt, lebten drei Generationen also höchstens für kurze Zeit unter einem Dach. Untersuchungen in England haben ergeben, dass Familien in vorindustrieller Zeit ungefähr viereinhalb Personen umfassten, inklusive Dienstpersonal.

SPIEGEL: Der Kinderreichtum, den wir uns für vergangene Epochen vorstellen, ist also ein Mythos?

Gestrich: Ja. Durch das späte Heiratsalter bekamen Paare nicht so viele Kinder, und ungefähr die Hälfte der Kinder starb zudem noch vor dem fünften Lebensjahr. Von den überlebenden Kindern mussten viele schon in früher Jugend das Haus verlassen, weil sie nicht erbberechtigt waren. Erst im 19. Jahrhundert sind die Familien größer geworden – genau anders, als man es sich gemeinhin vorstellt.

SPIEGEL: Woher kommt diese Vorstellung?

Heinemann: Man bezog sich auf die angeblich lange Tradition, um die Großfamilie, wie man sie im 19. Jahrhundert sah, zu legitimieren. Historische Bezüge dienten in der Geschichte immer wieder dazu, die eigenen Werte und Vorstellungen aufzuwerten – und gar nicht so selten wurden sie erfunden, wie in diesem Fall.

SPIEGEL: Was ist mit der Behauptung, Gefühle hätten in Familien früher keine so große Rolle gespielt, weil die wirtschaftliche Bedeutung der Familie im Mittelpunkt stand? Stimmt das denn?

Gestrich: Das schließt sich ja nicht aus. Schon antike Literatur belegt Emotionen innerhalb der Familie. Inschriften auf römischen Grabsteinen zeigen deutlich, dass es sehr starke Bindungen zwischen Eltern und ihren Kindern geben konnte. Im Mittelalter und in der Frühen Neuzeit kann man das auch anhand erhaltener Briefe gut belegen.

SPIEGEL: Ist es auch ein Mythos, dass die Alten früher mehr Wertschätzung erfahren haben? Oder hat man sie als Last betrachtet, weil man sie durchfüttern musste?

Andreas Gestrich, Jahrgang 1952, lehrte Neuere und Neueste Geschichte an der Universität Trier und führte von 2006 bis 2018 das Deutsche Historische Institut London. Zu seinen Forschungsschwerpunkten zählt die Sozialgeschichte von Kindheit, Jugend und Familie.

Isabel Heinemann, Jahrgang 1971, lehrt an der Universität Bayreuth Neueste Geschichte. Sie forscht zum Nationalsozialismus und zu Geschlechterordnungen, insbesondere zur Geschlechtergeschichte in BRD und DDR sowie zu Antifeminismus in der Bundesrepublik.

Gestrich: Das Zusammenleben der Generationen war nie unproblematisch. Das sieht man sehr gut an den Ausgedingverträgen im bäuerlichen Bereich, wenn die ältere Generation den Hof an die Erben übergab. Darin wurde bis ins kleinste Detail geregelt, was die Kinder ihren Eltern schuldig waren. Sogar wie man miteinander umgehen sollte, wurde festgehalten. Bauern waren mit der Hofübergabe von der Arbeitsleistung ihrer Kinder abhängig und trafen Vorsorge, weil sie nicht davon ausgehen konnten oder wollten, dass das funktionierte. Bis ins 19. Jahrhundert war die Lebensrealität in Europa vor allem für weniger Betuchte die einer Knappheitsgesellschaft. Man wurde immer wieder von Hungerkrisen und anderen Notsituationen heimgesucht. Das führte oft zu Interessenkonflikten zwischen den Generationen.

Heinemann: Die ökonomischen Versorgungsbeziehungen innerhalb der Familien wurden mit der Entstehung des Sozialstaats Ende des 19. Jahrhunderts entschärft. Paradoxerweise begann parallel dazu eine Idealisierung des einst erzwungenen Zusammenlebens und Mitversorgens. So eine Mehrgenerationenromantik kann man nur beschwören, wenn man nicht mit den realen Schwierigkeiten und wechselseitigen Abhängigkeiten konfrontiert ist.

Gestrich: Ganz gelöst sind diese Versorgungsfragen bis heute nicht, das sehen wir an den Debatten um die Pflegeversicherung. Trotz Rente und Pflegeversicherung sind die Kosten für die Altersversorgung heute für weniger wohlhabende Familien wieder ein Problem geworden.

SPIEGEL: Bei der Altersversorgung übernahm der Staat Aufgaben, die zuvor die Familie hatte. Wie war das Verhältnis zwischen Obrigkeiten und später Staaten und Familien denn allgemein? Gab es Konflikte oder Versuche der Beeinflussung?

Gestrich: Die Kirche hatte die Ehe 1274 zu einem Sakrament erklärt. Dadurch wurde sie im Prinzip unauflösbar und galt als religiöse Institution. Eine Verweltlichung der Familie begann mit der Reformation nach 1517, als sich der Protestantismus von der Ehe als Sakrament wieder abwandte. Damit öffneten die Protestanten dem Staat Tür und Tor, in das Eheleben stärker einzudringen. In vielen Staaten der Frühen Neuzeit entstanden Eheordnungen, die alle Fragen rund um Heiraten, Familie und Sexualität regelten. Und bald entstanden auch rechtliche Vorgaben für Scheidungen.

SPIEGEL: Warum hat der Staat überhaupt ein Interesse an Familien, warum wird so viel in diesem eigentlich privaten Bereich gesetzlich geregelt?

Gestrich: Weil traditionell hier die Kinder gezeugt und erzogen werden, die für den Fortbestand einer Gesellschaft und eines Staates elementar sind. Aber auch weil es dort um die Weitergabe von Besitz und Status geht, nämlich bei Fragen des Erbrechts.

Heinemann: Der Staat baut auch darauf, dass die Generationen füreinander sorgen und die alternden Jahrgänge von den Beitragszahlungen der Jungen profitieren. Das ist der Generationenvertrag – früher ganz direkt, heute im Umweg über Renten- oder Pflegeversicherung.
SPIEGEL: Versuchen autoritäre Regime stärker, Familien zu kontrollieren? Die Nationalsozialisten haben mithilfe von Jugendorganisationen den Nachwuchs indoktriniert. Auch die DDR regierte in die Familie hinein.
Heinemann: Beide deutschen Diktaturen mischten sich stark in Angelegenheiten von Familie und Erziehung ein, etwa auch mit der Jugendweihe in der DDR oder mit dem Versuch, die Ausbildung der Kinder vom politischen Wohlverhalten der Eltern abhängig zu machen. Aber auch Demokratien betrachten die Familie nicht nur als Privatsache. Sonst hätten wir heute keine Familienbeiräte, kein Kindergeld, kein Familienministerium.
Gestrich: Aus staatlicher Sicht sind Familien schlecht kontrollierbar. Niemand weiß, was hinter der Wohnungstür passiert. An der DDR sieht man ganz gut, dass sie darauf angewiesen war, dass Familien funktionieren, weil Arbeitskräfte gebraucht wurden. So fühlten sich die Arbeitsbrigaden in den Betrieben oft dafür zuständig, Konflikte innerhalb der Familie und in der Nachbarschaft zu schlichten. Die Politik schwenkte schnell um von einem eher familienkritischen Kurs auf eine Politik, die der Stabilisierung von Familien diente. Das Familienleben genoss in der DDR am Ende einen recht hohen Stellenwert.
Heinemann: Erich Honecker initiierte ab 1971 eine familienfördernde Sozialpolitik, zu der Ehekredite, eine Anhebung des Kindergelds und der Ausbau der Tagesbetreuung gehörten. Außerdem wurde 1976 ein »Babyjahr« eingerichtet, in dem Mütter zunächst ab dem zweiten, ab 1986 dann auch seit dem ersten Kind ein Jahr lang Lohnersatzleistungen erhielten – ähnlich dem späteren Elterngeld. Außerdem gab es bereits seit 1952 einen voll bezahlten Tag pro Monat, den zunächst nur verheiratete, ab 1977 auch unverheiratete Frauen ab vierzig und alleinerziehende Männer als Haushaltstag freinehmen konnten. Das waren familienpolitische Maßnahmen, mit denen man die Familien stärken und die Geburtenrate anheben wollte.
SPIEGEL: Wie unterschied sich das von der Familienpolitik der Bundesrepublik?
Heinemann: Auch in Westdeutschland sehen wir in den Fünfzigerjahren Bemühungen, die Familien zu stärken, um die Geburtenrate zu steigern. Der damalige Bundeskanzler Konrad Adenauer ernannte 1953 den erzkonservativen katholischen CDU-Politiker Franz-Josef Wuermeling zum Familienminister. Der wetterte gegen berufstätige Mütter und wollte Frauen aus Fabriken und Büros zurück in die Familie holen. Zur finanziellen Entlastung der Familien führte er unter anderem zinsfreie Eigenheimdarlehen ein,

dazu Fahrpreisermäßigungen für Kinderreiche (der »Wuermeling-Pass«) und vor allem das Kindergeld, allerdings zunächst erst ab dem dritten Kind. Die geringe Kinderzahl war ein Riesenproblem sowohl für die Bundesrepublik als auch die DDR, und beide versuchten, mit familienpolitischen Maßnahmen gegenzusteuern.

SPIEGEL: Das klassische Familienbild, das sich auch in vielen Gesetzen lange spiegelte, ist das des männlichen Familienvaters und Ernährers. Wie weit lassen sich das Konzept eines Mannes als Familienoberhaupt und patriarchale Strukturen in der Familie zurückverfolgen?

Heinemann: Glaubt man Biologen und Anthropologen, gibt es schon lange unterschiedliche Aufgabenbereiche für Männer und Frauen. Entscheidend ist aber, wie diese unterschiedlichen Aufgaben bewertet werden. Archäologen sagen, in der Steinzeit sei die Jäger-Sammler-Arbeitsteilung rein funktional und nicht mit einer Auf- oder Abwertung des einen oder anderen verbunden gewesen. Auch wenn im Mittelalter und in der Frühen Neuzeit der Hausvater rechtlich bessergestellt war, blieb die Hausmutter oder die Handwerkergattin keineswegs macht- und rechtlos. Erst in der Moderne leitete man aus der unterschiedlichen Aufgabenzuweisung der Geschlechter unterschiedliche Wertigkeiten ab und interpretierte sie als naturgegeben. Dadurch bekam männliche Herrschaft eine völlig andere Qualität.

SPIEGEL: Wie kommt es zu solchen Veränderungen?

Heinemann: So etwas ist immer ein Wechselspiel zwischen Normen auf der einen Seite und der sozialen Entwicklung sowie der gelebten Praxis auf der anderen Seite. Die Ehescheidung beispielsweise wurde gesetzlich geregelt, weil die Leute sich eben trennen und damit Regelungsbedarf entstand. Mit anderen Gesetzen ist es ähnlich.

SPIEGEL: Gab und gibt es ein Konzept der idealen Familie? Und wenn ja, wer definiert es?

Heinemann: Das wird je nach Akteuren und Epoche unterschiedlich beantwortet, weil verschiedene Interessen dahinterstehen. In der jungen Bundesrepublik galt die patriarchale Kernfamilie als ideale Familie. Nach der Erfahrung des Nationalsozialismus wollte man die Familie als Privatraum vor staatlichen Eingriffen schützen, aber gleichzeitig wollte man sie auch politisch fördern, um das Geburtendefizit auszugleichen. In der DDR war die ideale Familie zunächst die auf formaler Geschlechtergleichheit basierende sozialistische Familie, die aber intern auf eine »klassische Rollenverteilung« setzte. Für Kindererziehung und Haushalt waren primär die Frauen zuständig. In den USA im Kalten Krieg war sie dagegen mobil und flexibel an verschiedenen Orten einsetzbar, eine Kleinfamilie ohne weitere Verpflichtungen etwa für ältere Angehörige. Sie sollte der Wirtschaft bestmöglich dienen, damit die USA im Systemwettstreit mit dem Kommunismus bestehen konnte.

Gestrich: Vor solchen staatlichen Vorstellungen haben die Kirchen lange die Vorstellung einer idealen Familie geprägt. Martin Luther etwa hat viel über die Ehe und Familien geschrieben. Für ihn war die Familie eine religiöse Einheit, in der religiöse Erziehung stattfand. Und auf diesem Fundament ruhte die Gesellschaft. Spuren davon wirkten noch in die Sozialpolitik der jungen Bundesrepublik hinein und spielen bis heute in der Familienpolitik eine Rolle.

Heinemann: Das zeigt sich beim kürzlich vorgestellten Bericht der Expertenkommission zur reproduktiven Selbstbestimmung und Fortpflanzungsmedizin vom April dieses Jahres. Der wurde bis heute nicht ernsthaft von den Regierungsparteien kommentiert – obwohl sich die Ampelkoalition ins Regierungsprogramm geschrieben hat, dass sie den Abtreibungsparagrafen 218 reformieren will. Das hat mit religiösen Familienwerten und den teilweise sehr harschen Kommentaren der Kirchen dazu zu tun.

SPIEGEL: Gibt es soziale Schichten, die solche Ideale vorleben und zu Vorbildern für andere werden?

Gestrich: Familien orientierten sich – wie ja meist in der Gesellschaft – nach oben. In Arbeiterfamilien mussten seit der Industrialisierung die Frauen fast immer in der Fabrik mitarbeiten, während das Bürgertum das Ideal des berufstätigen Mannes und der Hausfrau lebte. Im späteren 19. Jahrhundert setzte sich das bürgerliche Ideal auch in vielen Arbeiterfamilien durch. Wenn der Lohn des Mannes ausreichte, haben auch viele Arbeiterfrauen aufgehört zu arbeiten, oft auf Druck der Männer hin.

Heinemann: Selbst die Vordenker der Arbeiterbewegung, Karl Marx und Friedrich Engels, fanden, dass Arbeiterfrauen das Lohnniveau verderben und deshalb zu Hause bleiben sollten. Der Sozialreformbewegung ging es um die »Besserung« der Arbeiterfamilien: Man wollte die Frauengesundheit verbessern, die Kindersterblichkeit senken, und es ging auch um Sozialdisziplinierung. Natürlich war es besser, wenn die Frau zu Hause die Erziehung der Kinder überwachte, als wenn die Kinder sich selbst überlassen waren oder gar selbst in der Fabrik arbeiten mussten. Da vermischten sich soziale, ökonomische und wertebasierte Überlegungen. Aber spätestens seit dem 19. Jahrhundert war es das Ideal der Kernfamilie, nach dem sich alle streckten. Obwohl von den sozialen Daten her kaum jemand so lebte und lebt: Es gab immer schon Patchworkfamilien, Scheidungen und ökonomischen Druck, der für viele Menschen das vermeintliche Ideal unerreichbar machte.

SPIEGEL: Derzeit entstehen viele neue Modelle des Zusammenlebens, auch mit Kindern. Verliert die Familie an Bedeutung?

Gestrich: In der Familienforschung ist man sich einig, dass es kein Funktionsverlust ist, sondern ein Funktionswandel. Familien verändern sich. Aber dass sie oft mit biologischer und sozialer Reproduktion verbunden sind, wird bleiben.

Heinemann: Es kommt ja auch darauf an, was man unter den Begriff fasst. Aus meiner Sicht sind Wahlfamilien, gleichgeschlechtliche oder Patchworkfamilien ebenso Familien wie durch Trauschein und Sakrament besiegelte heteronormative Kernfamilien. Unsere Begriffe verändern sich, und auch der Familienbegriff verändert sich durch den Wandel, den es gerade gibt. Dass die Familie in Gefahr sei, ist ein Argument der konservativen Rechten. Den Untergang der Familie zu beklagen, weil sie sich wandelt, hieße, den Menschen ihre Bereitschaft abzusprechen, auf Dauer verbindlich Verantwortung füreinander zu übernehmen. Dass diese Bereitschaft schwindet, sehe ich nicht.

Interview: Jasmin Lörchner, Eva-Maria Schnurr

Chronik

Familie im Wandel

Antike
Ehen sind im Römischen Reich wie im antiken Griechenland **private Arrangements** zwischen Familien, die meist wirtschaftlichen Zwecken dienen. Das Heiratsalter liegt bei Männern bei 25 bis 30, Frauen werden ab 15 Jahren verheiratet. Als ideal gelten ein bis zwei Kinder, darunter mindestens ein Sohn.

5. Jahrhundert
In Westeuropa setzt sich die **Kernfamilie** durch: Die generationenübergreifende Verwandtschaft verliert an Bedeutung.

Antike

ab 8. Jahrhundert
Im Westen Europas ist wirtschaftliche Selbstständigkeit Voraussetzung für eine Ehe. So entsteht das »europäische Heiratsmuster«: Bei der ersten Ehe sind Männer wie Frauen relativ alt (Frauen über 24, Männer über 26 Jahre), mehr als 10 Prozent bleiben lebenslang ledig. Die **Arbeitsgemeinschaft von Mann und Frau,** die unterschiedliche Aufgaben im Haushalt erfüllten, ist Grundlage der mittelalterlichen Wirtschaft.

ab 9. Jahrhundert
Familiennamen werden üblich, zunächst in Byzanz.

ab 11. Jahrhundert
Die Handwerkszünfte in Städten machen **Ausbildungen verpflichtend.** Handwerkersöhne ziehen teils schon mit 12 Jahren als Lehrkind zu einer anderen Handwerkerfamilie. Einige Söhne wie Töchter von Bauern und Stadtbewohnern treten mit 10 bis 15 Jahren in den Gesindedienst ein: Sie leben als Knechte oder Mägde bei anderen Familien, bevor sie selbst heiraten.

1274
Die Kirche macht die Ehe zum Sakrament. Diese setzt die **Zustimmung beider Partner** voraus und ist unauflöslich. Damit wandelt sich die Ehe von der sozialen Institution, die zwei Familien miteinander verbindet, zu einer intimen Beziehung zwischen zwei Personen – zumindest außerhalb des Adels.

1530
Reformator Martin Luther nennt die Ehe ein »weltlich ding« und zweifelt an ihrer Heiligkeit. Protestanten wird die **Trennung** und Wiederheirat erlaubt. Bis 1800 sind im westlichen Europa Frauen wie Männer bei der ersten Ehe über 25 Jahre alt.

1534
Weil die katholische Kirche ihm die Annullierung der Ehe von seiner ersten Ehefrau Katharina von Aragón versagt, gründet der englische **König Heinrich VIII.** seine eigene Kirche, die Church of England.

1530

1592
Das Herzogtum Pfalz-Zweibrücken führt als erster Staat der Welt die **allgemeine Schulpflicht** für Mädchen und Jungen ein.

Um 1700
Das Wort **»Familie«** hält Einzug in die deutsche Alltagssprache. Nach und nach entwickelt sich das Ideal der »bürgerlichen Familie«, bei dem die Frau auf die Rolle im Haus beschränkt ist und der Mann zunehmend außerhäuslicher Erwerbsarbeit nachgeht.

1792
Nach der Französischen Revolution werden **Zivilehe und zivilrechtliche Scheidungen** vorübergehend legalisiert.

1872
Im Strafgesetzbuch des Deutschen Reichs wird unter Paragraf 175 die **»widernatürliche Unzucht** zwischen Personen männlichen Geschlechts« unter Strafe gestellt und mit Gefängnis bestraft. Die Nationalsozialisten verschärfen nach 1933 das Gesetz. Sie inhaftieren rund 50.000 Männer, und etwa 10.000 werden in Konzentrationslager deportiert.

»Die älteste und einzig natürliche Form aller Gesellschaften ist die Familie.«

Jean-Jacques Rousseau, französisch-schweizerischer Aufklärer

1958
Das **Gleichberechtigungsgesetz** erlaubt Ehefrauen in der BRD, ohne Zustimmung des Mannes zu arbeiten, ein Konto zu haben oder den Führerschein zu machen.

1960
In den USA kommt die **Antibabypille** auf den Markt. Ab 1961 ist sie in Deutschland erhältlich (Foto l.).

1965
Laut Familiengesetzbuch der DDR sollen Eltern ihre Kinder »zu aktiven Erbauern des **Sozialismus** erziehen«. Das Scheidungsrecht geht von der Ehezerrüttung aus. Die Unterscheidung zwischen ehelichen und unehelichen Kindern endet.

1977
In der Bundesrepublik tritt die Reform des Ehe- und Familienrechts in Kraft. Die **»Hausfrauenehe«** – der Mann verdient den Unterhalt, die Frau ist für Haushalt und Kinder zuständig – **wird abgeschafft.** Das Zerrüttungsprinzip ersetzt bei der Scheidung das bisherige Schuldprinzip. Renten- und Versorgungsansprüche werden zwischen den bisherigen Ehepartnern aufgeteilt.

1994
§ 175 StGB wird gestrichen. **Homosexualität** ist nicht mehr strafbar.

1997
Vergewaltigung in der Ehe wird zur **Straftat.**

2000
Deutschland schafft das **Züchtigungsrecht** der Eltern gegenüber den Kindern ab.

2007
Das Elterngeld ist in Deutschland eine einkommensabhängige Ersatzleistung für den Verdienstausfall von Eltern nach der Geburt eines Kindes. Es wird vom Staat bis zu 14 Monate lang gezahlt und soll die **Vereinbarkeit von Familie und Beruf** verbessern.

1958

1977

1889
In Deutschland entsteht eine erste gesetzliche Rentenversicherung. Damit ist die **Altersversorgung** nicht mehr ausschließlich Sache der Familien.

1935
Die Nationalsozialisten zahlen »arischen« kinderreichen Familien erstmals eine »Kinderbeihilfe«. Die staatliche Unterstützung von Familien mit Kindern wird als **»Kindergeld«** ab 1954 in der Bundesrepublik eingeführt, allerdings zunächst ab dem dritten Kind. Die DDR zahlt seit 1950 ab dem vierten Kind Kindergeld (Foto l.).

1974 bis 1976
Der Bundesregierung bringt eine **Neuregelung des Schwangerschaftsabbruchs** auf den Weg, der den straffreien Abbruch bis zum Ende des dritten Monats vorsieht. Nachdem das Bundesverfassungsgericht die Regelung 1975 verwirft, gilt ab 1976 die Indikationenregelung: Der Schwangerschaftsabbruch ist nur unter bestimmten Bedingungen straffrei.

1979
Berufstätigen Müttern wird in der Bundesrepublik nach der Entbindung ein **sechsmonatiger Mutterschutz** zugesichert, in dem sie beitragsfrei sozialversichert sind und steuerfreies Mutterschaftsgeld erhalten. Acht Monate lang darf ihnen nicht gekündigt werden.

1980
In der Bundesrepublik löst das **Recht der elterlichen Sorge** das Recht der »elterlichen Gewalt« ab. Eltern sollen vor allem fürsorglich und fördernd für ihren Nachwuchs sorgen.

2017
Nachdem gleichgeschlechtliche Paare ab 2001 eingetragene Lebenspartnerschaften führen konnten, führt die Bundesrepublik 2017 die **Ehe für alle** ein.

Gemälde »Bildnis eines Mannes mit drei Söhnen« und »Porträt einer Dame mit Tochter« (von Bartholomäus Bruyn dem Älteren, 16. Jahrhundert)

Mittelalter Familien vor 1500 sahen kaum anders aus als heute. Und schon damals knüpften die Menschen sich Netzwerke aus Verwandten und Freunden.
Von Tillmann Bendikowski

»Ware frund«

sollt ihr sein

W

Wenn der Tod naht, so empfahlen Theologen im ausgehenden Mittelalter, möge sich ein Sterbender einen »getruwen waren frund« zur Seite holen, der ihn in Not und Angst begleitet. Diese Empfehlung mag überraschen. Denn bis heute dominiert die Vorstellung, im Mittelalter habe stets die Familie im Mittelpunkt aller sozialen Beziehungen gestanden. Eltern, Geschwister und Kinder, selbst ferne Verwandte seien für ein erfolgreiches Leben entscheidend gewesen. Was also macht dann der »getreue wahre Freund« am Sterbebett?

Tatsächlich war der mittelalterliche Mensch mehr als nur ein Familienmensch. Wer ein gutes Leben führen wollte, war schon damals auf Netzwerke aus Angehörigen wie Freunden und Freundinnen gleichermaßen angewiesen, und zwar als Adliger wie als Bürger, in der Stadt oder auf dem Land.

Für den ländlichen Raum fehlt es an verschriftlichten Beispielen für freundschaftliche und nachbarschaftliche Unterstützung, aber es hat diese Hilfe fraglos gegeben. Verlässlicher ist die historische Überlieferung für die mittelalterliche Stadtgesellschaft. Hier zeigt sich, dass Freundschaft eine unverzichtbare Säule des Überlebens und Zusammenlebens war: Hier fehlten zuweilen familiäre Unterstützungsstrukturen, die dann durch andere Bindungen ersetzt wurden.

Ein Beispiel dafür ist der Kaufmann Johann Slosgin aus Nimwegen, der im Jahr 1415 als sogenannter Neubürger in Köln aufgenommen wurde. Als Fremder verfügte er nicht über ein verwandtschaftliches Netz – wollte er beruflichen Erfolg haben, musste er notgedrungen auf eine Mischung aus Geschäftspartnerschaften, funktionierender Nachbarschaft und Freundschaften setzen.

Ein probates Instrument dafür, und das nutzte Slosgin gezielt, war die Wahl der Taufpaten für seine Kinder. Der zugezogene Kaufmann, so hat es die Historikerin Kerstin Seidel in ihrer Studie über Verwandte und Freunde im spätmittelalterlichen Köln gezeigt, »setzte das Instrument der Taufpatenschaft gezielt ein, um sich einen möglichst großen Kreis von Personen zu verpflichten«. Es kann nicht wundern, dass vor allem andere Kaufleute als Paten auserkoren wurden.

»Mit dem Mittel der Taufpatenschaft organisierte und stabilisierte Slosgin sein soziales Netzwerk«, so Kerstin Seidel. Für die beteiligten Kaufleute war das zuweilen der Beginn einer Freundschaft: Der ursprünglich rein geschäftliche Umgang zwischen den Männern – die sich vermutlich wechselseitig als Paten ihrer Kinder einsetzten – wurde nun ein anderer, ein freundschaftlicher.

Für Johann Slosgin, den Neuankömmling ohne familiäre Wurzeln, zahlte sich dieses familiäre Netzwerken offensichtlich aus: Gut zehn Jahre nach seiner Ankunft am Rhein konnte er sich bereits ein repräsentatives Haus kaufen, und wiederholt lieh er der Stadt Köln Geldbeträge.

Während Freundschaften geknüpft und gepflegt werden mussten, war die Familie als Netzwerk der Unterstützung erst einmal »da« – eine Wirklichkeit, in welche die Menschen schlicht hineingeboren wurden. Die Familie war während des Mittelalters in vielerlei Hinsicht das soziale Maß aller Dinge. Das galt vor allem für die Menschen auf dem Land: In der Landwirtschaft waren Ehe und Familie schlicht Überlebensgemeinschaften.

Doch die Familien waren nicht sehr groß: Wegen der hohen Kindersterblichkeit bestand die Kernfamilie sowohl im Früh- als noch im Spätmittelalter in aller Regel nur aus vier bis fünf Personen, also aus den Eltern mit zwei oder drei unmündigen Kindern. Das Aufwachsen mit Großeltern war selten, das Leben in einem Drei-Generationen-Haushalt im Mittelalter eine Ausnahme.

Tatsächlich verließen Kinder ihr Elternhaus, sobald sie erwachsen waren, die Eltern waren nicht verpflichtet, sie weiter zu versorgen. Die jüngere Generation musste für ihren eigenen Unterhalt aufkommen und kehrte in der Regel weder zurück, um die Eltern im Alter zu pflegen, noch zogen diese dann bei ihren Kindern ein. Vor allem in der Stadt galt: Die alt gewordenen Eltern mussten sich weitgehend um sich selbst kümmern. Hatten sie dabei gute Netzwerke aus Freunden und erweiterter Familie, hatten sie großes Glück.

Solche Netzwerke spielten im Adel ebenfalls eine große Rolle, wo zunächst das Überleben der eigenen Dynastie im Mittelpunkt stand. Doch darüber hinaus versuchte man, möglichst viele einflussreiche politische und kirchliche Posten mit Verwandten zu besetzen – »Vetternwirtschaft« im wahrsten Sinne des Wortes. So besetzten regionale Fürstenfamilien beispielsweise die Bischofsposten, um ihre territoriale Macht zu sichern.

Hinzu kam stets eine ausgeklügelte Heiratspolitik, die verwandtschaftliche Verbindungen in andere Herrschaftshäuser stiftete. So sicherte die Familie im Adel politische Förderung und Aufstiegsmöglichkeiten, Begünstigungen und alle Formen der Unterstützung und Fürsprache.

Diese Hilfe erstreckte sich keineswegs nur auf die engste Familie – das galt im Adel wie auch in der einfachen Bevölkerung. So gab es Verpflichtungen zur gegenseitigen Gebetshilfe zwischen Familienzweigen – Fürbitten wurden dann für jeweils andere Teile der Verwandtschaft vor Gott gebracht. War jemandem Unrecht zugefügt worden, wur-

Ehefrau und Tochter des Kölner Ratsherrn und Bürgermeisters Arnold von Siegen (Bildnis von Bartholomäus Bruyn dem Älteren, 16. Jahrhundert)

»Stundenlang am Rand des Feldes niedergelegt«

Kindersterblichkeit Krankheiten, Unfälle, Hungersnöte: Für Kinder lauerten bis ins 19. Jahrhundert überall tödliche Gefahren. Bis sich Dinge änderten, dauerte es erstaunlich lange.

Keramikporträt eines toten Kleinkinds (17. Jh.): Die ersten vier Jahre waren besonders gefährlich

Die Zahlen sind erschreckend: Auf einem oberfränkischen Gräberfeld aus dem 8. Jahrhundert liegen in beinahe 60 Prozent der Gräber Kinder unter 14 Jahren. Auf einem sächsischen Bestattungsfeld mit Toten aus dem 8. bis 10. Jahrhundert zählten Fachleute unter den 533 der dort Beigesetzten 277 Kinder, die das 14. Lebensjahr noch nicht erreicht hatten. Auch in einer Thüringer Grabstelle aus dem 10. bis 12. Jahrhundert sind noch immer 47 Prozent der Begrabenen Kinder unter 14 Jahren. Diese Funde lassen nur erahnen, wie kurz ein Kinderleben im Mittelalter und in der Frühen Neuzeit sein konnte. Genaue Statistiken gibt es nicht. Bis ins 19. Jahrhundert hinein blieb eine **hohe Kindersterblichkeit** die Lebensrealität für Familien.

Die ersten vier Lebensjahre waren für den Nachwuchs besonders gefährlich. Eltern oder Ammen nahmen Säuglinge mit ins Bett und erdrückten sie unter Alkoholeinfluss versehentlich im Schlaf. Die Kleinen starben an Durchfall, Krankheiten wie den Masern, Pocken, der Pest oder der Cholera. Sie bekamen zu wenig lebenswichtige Nährstoffe oder verhungerten infolge von **Hungersnöten** nach schlechten Ernten oder Kriegen. Selbst mittelalterliche Städter, die sich ärztliche Versorgung leisten konnten, verloren häufig mehr als die Hälfte ihrer Kinder.

Vor allem auf dem Land, wo beide Elternteile sich um Feld, Vieh und Haushalt kümmern mussten, blieb **wenig Zeit und Aufmerksamkeit, um Kinder zu beaufsichtigen.** »Das Aufziehen der Kinder erfolgte ›nebenbei‹. Neben der arbeitenden Mutter lag der Säugling; hatte sie keine Zeit, so versorgten ältere Geschwister oder eine Magd das Kleine; arbeiteten alle auf dem Felde, so wurde es stundenlang allein im Hause gelassen oder am Rand des Feldes niedergelegt«, so Historiker Jürgen Schlumbohm. Derart unbeaufsichtigt, waren Todesfälle etwa durch Unfälle im Haus häufig.

Mitunter waren jedoch die Eltern selbst die Gefahr. Viele Eltern prügelten ihre Kinder, was von Kirche und Gesellschaft lange akzeptiert wurde, manchmal aber tödliche Folgen hatte. Mit jeder Lebendgeburt war ein hungriges Mäulchen mehr zu füttern – angesichts der ständigen Existenznot vieler Familien war das ein Problem: Kinder waren **eine ökonomische Belastung.**

Die Aufklärung stieß im 18. Jahrhundert mit klar zugeschriebenen **Geschlechterrollen** – die Frau galt bald als häuslich und sorgend – den Wandel zu einer aufmerksameren, intensiveren Versorgung von Kindern an.

Durch die Industrialisierung und den wissenschaftlichen Fortschritt verbesserten sich die Sicherheit der Nahrungsmittel, die Lebensbedingungen und auch die Hygienestandards. **Die Säuglingssterblichkeit sank:** Von 1000 lebend Geborenen starben 1872 noch etwa 250, also jedes vierte Baby.

Im 20. Jahrhundert haben gestiegene Lebensstandards und medizinische Fortschritte die **Überlebenschancen von Kindern in Industrieländern enorm gesteigert.** 2020 starben deutschlandweit noch etwa 3 von 1000 lebend geborenen Kindern vor der Vollendung des ersten Lebensjahres. Jasmin Lörchner de die weitere Verwandtschaft schon mal zur Rache- und Fehdegemeinschaft, griff bei Bedarf also zu Mord und Totschlag. Diese Unterstützung galt als Pflicht, Verstöße dagegen erschienen als Störung der sozialen Ordnung.

Wenn sich Brüder oder sogar Vater und Sohn zerstritten, war das in den Augen der mittelalterlichen Gesellschaft nicht nur eine familiäre Tragödie, sondern stets ein Verstoß gegen die Normen. Und rebellierte ein Sohn gegen den Vater, erschien das manchem sogar als Aufstand gegen Gott.

Das familiäre Netzwerk funktionierte indes nur, wenn die Verwandtschaft nett zueinander war und die gegenseitigen Erwartungen auch tatsächlich erfüllte. Aber auch im Mittelalter waren Familien keine konfliktfreien Zonen. Immer wieder entstand Streit, der selbst die Existenz größerer Herrscherhäuser infrage stellte.

Zwar wurde immer wieder versucht, nicht zuletzt aus politischen Erwägungen solche Konflikte möglichst intern zu regeln, doch das gelang keineswegs immer. Im Jahr 1225 wurde der Erzbischof Engelbert von Köln – einer der wichtigsten politischen Köpfe des Reiches – tief im Wald in einen Hinterhalt gelockt und ermordet. Angeführt wurden die Mörder von einem missgünstigen Neffen zweiten Grades, dem Grafen Friedrich von Isenberg.

Brachen familiäre Netzwerke weg, war die Not groß. »Es rühmen sich meine Feinde«, schrieb die westfränkische Königin Hemma im 10. Jahrhundert nach dem Tod ihres Mannes, »weil kein Bruder, Verwandter oder Freund überlebt hat, der mir Hilfe bringen könnte.« Bruder, Verwandter oder Freund – die Aufzählung der verzweifelten Königin zeigt, dass im Notfall eben nicht nur die eigentliche Familie zu Hilfe eilen konnte.

Freunde, Paten oder Genossen, die sich besonders in den Städten fanden, in Schwurbrüderschaften oder Zünften – auch sie waren für ein gelungenes Leben in der mittelalterlichen Welt wichtig. Historikerin Seidel hat anhand von mittelalterlichen Quellen aus der Stadt Köln herausgearbeitet, dass freundschaftliche Netzwerke vor allem in den oberen Schichten geknüpft wurden: »Vielerorts wurden die Ratsangehörigen als ›Freunde vom Rat‹ bezeichnet; die Mitglieder von Zünften und Ämtern wurden »broeder« oder »gesellen« genannt.«

Sie wollten einander tatsächlich wie »Brüder« sein. Doch es waren nicht nur nachgeahmte Verwandtschaftsbeziehungen, sondern weitere soziale Bindungen, die sich »funktional durch Unterstützungsleistungen in bestimmten Situationen statt durch ein präzises Sozialverhältnis« definierten, so Seidel.

Solche Freundschaften wurden besonders intensiv zwischen Kaufleuten und Gelehrten gepflegt, wo sie immer wieder durch Eheschließungen in Familienbande überführt wurden. Dem berühmten Zisterziensermönch Bernhard von Clairvaux schwebte im 11. Jahrhundert auch für ein ideales Klosterleben eine »Gebets- und Lebensgemeinschaft in Freundschaft« vor.

Aber war ein Freund wirklich immer ein »warer frund«? Es gab auch falsche Freunde, die neidisch und missgünstig werden konnten, unzuverlässig. Und immer wieder gab es auch Freunde, die dann doch zu Feinden wurden. So wurde Ludwig von Orléans im Jahr 1407 in Paris auf offener Straße ermordet – auf Veranlassung seines politischen Konkurrenten, aber zwischenzeitlichen »Freundes« Herzog Johann Ohnefurcht von Burgund.

Was die Familie angeht, war es im Mittelalter im Grunde wie heute: Wenn es gut lief, hielt die Familie zusammen wie Pech und Schwefel; lief es schlecht, wurde das Familienleben zur Qual. Das gilt auch für ein heute allgegenwärtiges Modell, das es bereits im Mittelalter gab: die Patchworkfamilie.

Durch die hohe Sterblichkeit waren zweite oder dritte Ehen von Männern wie Frauen eine häufige soziale Realität – und damit kamen oft auch Kinder aus einer früheren Ehe mit in eine neue Verbindung. Weitere Schwiegereltern, Stiefkinder und Halbgeschwister gehörten ebenfalls zum Netzwerk von Verwandten und Freunden. Auch sie wurden im besten Fall verwandte oder befreundete Unterstützer in der Not.

Im Spätmittelalter war eine Unterscheidung von Freund und Familienmitglied zuweilen nicht immer klar – vielleicht auch nicht in jedem Fall nötig. Ein »frund« konnte also verwandt sein oder auch nicht.

In der Not kam es womöglich letztlich nicht darauf an, was für eine formale Beziehung zwei Menschen miteinander verband. Entscheidend waren wohl das Vertrauen und die emotionale Bindung. Und so sehnte sich eben mancher an seinem Sterbebett schlicht nach einem »getruwen waren frund«.

SCHNELLES WISSEN Was waren »geistliche Verwandte«?

Neben Blutsverwandten und angeheirateten Familienmitgliedern kannte man im Mittelalter auch die »geistliche Verwandtschaft«. Dazu zählten die Taufpaten, die man als »geistliche Eltern« ansah, manchmal auch deren Kinder. Taufpaten sollten sich in der religiösen Erziehung des getauften Kindes engagieren, sie fungierten aber beim Tod der leiblichen Eltern oft auch als Pflegefamilie. Während mancherorts ein Patenpaar die Patenschaft übernahm und anderswo ein oder drei Paten üblich waren, hatten Täuflinge in adligen Familien in Venedig, Florenz oder Parma manchmal bis zu 20 Paten. Doch auch bei lediglich drei Paten wurde die geistliche Verwandtschaft schnell ähnlich groß wie die eigentliche Familie. So bildeten sich Netzwerke über die Bluts- und Heiratsverwandtschaft hinaus. Die Ehe mit geistlichen Verwandten war von der Kirche untersagt. In der westsyrischen Kirche ging man auch davon aus, dass Kinder, die von der gleichen Mutter gestillt worden waren, eine Verwandtschaft erlangten. Auch diese »Milchverwandtschaft« war ein Ehehindernis.

Wie wird man einen Mann (oder eine Frau) los?

Paar bei Eheschließung vor dem Altar (Votivbild, Anfang 20. Jahrhundert)

Scheidung Sie führten zu Krieg und Kirchenspaltung, Folter und Furor: Trennungen waren in der Geschichte über Jahrhunderte nicht vorgesehen. Ausgerechnet ein Chauvi ebnete den Weg zur Auflösung der Ehe.

Von Katja Iken

Lag es an Johann Heinrichs angeblicher Impotenz? Oder daran, dass er seine Gattin mit Bissen in die Brustwarzen peinigte, wie der Chronist Mathias von Neuenburg vermerkte? Begehrte sie gegen die Flegelhaftigkeit oder Verschwendungspolitik des 19-Jährigen auf? Fest steht: Die 1330 arrangierte Zweckehe zwischen Margarete von Tirol, Erbtochter des Landesfürsten Heinrich, mit Johann Heinrich, Sohn des böhmischen Königs Johann von Luxemburg, war alles andere als glücklich, Margarete wollte raus aus diesem Inferno. Was sie vor ein Problem stellte: Scheidung war im Mittelalter nicht vorgesehen.

»Die Ehe galt als Sakrament, Symbol der Verbindung Christi mit der Kirche und war damit prinzipiell unauflöslich«, sagt Siegrid Westphal, Professorin am Institut für Kulturgeschichte der Frühen Neuzeit der Universität Osnabrück. Heute noch steht im Katechismus der katholischen Kirche: »Das Band der Ehe wird somit von Gott selbst geknüpft, sodass die zwischen Getauften geschlossene und vollzogene Ehe nie aufgelöst werden kann.«

Margarete von Tirol setzte sich darüber hinweg, verbündete sich mit den richtigen Leuten – und sperrte ihren Johann Heinrich kurzerhand aus. Als der am Abend des Allerseelentags 1341 von einem Jagdausflug nach Hause ritt, verrammelte die Gräfin das Burgtor. Derart gedemütigt, musste Johann Heinrich das Land verlassen. Und Margarete heiratete den Sohn des Kaisers Ludwig IV., Markgraf Ludwig von Brandenburg.

Papst Benedikt XII. schäumte und verhängte den Bann über die Frischvermählten. Margarete wurde als »Maultasch« (verunglimpfend für Vulva und Synonym für Hure) und blutsaugende Amazone diffamiert. Noch Jahrhunderte später beschrieben die Brüder Grimm sie als Untote, die auf einem dunkelroten Pferd reitet und Eheleute absticht. Der Mythos zog sich bis in die Moderne: 1923 machte der Schriftsteller Lion Feuchtwanger Maultasch in seiner »Hässlichen Herzogin« zum missgestalteten Machtweib.

Allen Schauermärchen zum Trotz: Margarete »Maultasch« hatte ihren Willen durchgesetzt – anders als das Heer anderer unfroh verheirateter Frauen und Männer in der Geschichte. Jahrhundertelang kämpften Trennungswillige (oft vergebens) darum, das Ehejoch abzuschütteln. Erst die Revolution von 1789 fegte die kirchliche Vorherrschaft hinweg und begründete in Frankreich – zumindest bis zum Machtantritt Napoleons – Zivilehe sowie zivilrechtliche Scheidung (1792).

Auch andernorts beschnitt die weltliche Obrigkeit seit Beginn der Neuzeit die Macht der Kirche und führte die Möglichkeit der Eheauflösung ein: besonders früh in protestantisch geprägten Ländern wie Schweden (1734) und den USA (1776), besonders spät in Staaten mit überwiegend katholischen Einwohnern, darunter Italien (1974), Irland (1995) und Malta (2011).

Was sich die Menschen seit dem Mittelalter über Jahrhunderte erst wieder mühsam erstreiten mussten, war in der Antike kein großes Ding gewesen: In Athen wie Rom galt die Ehe als privates Arrangement zweier Familien und knüpfte vor allem politisch-wirtschaftlichen Allianzen. Wobei sich in früher römischer Zeit nur der Mann von der Frau trennen konnte. Und das laut Geschichtsschreiber Plutarch nur aus drei Gründen: Die Frau beging Ehebruch, »vergiftete die Kinder« oder »tauschte die Schlüssel aus«. Konsul Spurius Carvilius Maximus Ruga sorgte daher für einen Skandal, als er sich um 230 v. Chr. von seiner geliebten Frau scheiden ließ, weil sie ihm keine Kinder gebar.

Rom stand Kopf, dabei konnten die Menschen ihm dankbar sein: Carvilius trug dazu bei, dass Scheidungen viel einfacher wurden. Zumal in der späten Republik die »Manus-Ehe« aus der Mode geriet, bei der Ehefrauen mitsamt Mitgift unter die Fuchtel ihres Mannes gerieten. Römerinnen konnten im Scheidungsfall ihre *dos*, die Mitgift, zurückverlangen und selbst die Ehe auflösen. »Sich scheiden zu lassen, war noch unkomplizierter als zu heiraten, weshalb die römische Oberschicht eine Art Ehe-Schach spielte«, bringt es die Publizistin Birgit Schönau auf den Punkt.

Um sich politische Vorteile zu verschaffen, ließ sich etwa Cäsars Adoptivsohn Octavian im Jahr 38 v. Chr. kurzerhand scheiden und ehelichte die schöne Patrizierin Livia Drusilla: Dass sie schon einmal verheiratet gewesen war und ihr zweites Kind erwartete, störte den späteren Kaiser Augustus ebenso wenig wie der Umstand, dass seine Bisdahin-Ehefrau Scribonia kurz vor der Niederkunft stand. Vor allem in der Oberschicht explodierte die Scheidungsrate – Philosoph Seneca klagte im 1. Jahrhundert darüber, dass manche Frauen ihr Alter nicht nach den Konsuln, sondern nach ihren Ehemännern zählten.

Mit Aufkommen des Christentums, einer anfangs radikal sexualfeindlichen Endzeitsekte, schwand diese Freiheit in Sachen Scheidung. Dennoch zeigte sich die Kirche zunächst noch flexibel in Liebes- und Trennungsdingen; germanisches

Karikatur von Margarete von Tirol (Lithografie um 1780, l.), historische Darstellung (r.)

Gewohnheitsrecht prägte nach wie vor die Praxis: Zwar war Karl der Große diverse Male verheiratet, hatte etliche Konkubinen sowie uneheliche Kinder – dennoch hatte Papst Leo III. kein Problem, den potenten Potentaten an Weihnachten 800 zum römischen Kaiser zu krönen.

Grundsätzlich galt indes: Die Kirche hatte den Daumen drauf und konnte Scheidungswilligen das Leben zur Hölle machen. Sieben Jahre lang versuchte der fränkische König Lothar II. im 9. Jh. verzweifelt, seine kinderlose Frau Theutberga loszuwerden, um Gespielin Waldrada zu heiraten. Es misslang, obwohl Lothar nicht einmal davor zurückschreckte, Theutberga des inzestuösen Ehebruchs mit ihrem Bruder zu bezichtigen – und die Arme einsperrte, bis sie gestand.

Auf dem Konzil von Lyon (1247) erhob die Kirche die Ehe definitiv in den Reigen der sieben Sakramente. Das Bibelwort »Was Gott verbunden hat, das darf der Mensch nicht trennen« (Matthäus 19, 6) gerann zum kanonischen Recht. »Zwar gewährte man zerstrittenen Paaren in besonderen Ausnahmefällen die ›Trennung von Tisch und Bett‹«, erklärt Historikerin Westphal. Grundsätzlich jedoch galt: Wer erneut heiraten wollte, musste den Papst höchstpersönlich darum bitten, die bestehende Ehe für nichtig zu erklären.

Zum beliebten Schlupfloch avancierte die Blutsverwandtschaft: So schob etwa der spätere Kaiser Friedrich Barbarossa vor, zu eng mit seiner ersten Ehefrau Adela von Vohburg versippt zu sein. Im März 1153 annullierte Papst Eugen III. die Ehe, und Friedrich durfte Beatrix von Burgund ehelichen – ebenfalls eine Verwandte 6. Grades. Ein weiterer Annullierungsgrund war etwa die nicht vollzogene Ehe, Unfruchtbarkeit der Frau oder Impotenz des Mannes.

Wer sich (wie Margarete »Maultasch«) auf Letzteres berief, riskierte entwürdige Prozeduren: »Der Mann und die Frau sollen in ein Bett gelegt werden, und weise Frauen sollen für viele Nächte um das Bett versammelt werden. Und wenn das Glied des Mannes immer als unbrauchbar und wie tot gefunden wird, kann das Paar geschieden werden«, schlug der Theologe Thomas of Chobham im 13. Jahrhundert in seinem Werk »Summa Confessorum« vor.

Ein fehlender männlicher Nachkomme allein berechtigte nicht dazu, beim Papst anzuklopfen. Weil seine Gattin ihm keinen Sohn gebar, wollte der englische König Heinrich VIII. (1491 bis 1547) seine Geliebte heiraten. Doch Clemens VII. erteilte ihm eine Absage – worauf Heinrich sich seinen eigenen Verein zimmerte, die Church of England (siehe Seite 67).

Fast zeitgleich trat Martin Luther auf den Plan – und kratzte am Glaubenssatz der unauflöslichen Ehe. Ausgerechnet dieser aus heutiger Perspektive notorische Sexist (»Die größte Ehre, die das Weib hat, ist allzumal, dass die Männer durch sie geboren werden«) zweifelte nicht nur den Zölibat, die Ehelosigkeit der Priester, sondern auch die Heiligkeit der Heirat an. 1530 schrieb Luther, es könne »niemand leucken, das die ehe ein eußerlich weltlich ding« sei. Damit brachte der Reformator »ein jahrhundertealtes Gebäude zum Einsturz«, sagt Historikerin Westphal.

Unter bestimmten Bedingungen durften Protestanten sich nun trennen und wieder heiraten. Dazu gehörten laut Westphal vor allem Ehebruch und »bösliches Verlassen«, aber auch die überbordende Misshandlung des Partners. Zur unkomplizierten Formalie war die Auflösung einer Ehe jedoch mitnichten geschrumpft, eher im Gegenteil, nun wurde eine gescheiterte Ehe zum moralischen Versagen: »Luther erhob die Ehe zum höchsten Gut, Scheidungen stellten für ihn die gesamte göttlich gestiftete Ordnung infrage«, betont Westphal. Weshalb die protestantische

SCHNELLES WISSEN **Warum Bräute Weiß tragen**

Weder herabtropfende Schminke noch Babybrei machen sich gut auf einem weißen Kleid – über Jahrhunderte gehörte die Farbe nicht zu den Favoriten fürs Hochzeitskleid. In Athen trugen die Bräute oft violette oder hellrote Gewänder, im alten Rom gelbe Schleier. Eine der ersten Adligen, die in Weiß heirateten, war die englische Prinzessin Philippa im Jahr 1406. Die anderen Blaublüterinnen trugen lieber bunte Farben, Samt und Brokat. Der Pöbel streifte schlicht sein bestes Kleid über: In Deutschland war dies oft schwarz. 1840 trat die britische Queen Victoria mit einer Robe aus weißem Satin vor den Traualtar. Weltweit sorgte die royale Hochzeit für Furore – und begründete eine ebenso langlebige wie unpraktische Tradition.

Obrigkeit in der Frühen Neuzeit alles daransetzte, dass Paare zusammenblieben.

Halfen weder Vermittlungsversuche des Pfarrers noch gerichtliche Zwangsmaßnahmen, griff im einstigen Schweizer Stadtstaat Schaffhausen der berüchtigte »Ehelöffel«. Bei dieser Foltermethode wurden Streithahn und Streithenne in eine Gefängniszelle verfrachtet, wo sie mit nur einem Löffel aus einer Schüssel essen und aus einem gemeinsamen Glas trinken mussten. So streng wie in der calvinistisch geprägten Schweiz ging es andernorts zwar nicht zu, wie Historikerin Westphal betont. Fest steht aber: Auch den Protestanten galt die Scheidung als Schreckgespenst.

Erst Aufklärung, Französische Revolution und Romantik sorgten für eine liberalere Haltung in Sachen Scheidung: Die Ehe wurde zunehmend als bürgerlicher Vertrag angesehen: eine Übereinkunft zweier Liebender, die beim Erkalten der großen Gefühlsglut auch wieder getrennte Wege gehen konnten. »Die stärksten Befürworter der Liebesheirat in Europa, Kanada und den Vereinigten Staaten waren auch die größten Verfechter einer Lockerung der Scheidungsbeschränkungen«, so US-Historikerin Stephanie Coontz.

Dort, wo die Hürden für die Auflösung der Ehe abgesenkt wurden (etwa in Frankreich sowie den preußischen Staaten), schnellten die Scheidungszahlen teils dramatisch in die Höhe. Weil das Rad daraufhin vielerorts wieder zurückgedreht wurde, setzte im 19. Jahrhundert laut Rechtshistoriker Stephan Meder ein veritabler Scheidungstourismus in die USA ein: Trennungswillige, unter ihnen der deutsche Archäologe Heinrich Schliemann, strömten in die *Divorce Havens* nach Übersee. 1869 begab sich der Entdecker Trojas nach Indiana, brachte den Papierkram hinter sich und reiste alsbald wieder ab – drei Kopien der Scheidungsurkunde im Gepäck.

Historisch gesehen gehörte Schliemann zu einer Minderheit: Laut Westphal waren es über die Jahrhunderte hinweg überwiegend Frauen, die auf Scheidung drängten. Kein Wunder, gab es über Jahrhunderte doch kaum ein rechtloseres Subjekt als die Gattin: »Die Ehe ist die einzige wirkliche Leibeigenschaft, die unser Gesetz kennt«, schrieben der liberale britische Politiker John Stuart Mill und seine Ehefrau Harriet Taylor Mill 1869. »Es gibt keine Sklaven mehr außer den Herrinnen jedes Hauses.«

Allerorten kämpften Feministinnen seit Mitte des 19. Jahrhunderts gegen die Entrechtung der verheirateten Frau in der Ehe und für die Abschaffung des »Schuldprinzips«: den Zwang, bei Scheidungen stets den Schuldigen sowie konkrete Gründe für das Eheaus zu benennen. Der schuldig gesprochene Part bekam keinen Unterhalt gezahlt und verlor das Sorgerecht für gemeinsame Kinder.

Dennoch dauerte es Jahrzehnte, bis die Frauenrechtlerinnen erhört wurden: In Deutschland waren es ausgerechnet die Nationalsozialisten, die sich 1938 als Erste dem modernen »Zerrüttungsprinzip« öffneten – es besagt, dass Ehen geschieden werden können, wenn sie gescheitert sind. Allerdings ging es den braunen Machthabern nicht etwa um Geschlechtergerechtigkeit, sondern darum, dass Wiederverheiratete möglichst rasch neue Babys für die »Volksgemeinschaft« produzierten.

Nach dem Zweiten Weltkrieg stärkten die deutschen Regierungen in Ost und West zunächst erneut das Schuldprinzip, bevor sich zuerst die DDR und 1977 endlich auch die Bundesrepublik dieses längst antiquierten Hemmschuhs entledigte. Zerstörte die Abschaffung der Scheidungsschuld den »Charakter von Ehe und Familie«, wie Bischof Franz Hensbach 1974 in einem Brief an Bundeskanzler Helmut Schmidt fürchtete? Mitnichten.

2023 wurde in Deutschland die niedrigste Scheidungsrate seit der Wiedervereinigung erreicht – auf 1000 Ehen kamen gerade einmal 277 Scheidungen. Die Institution Ehe, diese »komplexe Mischung aus Anhänglichkeit, Groll, Hass, Vorschrift, Resignation, Trägheit und Heuchelei«, wie die Schriftstellerin Simone de Beauvoir sie 1949 nannte, sie scheint ebenso unkaputtbar wie das Burgtor, an dem sich einst Margaretes Johann Heinrich zu Allerseelen 1341 eine blutige Nase holte.

»Ehelöffel« aus Zürich, mit sinnbildlichem Kinderlöffelchen in der Mitte, 16. Jahrhundert

SÜHNEM

Familienehre Schadest du meiner Familie, schade ich deiner umso mehr: Bis in die Frühe Neuzeit war die Blutrache in Deutschland verbreitet. Erst ein Kniff christlicher Obrigkeiten beendete das Gemetzel.
Von Frank Thadeusz

Die Tragödie begann aus lächerlichem Anlass: An einem Sonntag im Jahr 1577 saßen die befreundeten Bauern Peter Graumann und Henneke Gülzow friedlich zechend im Dorfkrug von Reinbek bei Hamburg. Damit war es vorbei, als Graumann einem betrunkenen Musikanten den Rest seines Bieres in den Nacken kippte. Der Spielmann schlug Graumann daraufhin ins Gesicht. Der Bauer antwortete mit einer Backpfeife. Damit hätte der Fall sein Bewenden haben können.

Doch nun mischte sich auch Henneke Gülzow in den Streit ein und maßregelte seinen Freund Graumann für den verunglückten Scherz. Daraus entwickelte sich eine blutige Fehde zwischen zwei Großfamilien. Am Ende waren beide Bauern tot.

Sie wurden Opfer der Blutrache. Die war bis in die Frühe Neuzeit eine in Teilen Deutschlands übliche Form der Vergeltung zwischen Familien, die auf lokaler Ebene sogar rechtlich anerkannt wurde. Gerächt wurden Ehrverletzungen, insbesondere Verwundungen und Tötungen. Die Familie des Verletzten oder Getöteten trachtete gemäß altem germanischem Rechtsempfinden meist danach, der Familie des Täters noch mehr Schaden zuzufügen, als er selbst angerichtet hatte. Selbst Unbeteiligte wurden bei diesen Vergeltungsexzessen Opfer der Blutrache. Aus dem einfachen Grund, dass sie der Familie des Täters angehörten.

Schriftlich erwähnt wurde der Begriff erstmals in Martin Luthers Übersetzung des Alten Testaments aus dem Jahre 1523: »Und sollen unter euch solche Freistedte sein fur dem Blutrecher das der nicht sterben müesse, der einen Todschlag gethan hat, bis das er fur der Gemeine fur gericht gestanden sey!«

Die kurze Passage greift den heiklen Status jener Rächer auf, die das Gesetz in die eigenen Hände nahmen. In der heutigen Zeit wären sie reif für den Knast. Zu Luthers Zeiten wurden Bluträcher jedoch regelmäßig freigesprochen. Auch deshalb ist der tödliche Streit zwischen Graumann und Gülzow »ganz besonders wichtig und aufschlussreich«, schreibt der im vergangenen Jahr verstorbene Historiker und Theologe Rainer Zacharias. Was sich zwischen den Streithähnen zutrug, war eine Mischung aus Groteske und »High Noon«, die in den Quellen ihresgleichen sucht.

Henneke Gülzow hatte seinen Freund Peter Graumann zu Boden geworfen, woraufhin dieser ein Messer zog. »Willst du graue Ratte dich noch wehren«, schrie Gülzow einem zeitgenössischen Bericht zufolge und trat nach Graumann. Dabei wurde er von dessen Messer am Fuß verletzt. Mit fataler Wirkung, wie sich zeigen sollte. Fünf Wochen später starb Gülzow an den Folgen dieser Verwundung.

Auf dem Sterbebett versöhnte sich der sieche Gülzow noch mit seinem Freund Graumann. Davon wollten allerdings die vier Brüder Gülzows nichts wissen. Sie lauerten Graumann bei Dunkelheit an einer Landstraße auf und misshandelten den Mann, der ihren Bruder auf dem Gewissen hatte, mit Dolchen und Spießen so schwer, dass dieser starb. »Furchtbar hatten die Bluträcher den Ermordeten zugerichtet«, schreibt der Altertumsforscher Paul Frauenstädt in seinen Buch »Blutrache und Todtschlagsühne im Deutschen Mittelalter« (erschienen 1881). »Als man die Leiche in das nächste Dorf brachte, wurden an derselben nicht weniger als 48 Wunden gezählt.«

Die Verwandten des ermordeten Graumann strebten nun ihrerseits ein Gerichtsverfahren gegen die Gebrüder Gülzow an. Dieses endete allerdings mit einem Freispruch für die Angeklagten. Man werde »schwerlich fehlgehen, den veranlassenden Grund in den Umständen zu suchen, dass ungeachtet der Fortschritte des allgemeinen Rechts-

...RDE IM ELSASS

bewusstseins die Mehrheit der holsteinischen Landesbewohner noch lebendig erfüllt war von der Anschauung, welche in der Vollziehung der Blutrache ein Recht der beleidigten Familie sah«, resümiert Frauenstädt.

Es sei auffällig, »dass nur aus den Randgebieten des Reiches genügend reichhaltiges Material für die Wirksamkeit der Blutrache überliefert wird«, schreibt Historiker Zacharias. In Grenzregionen oder dünn besiedelten Gegenden des Heiligen Römischen Reichs, etwa in der Grafschaft Oldenburg, an Weser und Elbe und auch in Mecklenburg und Vorpommern, Hamburg, Lübeck, Dithmarschen und Nordfriesland, war es nicht unüblich, den Mord an einem Familienmitglied mit einem Gegenmord zu beantworten, ebenso in der Schweiz und Tirol. »Die Härte der Lebensbedingungen im Gebirge und am Meer hat eine besondere Strenge der Auffassungen hervorgerufen«, argumentiert Zacharias.

Hinzu kam, das mit dem ausgehenden Mittelalter immer mehr Menschen ihr Glück in den Städten suchten. Die Familienverbände wurden dadurch deutlich schwächer. »Nur an den Rändern des Deutschen Reiches behält die Familie länger ihre alte Wirksamkeit, die ihren nachhaltigen Einfluss auch auf die Blutrache ausübt«, meint Zacharias. Dazu kam, dass das Polizeiwesen in den Städten besser organisiert war als auf dem Land und dem anarchischen Treiben eher Einhalt gebieten konnte.

Als Kaiser Karl IV. im Jahr 1375 nach Lübeck kam, wetterte er gegen die Praxis der Blutrache im Norden des Reichs. Doch was sollte das nützen angesichts der Zurückhaltung lokaler Richter, Blutrache-Mörder zu verurteilen? Denn im anderen Fall hätten die Juristen selbst fürchten müssen, ins Visier der Bluträcher zu geraten. Und es gab niemanden, der sie davor schützen konnte, bemerkt Frauenstädt.

Welche Ausmaße die Blutrache mitunter annahm, bezeugen diverse Chronisten. Der Konvent des Nonnenklosters Lilienthal bei Bremen berichtete etwa, »dass wenn in diesen Gegenden ein Todtschlag geschehe, so rächten das die Geschlechtsverwandten des Erschlagenen an dem Geschlechte des Thäters und befehdeten dieserhalb das ganze Geschlecht und schlügen zur Wiedergeltung auch diejenigen todt, die an der That unschuldig wären«.

So geschah es etwa im Jahr 1374, als eine blutige Fehde zwischen zwei Geschlechtern – jenen der Rebstöcke und der von Rosheim – in Straßburg ihren Anfang nahm. Zunächst wurden drei Mitglieder der Familie von Rosheim von den Rebstöcken erschlagen. Anschließend urteilte ein Gericht, dass zwölf Mitglieder der Täterfamilie die Stadt verlassen mussten.

Der verurteilte Teil des Clans setzte sich ins etwa 30 Kilometer entfernte elsässische Molsheim ab. Dort lauerte eine Abordnung der von Rosheims den Rebstöcken in einer Trinkstube auf, wo sie zunächst acht von ihnen erstachen und später in gleicher Weise mit zwei Jungen verfuhren, die zunächst hatten fliehen können.

Der in Straßburg verbliebene Teil der Rebstöcke verlangte vom Stadtrat eine Verurteilung der Täter wegen Mordes. Doch nichts dergleichen geschah.

Die ausufernden Rachefeldzüge mancher Bluträcher entsprachen nach Ansicht von Historiker Zacharias germanischen Rechtstraditionen des Altertums. Das alttestamentliche Gebot »Auge um Auge, Zahn um Zahn« war ihnen offenbar unbekannt, oder sie ignorierten es schlicht.

Vielmehr folgten sie dem Motto: Schadest du meiner Familie, schade ich deiner umso heftiger. Erst die christliche Lehre habe nach und nach den Sinn für eine moderne Rechtsauffassung geschärft: weg von der Sippenhaft, hin zur Verantwortung des Einzelnen für seine Tat.

Insbesondere die städtische Gerichtsbarkeit bemühte sich gegen Ende des Mittelalters ab dem 15. Jahrhundert verstärkt, den brutalen Kreislauf der Blutrache zu durchbrechen. In dieser Zeit waren die Dorfrichter auf dem Land noch weit davon entfernt, das germanische Racheprinzip infrage zu stellen.

Die Neigung, das Recht in die eigenen Hände zu nehmen, verschwand indes auch in der Stadt nicht über Nacht. So fackelte etwa der Barbier Caspar Herzog im Jahr 1528 nicht lange, als er seine Frau mit dem Spross einer angesehenen Ulmer Familie im Bett erwischte. Er erschlug beide.

Im Vergleich zu den sonst üblichen Gewaltorgien in solchen Fällen fand der Rat der Stadt Nürnberg jedoch eine undramatische Lösung: Der Familie des Ermordeten wurde das Recht verweigert, ihrerseits den Gewalttäter Herzog umzubringen. Stattdessen wurden beide Parteien dazu verdonnert, sich gütlich auf einen Vergleich zu einigen. Der Totschläger Herzog musste dafür tief in die Tasche greifen.

Königin Katharina von Aragón mit Kardinälen (Gemälde von 1866): Allianz zwischen England und Spanien

»Grausam liebgehabt«

Inzest Ehen zwischen engen Verwandten waren in Europas Adel lange üblich – dabei waren sie streng verboten. Doch für die Mächtigen gab es Ausnahmen. Auf dem Land hingegen bedeutete »Blutschande« fast immer sexuellen Missbrauch.

Von Christoph Gunkel

Die Euphorie in England ist riesig, die Menschen träumen von einer Ära, in der »Milch, Honig und Nektar« fließen. Erstmals seit Jahrzehnten ist ein Thronwechsel ohne Krieg rivalisierender Adelsfamilien geglückt. Nun fiebert das Land einer Traumhochzeit entgegen: Der junge König Heinrich VIII. aus dem Hause Tudor will die 23-jährige Katharina von Aragón heiraten.

Die zierliche Spanierin ist im Volk beliebt und gilt mit ihren goldbraunen Haaren und blauen Augen als Schönheit. Bereits acht Jahre zuvor war sie mit Heinrichs älterem Bruder Arthur verheiratet worden. Doch Arthur starb wenige Monate nach der Hochzeit. Nun würde die Witwe ihren Schwager ehelichen. Eine politische Allianz zwischen England und Spanien, aber auch eine damals rare echte Liebesbeziehung, so sehen es Biografen. Und doch lastet auf der Hochzeit, die Heinrich im Juni 1509 pompös feiern lässt, ein Schatten: Inzest.

Inzest, sexuelle Beziehungen unter Blutsverwandten, ist bis heute Reizwort und Tabu zugleich – besonders wenn inzestuöse Beziehungen in Inzucht münden, also Nachkommen entstehen. Zwischen sehr engen Verwandten ist Inzest in vielen Ländern strafbar, in Deutschland etwa zwischen Geschwistern oder Eltern und ihren Kindern. Für die katholische Kirche ist es ein Ehehindernis.

Doch die Definition, was unter Inzest fällt, und der Umgang damit haben sich im Laufe der Zeit stark gewandelt. Im antiken Ägypten waren zur Herrschaftssicherung Geschwisterehen verbreitet; die ägyptische Königin Kleopatra etwa war nacheinander mit zwei Brüdern verheiratet. Im Mittelalter und der Frühen Neuzeit hingegen kämpfte die Kirche mit Inzestverboten gegen ein Verhalten, das als »Blutschande« und »viehisch« galt, weil es den Menschen auf die Stufe von Tieren herabsetze. Die Kirche unterstellte dabei ein triebhaftes Begehren, was ihrer Sexualmoral widersprach. Es drohten regional unterschiedlich harte Strafen vor weltlichen Gerichten: vom Pranger und der Verbannung bis zur Auspeitschung und Hinrichtung.

Um mögliche Erbschäden als Folge von Inzucht ging es zu dieser Zeit allerdings noch nicht. »Im siebzehnten Jahrhundert dachte in Europa niemand daran, dass Inzest ein biologisches Problem sei«, schreibt Historiker David Warren Sabean 2023 in einer voluminösen Studie über »Verwandtschaftspraktiken und Inzestdiskurse im Westen seit der Renaissance«. Das habe sich erst etwa ab den 1850er-Jahren geändert, so Sabean.

Die katholische Kirche sprach Inzestverbote nicht nach biologischen Verwandtschaftskriterien aus. Auch Beziehungen zu verschwägerten Personen galten als Inzest – wie im Falle Heinrichs VIII. und Katharina von Aragóns. Dahinter stand die Vorstellung, dass Ehepartner durch den

Beischlaf zu »einem Fleisch« würden. Auch der Schwager war somit quasi blutsverwandt.

Kirchenrechtlich war die Verbindung zwischen König Heinrich und seiner Schwägerin deshalb illegitim. Schon lange vor der Hochzeit hatte Heinrichs Vater daher Papst Julius II. um eine Dispens gebeten, eine Befreiung von bestimmten kirchlichen Vorschriften wie dem Eheverbot. Heinrich und seine Künftige hatten diese Sonderregelung bekommen.

Doch erzürnten solche Ausnahmen nicht Gott? Im Alten Testament regelten Vorschriften, was nicht erlaubt war, besonders im Buch Levitikus: »Niemand von Euch darf sich einer Blutsverwandten nähern, um ihre Scham zu entblößen«, heißt es dort einleitend, bevor Verbote für alle möglichen Verwandtschaftsverhältnisse aufgeführt wurden, auch für Verschwägerte: »Die Scham der Frau deines Bruders darfst du nicht entblößen.«

Auf dieser Grundlage hatte die Kirche im Mittelalter ihre Inzestverbote immer weiter verschärft. Etwa ab dem Jahr 1000 waren Beziehungen zu Verwandten bis zum siebten Grad verboten. Doch wer kannte schon alle entfernten Verwandten? So konnte man leicht versehentlich in eine inzestuöse Liaison tappen. Selbst Beziehungen zu »geistlichen Verwandten« wie Taufpaten waren zeitweise untersagt. Später senkte die Kirche die Schwelle und verbot Verbindungen bis zum vierten Verwandtschaftsgrad.

Bis heute sind Forschende uneins, warum die Kirche so exzessiv Inzestverbote erteilte: Wollte sie Einfluss auf die Verbindungen hoher Adliger und damit auf die weltliche Politik nehmen, indem sie über die Rechtmäßigkeit von Ehen entschied? Ging es, wie Kirchenreformator Martin Luther im 16. Jahrhundert unterstellte, um Geld, das die Kirche für Sonderregelungen wie bei Heinrich VIII. kassierte? Oder wollte sie bewusst das Heiraten außerhalb des familiären Dunstkreises fördern?

Wer die Verbote ignorierte oder umging, konnte jedenfalls nach den Vorstellungen der Zeit Unglück auf sich ziehen. Es kursierten, so Historiker Sabean, viele Geschichten wie die eines Mannes aus Süddeutschland, der seine Nichte heiraten wollte: Auf dem Weg zur Beantragung der kirchlichen Sondererlaubnis stürzte er vom Wagen und brach sich das Genick.

Die Ehe zwischen Heinrich und Katharina schien noch größeres Unglück auszulösen. 1510 hatte die Königin ihre erste Totgeburt. Das zweite Kind, Kronprinz Heinrich, starb kurz nach seiner Geburt. Es folgte eine weitere Fehlgeburt und ein zweiter Sohn, der ebenfalls starb. Erst 1516 gebar die Königin eine Tochter, die das Erwachsenenalter erreichte. Ein männlicher Nachfolger aber war dem Paar nicht vergönnt. Das gefährdete die Thronfolge und belastete die anfangs liebevolle Beziehung. Vielleicht plagten König Heinrich mit der Zeit tatsächlich religiöse Zweifel, vielleicht handelte er aus purem Machtdenken: Der Monarch entschloss sich jedenfalls, seine Ehe annullieren zu lassen, um erneut heiraten zu können, in der Hoffnung auf einen Thronfolger.

In einer Art argumentativem Doppelsalto machten die königlichen Theologen die – vom König selbst gewünschte – kirchliche Erlaubnis zum Inzest zur politischen Waffe. Demnach sei die Ehe von Beginn an illegitim und die Dispens ungültig gewesen; niemand dürfe »göttliches Recht« wie das Eheverbot aufheben, nicht einmal der Papst. Als der Vatikan sich weigerte, diese Rolle rückwärts mitzumachen und die Ehe nicht annullierte, riskierte Heinrich den Bruch mit Rom und setzte sich 1534 an die Spitze einer neuen Kirche, der Church of England.

In der Welt des Hochadels war Heinrichs Fall nur einer von vielen – aus heutiger Sicht besonders kurios, weil nicht mehr einleuchtet, warum eine Ehe mit der verwitweten Schwägerin ein Problem sein sollte. Viel häufiger war unter den Mächtigen das, was auch heute noch als Inzest gebrandmarkt würde: Hochzeiten unter engen Verwandten.

Inzucht und Politik gehörten über Jahrhunderte untrennbar zusammen. Fürsten, Könige und Kaiser knüpften über Heiraten strategische Allianzen, vergrößerten ihren Machtbereich, sicherten Friedensbündnisse ab. Mitunter war es klug, in ein neues Adelsgeschlecht einzuheiraten, um neue Kronen und Titel zu sammeln. Oft aber war es ratsam, Heiratsallianzen mit loyalen Verwandten anzubahnen. So blieb alles im Machtbereich der Familie. Hinzu kam, dass die von der Kirche erzwungene Monogamie zu einem Mangel an legitimen Thronfolgern in Europas Adelsfamilien führte. Oft ergab sich die Wahl aus Mangel an Alternativen von selbst.

König Philipp IV. von Spanien
(Gemälde, 17. Jahrhundert)

Die Verheirateten hatten in diesem Geschacher kein Mitspracherecht. Prinzessinnen wurden teils schon als Kleinkinder einem Kandidaten versprochen und an den Hof ihres künftigen Mannes geschickt. Änderte sich die politische Situation vor der Hochzeit, schickte man sie zurück, als wären sie verdorbene Ware.

Daraus ergaben sich bizarre Szenen: Um den Frieden zwischen Spanien und Frankreich zu festigen, sollte etwa die dreijährige Maria Anna Victoria von Spanien mit ihrem elfjährigen Cousin Ludwig XV. verheiratet werden, der schon im Alter von fünf Jahren König von Frankreich geworden war. Die mehrstündige Verlobungsfeier in Paris 1722 konnte die Kleinkind-Braut nicht durchhalten und schlief vor dem Ball ein. Der kleine König Ludwig musste daher mit einer älteren Cousine tanzen. Jahre später platzte die anvisierte Hochzeit.

Die Habsburger, die über Generationen hinweg die Kaiser des Heiligen Römischen Reichs stellten, nutzten Eheschließungen auch unter Verwandten machtstrategisch besonders klug. »Kriege mögen andere führen; Du, glück-

SCHNELLES WISSEN Wie lange wirkte der Inzest in Europas Adel nach?

Das Wissen über die Vererbung nahm zu, dennoch heiratete der Adel auch im 19. Jahrhundert gern unter sich – teils mit Folgen: Die britische Königin Victoria (1819 bis 1901) gab den Gendefekt für die Bluterkrankheit (Hämophilie) an viele ihrer zahlreichen Nachkommen in Europa weiter. Bald litten so viele Adlige und Thronfolger an kaum stillbaren Blutungen, dass man von der »Krankheit der Könige« sprach; symptomatisch wird die Hämophilie meist nur bei Männern. Bekanntester Fall: Victorias Urenkel, der 1918 von den Bolschewisten ermordete Zarensohn Alexej Romanow.

Eindeutig nachweisbar ist der »Ahnenschwund« durch die Ehen zwischen Verwandten. So hatte etwa Don Carlos (1545 bis 1568), der in jungen Jahren gestorbene Thronfolger Spaniens, nur 6 statt der üblichen 16 Urgroßeltern. Das lag unter anderem daran, dass seine Großeltern väterlicherseits und mütterlicherseits jeweils Geschwister waren. Seine Eltern wiederum waren Cousin und Cousine.

Ein Jahrhundert später waren bei Karl II., seit 1665 spanischer König, die Fehlbildungen durch Inzucht so verheerend, dass man ihn »den Verhexten« nannte. Sein Unterkiefer soll so unförmig gewesen sein, dass es ihm schwerfiel zu kauen; wegen einer dicken Zunge sei ihm der Speichel aus den Mundwinkeln geflossen. Das Laufen lernte er erst spät, zudem war er zeugungsunfähig. Mit ihm starb die spanische Linie der Habsburger aus, was einen Erbfolgekrieg auslöste.

liches Österreich, heirate!«, hieß es über ihr Können in der Ehepolitik, mit der sie zu einer der mächtigsten Dynastien Europas aufstiegen. Ohne es zu ahnen, trugen sie mit den Verbindungen zwischen Familienmitgliedern jedoch zu ihrem Niedergang bei.

König Karl II. von Spanien (Gemälde, um 1680)

»Die Teilung des Hauses Habsburg in eine spanische und eine österreichische Linie war genetisch verhängnisvoll«, schreibt Hans-Joachim Neumann, einst Ärztlicher Direktor der Berliner Charité, in seinem Buch über »Erbkrankheiten in europäischen Fürstenhäusern«. Durch die Teilung im 16. Jahrhundert sei die »eheliche Anziehungskraft« zur jeweils anderen Linie »geradezu magisch« gewesen, denn man wollte seine Ländereien zusammenhalten: »Im Grunde blieben die Habsburger nun erst recht unter sich, mit allen unausbleiblichen Konsequenzen«, analysiert Neumann.

Die Folgen des Inzests konnte man über Jahrhunderte hinweg sehen, verewigt auf Herrscherporträts. Als »Habsburger Unterlippe« ist in der Forschung ein ausgeprägter Unterbiss mit ausladendem Kinn und fleischiger Lippe bekannt; zum Gesichtstypus der Dynastie gehörte zudem eine auffällig weit nach unten verlaufende Nase. 2019 versuchte ein spanisches Forscherteam an der Universität von Santiago de Compostela, mithilfe der Analysen von Gesichtschirurgen zu belegen, dass es einen »eindeutigen Zusammenhang zwischen Inzucht und dem Habsburger Unterkiefer gibt«.

Verwandtenehen als Mittel der Machtpolitik sind gründlich erforscht, doch beschränkte sich Inzest damals nicht auf die schillernde Welt des Adels. Er gehörte, was weit weniger gut dokumentiert ist, ebenso zur Lebensrealität der unteren Bevölkerungsschichten.

Den Luxus, aus Liebe zu heiraten, konnte sich auch auf dem Land und in der Stadt kaum jemand leisten. Ehen entstanden aus wirtschaftlichen Erwägungen oder purer Not. Bauern und Bürger lebten, anders als der Adel, oft auf engstem Raum zusammen, die innerfamiliären Abhängigkeiten waren noch größer. Starb die Ehefrau, war die logische Wahl des Witwers nicht selten seine Schwägerin oder Nichte, ohne dass daran jemand Anstoß nahm.

Gerichtsprotokolle, in denen Inzestfälle verhandelt wurden, geben einen seltenen Einblick in familiäre Abgründe. Nach heutigen Maßstäben war vieles, was die Menschen in der Frühen Neuzeit unter Inzest verstanden, sexueller Missbrauch und Vergewaltigung.

Ihr Vater habe sie »grausam liebgehabt«, sagte etwa Barbara Reiser aus der Gemeinde Kusterdingen bei Tübingen 1655 vor Gericht. Wenn der Vater mal wieder »rauschig« gewesen sei, habe er sich »auf sie gelegt und habe seinen Willen mit ihr verübt«, auch als ihre Mutter noch lebte. Die habe lediglich gesagt, »es tue ihr ja nichts«. Damit meinte sie, Barbara werde schon nicht schwanger, wenn ihr Vater Coitus interruptus praktiziere. Am Ende wurde sie es doch.

Vor Gericht schob der Vater alles auf seine dauernde Trunkenheit, und seine Tochter stellte sich als leichtgläubiges Mädchen vom Land dar – typische Verteidigungsmuster bei Inzestprozessen. Sie sei erzogen worden »wie das Vieh«, sagte Barbara Reiser. Hätte sie gewusst, dass sie »Unzucht« betreibe, »hätte sie sich fester gewehrt«. Vater und Tochter, Täter und Opfer, wurden beide verbannt.

»Inzest fiel fast immer nur durch eine Schwangerschaft auf und wurde auch erst dann zum familiären Problem«, sagt Ulinka Rublack, Historikerin in Cambridge. Eine solche Schwangerschaft habe »Explosionskraft« gehabt, weil sie den Ruf der Familie, die Erbfolge und den Zusammenhalt gefährdete. Bis zur Schwangerschaft wurde Inzest daher meist verschwiegen. »Das Zulassen des Missbrauchs war ein Zugeständnis, um familiären Unfrieden zu verhindern.«

Eher zufällig war die Historikerin über Prozessakten zu 130 Inzestfällen aus Württemberg, Eßlingen und Hall gestoßen. »Ich war überrascht über das Ausmaß, denn es ist klar, dass die Dunkelziffer sehr hoch sein dürfte.« 1995 schrieb Rublack eine Abhandlung (»Viehisch, frech vnd onverschämpt«, Inzest in Südwestdeutschland) zu dem kaum erforschten Thema. »Das Schockierende ist, dass der Missbrauch damals nicht als Missbrauch verstanden wurde«, sagt sie. »Frauen galten als sexuell aktiver und begieriger als heute, weil man sie mit Leidenschaft und weniger mit Rationalität in Verbindung brachte.«

In der Rechtsprechung war daher die Auffassung verbreitet, dass eine Vergewaltigung nur dann plausibel sei, wenn sich die Frau laut schreiend wehrte, mit zerrissenen Kleidern ins Freie rannte und den nächstbesten Menschen weinend um Hilfe bat. Tat sie das nicht, war sie des Inzests ebenso schuldig wie der Mann – mit teils drastischen Folgen: So wurde eine jahrelang von ihrem leiblichen Vater missbrauchte Frau 1590 zum Tod durch Ertränken verurteilt, weil sie sich nach Ansicht der Tübinger Juristen nicht genügend gewehrt habe – sonst hätte sie gar nicht schwanger werden können.

Dazu kamen Strukturen, die den Missbrauch und das Schweigen begünstigten. Die Familien lebten, oft mit dem Vieh, dicht zusammen, die wirtschaftlichen Abhängigkeiten waren groß. Geschwister mussten miteinander klarkommen, weil sie sich oft das kümmerliche Erbe teilten, manchmal waren das nur die Werkzeuge zum Ernten. Starb der Ehemann, war die Witwe nicht selten der männlichen Verwandtschaft im Haus ausgeliefert. Ebenso waren Stieftöchter darauf angewiesen, dass ihr Stiefvater sie versorgte: ein Hebel, um sexuelle Gefälligkeiten zu erpressen.

»Keine Geiß«, keine Ziege, sei sie wert, beschimpfte der Eßlinger Weingärtner Michel Pfeiffer seine 20-jährige Stieftochter Maria, die seine Avancen und Kussversuche auf dem Dachboden abwehrte. Irgendwann im Jahr 1688 kroch er dann betrunken zu ihr ins Bett und missbrauchte sie. Es folgten weitere Übergriffe, in Weingärten, auf der Wiese, auf dem Lotterbett – dem Strohsack auf der Ofenbank im Wohnraum. Als Maria schwanger wurde, floh der Stiefvater mit ihr, heuerte aber bald als Soldat an. Allein musste sie in ihr Dorf zurückkehren, beschimpft von der Mutter, die sich betrogen fühlte. Schon am nächsten Tag wurde sie verhaftet, an den Pranger gestellt und verbannt.

Eheopfer Boleyn mit Kirchenvertretern (Gemälde, 19. Jahrhundert)

Frauen steckten, so Rublack, »in der Zwickmühle familiärer Abhängigkeiten«. Sagten sie ihrem Mann, dass der Schwiegervater oder Bruder sie bedrängte, schlug der Mann sich selten auf ihre Seite: Damit würde er den Bruch innerhalb der Familie riskieren. Angesichts der hohen Sterblichkeit von Frauen bei Geburten galten sie zudem nicht unbedingt als bleibende Mitglieder einer Familie.

Während die Kirche von der Familie ein idyllisches Bild zeichnete, konnte der Alltag von Frauen einem permanenten Albtraum gleichen. »Manche Muster erinnern mich frappierend an aktuelle Fälle«, sagt Historikerin Rublack. »Die Frauen wurden systematisch von den Männern, die sie missbrauchten, abgewertet. Sie tappten dadurch in eine psychologische Falle: Sie fühlten sich selbst schuldig. Es fiel ihnen schwer, den Missbrauch überhaupt als real anzunehmen oder sich dagegen zu wehren.«

Auch in der Welt des Hochadels wurde der Inzestvorwurf genutzt, um Frauen zu entwürdigen. Das zeigte sich wieder im Fall Heinrichs VIII. Auch nach der Annullierung seiner Ehe blieb Englands König das Glück fern. Seine zweite Frau Anne Boleyn schenkte ihm ebenfalls keinen männlichen Thronfolger. Als Opfer einer Intrige wurde sie 1536 hingerichtet. Einer der konstruierten Vorwürfe: Sie habe Inzest mit ihrem Bruder getrieben.

Kain und Abel

Brudermord

WAS HINTER DEN KULISSEN PASSIERTE

Kain und Abel schienen ein ganz normales Brüderpaar zu sein, bis der Neid bei ihnen Einzug hielt. Kain, der Älteste, führte ein Leben als Ackerbauer und verrichtete harte Feldarbeit. Sein jüngerer Bruder Abel arbeitete als Hirte und lebte ein weniger sesshaftes Leben. Beide entschieden sich eines Tages, Gott ein Opfer zu bringen, um ihre Dankbarkeit zu zeigen, dass sie trotz der Vertreibung ihrer Eltern aus dem Paradies ein gutes Leben führten. Kain opferte Teile seiner Ernte, Abel wählte besondere Tiere seiner Herde als Opfergabe. Gott beachtete aber nur Abels Gabe. Seinem Bruder Kain fraß sich die Eifersucht in die Seele, vor Neid und Missgunst wurde ihm ganz heiß. Aber statt den Bruder nur zu piesacken, entwickelte Kain sofort einen Mordplan. »Da redete Kain mit Abel, seinem Bruder. Als sie auf dem Feld waren, erhob sich Kain gegen Abel, seinen Bruder, und tötete ihn«, heißt es im Alten Testament. Von Gott zur Rede gestellt, fürchtete Kain tödliche Rache. »Darauf machte der Herr dem Kain ein Zeichen, damit ihn keiner erschlage, der ihn finde«, heißt es in der Bibel weiter. Das Zeichen schützte den Mörder zwar vor Vergeltung. Doch Kain musste ein Leben lang mit der Schuld leben, den eigenen Bruder erschlagen zu haben.

WIE ALLES BEGANN

Glaubt man der Bibel, konnten bereits die ersten Menschen auf Erden keinen familiären Frieden wahren. Schon Gottes erste menschliche Geschöpfe, Adam und Eva, ignorierten seine klaren Regeln (ihr dürft im Paradies leben, aber Finger weg vom Baum der Erkenntnis von Gut und Böse!). Eva ließ sich bekanntlich von der Schlange überreden, das Verbot zu missachten. Und dann führte sie auch noch Adam auf die gleichen Abwege. Auf den Sündenfall folgte umgehend die Strafe des Allmächtigen: die Vertreibung aus dem Paradies. Adam wurde von Gott zu schwerer Feldarbeit verdammt, Eva wurde mit schmerzhaften Geburten bestraft. Dennoch bekamen die beiden neben Kain, Abel und Set noch viele weitere Kinder.

WIE ES WEITERGING

»So zog Kain fort, weg vom Herrn und ließ sich im Land Nod nieder, östlich von Eden«, erfahren wir im Alten Testament. Mit seinem Kainsmal und der Umsiedlung kam der mörderische Bruder vergleichsweise glimpflich davon. Er konnte mit seiner Frau Nachkommen zeugen und eine Stadt gründen – sprich: ein relativ normales Leben leben. In einem weltlichen Rechtssystem hätte Kain mindestens ein Leben hinter Gittern erwartet. Diese erste blutige Tragödie der Menschheit signalisiert: Die heile Familienwelt mag ein Ideal sein, scheitert aber oft genug an der Realität. Auch wenn sie nicht immer gleich im Mord enden muss.

Autorin aller Kompendien dieser Ausgabe ist Jasmin Lörchner, Illustrationen von Frank Höhne.

Gemälde »Goethe in der römischen Campagna« von Johann Heinrich Wilhelm Tischbein, 1787

Goethes unbekannter Großvater

Dichterfürst Johann Wolfgang von Goethe hatte Großes erreicht: Er war Deutschlands berühmtester Autor, in den Adel erhoben. Dass sein Großvater diesen Aufstieg ermöglicht hatte, verschwieg er allerdings. War ihm der Vorfahre peinlich? *Von Dela Kienle*

Die Maurerkelle im Händchen, einen wuchtigen Grundstein zu seinen Füßen, steht der knapp sechsjährige Johann Wolfgang Goethe zwischen den Erwachsenen. An diesem Tag im Mai 1755 gleicht der Frankfurter Große Hirschgraben einer Großbaustelle. Vater Johann Caspar Goethe hat Teile des alten Familienhauses abreißen lassen – und will es nun nach eigenen Plänen anders aufbauen. Sein Söhnchen mauert den Grundstein ein, der »nicht eher als mit dem Ende der Welt verrucket werden möge«.

Der Umbau ist für die Goethes ein wichtiger Neuanfang: Bisher hatten sie in zwei düsteren, miteinander verbundenen Fachwerkhäusern gewohnt, gewissermaßen als Gäste der Großmutter. Nach deren Tod soll nun ein helles, modernes Rokokogebäude entstehen, mit Platz für illustren Besuch, für die väterlichen Sammlungen ... und für ehrgeizige Träume. Der kaiserliche Rat Johann Caspar räumt auf mit der Vergangenheit – und macht seinen Sohn zum Komplizen. Nichts soll nach der sozialen Häutung mehr an die bescheidenen Ursprünge der Familie erinnern.

»Es ist ein frommer Wunsch aller Väter, das, was ihnen selbst abgegangen, an den Söhnen realisiert zu sehen«, schrieb Johann Wolfgang von Goethe später. Auch von ihm wurde Großes erwartet – und er lieferte. Ist zum wohl bekanntesten Dichter Deutschlands geworden, zum Staatsminister, zum Universalgenie, das schon zu Lebzeiten wie ein Star verehrt wurde. Dank ihm zählte auch seine Familie endgültig zu den prominentesten in Frankfurt am Main.

Bis heute strömen jährlich mehr als 100.000 Menschen ins rekonstruierte Goethe-Haus am Großen Hirschgraben. Es strahlt gediegenes Großbürgertum, Bildungshunger und Kulturverliebtheit aus; genau das, was der Großdichter und sein Vater wohl gern vermitteln wollten.

Wer jedoch eine Generation weiter zurückschaut, entdeckt eine Figur, deren Leben weit unten auf der sozialen Leiter begann: den Opa väterlicherseits, Friedrich Georg Göthé. Er war derjenige, der große Teile des beträchtlichen Familienvermögens erwirtschaftete und so den sozialen Aufstieg möglich machte; erst als gefeierter Schneidermeister, später mit seiner zweiten Frau als Gastwirt des Frankfurter Weidenhofs.

Doch in der offiziellen Familiengeschichte spielte dieser Mann kaum eine Rolle, weder Sohn noch Enkel schienen diese Leistung offen anzuerkennen. In seinem autobiografischen, wenn auch nicht wörtlich zu nehmenden Buch »Dichtung und Wahrheit« schrieb Goethe: »Ich hatte von meinem Großvater wenig reden hören.« Im Klartext hieß das wohl: Mein Vater nahm Abstand von dem Selfmademan, der ihn gezeugt und erzogen hatte. War der Schneidermeister den Goethes etwa peinlich?

Tatsächlich sprach wenig dafür, dass Friedrich Georg Göthé einmal einen weltberühmten, in den Adelsstand erhobenen Enkel haben würde. Er selbst kam 1657 als Sohn eines Hufschmieds zur Welt, im thüringischen Örtchen Artern besuchte er die Lateinschule, machte eine Schneiderlehre und ging danach zwölf Jahre auf Wanderschaft.

»Wir wissen wenig über Göthés Charakter. Aber er war jemand, der über den Tellerrand rausgeblickt hat und aus seinem Leben etwas machen wollte«, sagt Joachim Seng, der Leiter der Bibliothek des Frankfurter Goethe-Hauses. Gemeinsam mit zwei weiteren Wissenschaftlern hat er für das Buch »Monsieur Göthé. Goethes unbekannter Großvater« aufwendig recherchiert.

Ein wichtiges Zeugnis war dabei der »Lebens=Lauff«, der zu Göthés Beerdigung vorgetragen wurde und erhalten ist. Aus ihm weiß man, dass der Schneider weiter reiste als die meisten seiner Kollegen: Vier Jahre lang verfeinerte er sein Können in Lyon, im damaligen Mekka der Seidenverarbeitung, und arbeitete dann auch eine Zeit lang in Paris. Während seiner Zeit in Frankreich legte Göthé sich den Accent aigu auf seinem Nachnamen zu und behielt ihn später als Zeichen seines Raffinements.

Doch Göthé war Lutheraner und musste aus Frankreich fliehen, als dort ab 1685 Protestanten verschärft verfolgt wurden. Nach Lyon und Paris dauerhaft zurück ins Provinzkaff Artern? Lieber zog Göthé nach Frankfurt am Main, heiratete eine Schneiderstochter, fertigte sein Meisterstück. Den Antrag aufs Bürgerrecht unterschrieb er 1686 selbstbewusst in einem Drei-Sprachen-Mix aus Latein, Deutsch und Französisch: »Fridericus Georg Göthé«.

Überhaupt hob sich der polyglotte Neuankömmling von den meisten Frankfurter Schneidern ab: Schließlich beherrschte er die aufwendigen französischen Schnitte, die in der zweiten Hälfte des 17. Jahrhunderts aufkamen. Nach den Entbehrungen des Dreißigjährigen Krieges schauten

Kind Goethe mit Kelle bei der Grundsteinlegung zum Umbau seines Elternhauses in Frankfurt am Main 1755 (Gemälde von Julius Hamel, 1898)

die reichen Damen sehnsuchtsvoll zum prachtvollen Hof des Sonnenkönigs Ludwig XIV. – und wünschten sich samtene, seidene Gewänder »à la mode«.

Der weit gereiste Göthé konnte sie schneidern. Eine Rechnung belegt, dass er schon bald nach seiner Ankunft den Darmstädter Hof belieferte und dort für zwei Prinzessinnen nähte. Er wurde zu einer der ersten Adressen unter den Damenschneidern – eine Art Karl Lagerfeld von Frankfurt, so Forscher Seng. »Göthé muss sehr talentiert gewesen sein, damit ein solcher Erfolg möglich war. Dabei hat das Zunftwesen damals viel reglementiert, und es war für Fremde schwierig, dort überhaupt ihren Platz zu finden.«

Et oui, die rückwärtsgewandten Zunftgenossen sorgten für Ärger! Im Atelier Göthé herrschte ein derartiger Andrang, dass der Maître mehr als die zwei erlaubten Gesellen beschäftigte. 1695 beschwerten sich Neider beim Frankfurter Rat über einige »geiz- und gewinnsüchtige« Meister, die ihre Aufträge nicht mit anderen Schneidern teilten.

An der Spitze der Zunftordnungsbrecher stand Göthé: Bei ihm arbeiteten gleich sechs Gesellen. Er wehrte sich gegen alle Strafandrohungen, schimpfte über »Stümpler« und setzte sich dafür ein, sein Handwerk liberaler zu machen. Letztlich durfte er vier Gesellen behalten. »Er war ein Freigeist und als Unternehmer seiner Zeit voraus«, sagt Seng. Friedrich Georg Göthé war streitbar und nahm es auch mit feinen Herrschaften auf. Ab 1695 klagte er wegen ausstehender Rechnungen beispielsweise gegen Johann Wolfgang Textor d. Ä., den damaligen Chefjuristen Frankfurts. Der Prozess war pikant – denn er knüpfte den ersten Kontakt zwischen den Familien Göthé und Textor, aus deren Verbindung später der Dichter Johann Wolfgang von Goethe hervorgehen sollte.

Der fühlte sich zweifellos dem prominenten und bildungsbürgerlichen Textor-Teil der Verwandtschaft zugetan. Jedenfalls erwähnt er in »Dichtung und Wahrheit« Großvater Göthé nur am Rande und berichtet stattdessen ausführlich über seinen Großvater mütterlicherseits, der als Stadtschultheiß das höchste Amt in Frankfurt innehatte.

Dabei hätte der unternehmerisch veranlagte Großvater Göthé zumindest aus heutiger Sicht durchaus ein Vorbild sein können. Im Jahr 1700 hatte er einen heftigen Schicksalsschlag zu verkraften: Seine Frau starb im Kindbett und hinterließ ihm ein Neugeborenes und drei weitere Söhne. Der älteste, Johann Michael, war gerade einmal zehn Jahre alt, geistig behindert und brauchte spezielle Betreuung.

Doch Göthé heiratete nicht sofort wieder, wie es vor allem für Männer üblich war, sondern managte zunächst als Alleinerziehender Familie und Beruf. Nach fünf Jahren konnte oder wollte er so nicht mehr weitermachen: Der 47-jährige Göthé heiratete die elf Jahre jüngere, kinderlose Cornelia Schellhorn. Sie war seit Kurzem verwitwet, besaß zwei Häuser und den vornehmen Weidenhof. Göthé beendete seine Schneiderkarriere – und wurde Gastwirt.

Bis heute ist unklar, warum Göthé sich gegen sein Handwerk entschied. »Gastwirt zu werden war für ihn kein sozialer Aufstieg«, sagt Experte Seng. »Ich glaube, dass es eher ökonomische Gründe hatte. Göthé war sehr geschäftstüchtig, und der Weidenhof war vermutlich sehr lukrativ.« Nicht nur, wenn zweimal im Jahr auf der großen Frankfurter Messe Händler ihre vielfältigen Waren feilboten, strömten viele Gäste nach Frankfurt. Der Weidenhof lag auf der Zeil, damals eine der vornehmsten Straßen.

Göthé investierte sofort in neue Stallungen für Pferde und Kutschen der Reisenden. Mehrsprachig und mit besten Manieren dürfte er das Ansehen des Gasthauses weiter verbessert haben. Er hob es »auf die Höhe eines Hotels ersten Ranges«, so der Goethe-Forscher Rudolf Jung.

War's das jetzt? Gäste begrüßen, Abrechnungen machen, Streit in der Wirtsstube schlichten? Göthé wollte noch mehr, zumindest für seine Kinder. Er sorgte dafür, dass die Söhne aus erster Ehe renommierte Berufe ergreifen konnten.

Doch am ehrgeizigsten förderte er seinen 1710 geborenen jüngsten Sohn aus der zweiten Ehe mit Cornelia Schellhorn: Johann Caspar, der spätere Vater des Dichters. Göthé schickte ihn auf das Casimirianum in Coburg, ein angesehenes Gymnasium, wo der Jugendliche zwischen Patriziersöhnen und Adligen büffelte. Im Schülerverzeichnis schrieb er sich als »cauponis filius« ein, als Gastwirtsohn. Dabei benutzte Johann Caspar – womöglich zum ersten Mal – die elegante, latinisierte Schreibweise »Goethe«, die er fortan beibehielt und auch auf seine Kinder übertrug.

Vater Göthé hoffte, dass Bildung seinem Sohn einen echten sozialen Aufstieg ermöglichen würde. An der Spitze der Stadt standen die Patrizier, also die alteingesessenen geburtsadligen Ratsfamilien, aber auch führende Juristen der Stadtverwaltung – und die Akademiker. Zu ihnen, so wünschte es der ambitionierte Vater, sollte Johann Caspar später einmal gehören. Dabei half das beträchtliche Vermögen, das seine Eltern erwarben.

Über Göthés Finanzen ist einiges bekannt. 1686 hatte er seine Schneiderkarriere fast mittellos begonnen und bis 1701 die höchste Steuerstufe erklommen; nur zwei weitere von 135 Frankfurter Schneidern verdienten ähnlich viel wie er.

Als Gastwirt wuchs sein Vermögen weiter. Als Göthé 1730 im Alter von 72 Jahren starb, lagerten 16 schwere Säcke mit Gold- und Silbermünzen in seinem Heim. Neben dem Bargeld zählten mehrere Häuser, Grundstücke sowie ein wertvoller Weinvorrat zur Erbmasse. Der Weidenhof blieb zunächst im Besitz der Witwe Cornelia. Bis heute ist nicht lückenlos geklärt, wie ein Schneider und Gastwirt so wohlhabend werden konnte. Womöglich verdiente er auch durch Immobiliengeschäfte, durch die Spekulation und den Handel mit Wein, oder er strich Provisionen ein, indem er Handelshäusern Kontakte nach Frankreich vermittelte.

Sohn Johann Caspar hatte jedenfalls finanziell ausgesorgt, noch bevor er überhaupt arbeiten musste. Er studierte acht gemütliche Jahre lang in Gießen und Leipzig Jura, wurde »Doctor beider Rechte« und bereiste auf einer »Grand Tour« Frankreich und Italien. Zurück in der Heimat, gelang es ihm – wohl dank Beziehungen –, sich von Kaiser Karl VII. zum »Wirklichen Kaiserlichen Rat« ernennen zu lassen.

Eine große Ehre, der freilich keine große Karriere folgte. Stattdessen zog der Herr Rat sich als 35-Jähriger zurück, widmete sich seinen geistigen Interessen und später der aufwendigen Erziehung seiner Kinder. Dank Titel und Vermögen war ihm eine ausgesprochen gute Partie gelungen: Er heiratete Catharina Elisabeth Textor, die älteste Tochter des Stadtschultheißen. »In den Augen des Frankfurter Patriziats blieb Johann Caspar ein Aufsteiger«, erklärt Seng. »Aber die Ehe öffnete seinem Sohn Johann Wolfgang Zugang zu den höchsten Kreisen.«

Der künftige Dichter wurde 1749 in einem Mehrgenerationenhaus geboren – als lebloses Bündel, das im Beisein von Großmutter Cornelia Göthe energisch mit Wein massiert und so zum Atmen gebracht wurde. Die Gastwirtin hatte ihren Weidenhof längst verkauft und als Witwensitz die Fachwerkhäuser im Großen Hirschgraben erstanden. Dort hatte sie ihren Sohn und später seine Familie mit den Kindern Johann Wolfgang und Cornelia aufgenommen. In »Dichtung und Wahrheit« schreibt Enkel Johann Wolfgang von Goethe spä-

Ehepaar Goethe, Sohn Johann Wolfgang mit Lämmchen, Tochter Cornelia (Gemälde von Johann Conrad Seekatz, 1762)

ter über die Großmutter, er erinnere sich ihrer »gleichsam als eines Geistes, als einer schönen, hagern, immer weiß und reinlich gekleideten Frau«. Kein Wort darüber, dass Cornelia Göthé einst eine hart arbeitende Gastwirtin war und bis ins hohe Alter das Familienvermögen verwaltet hatte.

Was Goethe noch verrät? Dass das Porträt seiner Großmutter, gemeinsam mit dem ihres Mannes Göthé, nach dem großen Hausumbau nicht mehr öffentlich im Besuchszimmer hing, sondern »in einer obern Kammer aufbewahrt« wurde. Aus den Augen, aus dem Sinn?

»Ich würde nicht sagen, dass Goethe seine Lebensgeschichte fälscht. Aber er frisiert sie ein bisschen, indem er die Herkunft aus dem Handwerkerstand nicht erwähnt«, sagt Goethe-Forscher Seng. »Was das betrifft, wird er im Alter seinem Vater immer ähnlicher.« Denn tatsächlich verwischte zunächst vor allem Johann Caspar die Spuren von Herkunft und Aufstieg.

Nach dem Tod seiner Mutter entwarf er nicht nur das neue, großzügige Familienhaus mit 20 Zimmern, sondern ließ über der Vordertür auch ein selbst entworfenes Wappen anbringen. Darin prangten drei Leiern als Symbole für Kunst und Kultur. Im oberen Teil erkennt man auch ein Element aus dem Textor-Wappen – aber nichts von Göthé, seinem eigenen Vater. »Johann Caspar wollte einen Schnitt machen und eine neue Tradition für seine Familie begründen«, sagt Seng. »Ich finde aber nicht, dass man daraus ableiten kann, dass er gegenüber seinen Eltern undankbar gewesen sei oder sich für ihre Herkunft geschämt habe.« Manche Stellen in »Dichtung und Wahrheit« regen jedoch zum Grübeln an. So schreibt Goethe, dass ihm vom Vater »eine äußerste Abneigung gegen alle Gasthöfe eingeflößt worden« sei. Johann Caspar habe im Tor eines Gasthofs »immer ein großes Spinnengewebe ausgespannt zu sehen« geglaubt, eine Falle, aus der kein Insekt mehr habe »ungerupft herausfliegen« können. Kein Kompliment für das frühere Familiengewerbe.

Darstellung des Wohnhauses der Familie Goethe vor dem Umbau

Goethe erzählt zudem, wie Kinder ihn wegen seines hemdsärmeligen Großvaters auslachten und ein Gerücht verbreiteten: Goethes »Vater sei der Sohn eines vornehmen Mannes«, und der Weidenhof-Wirt habe sich nur bereit erklärt, »äußerlich die Vaterstelle zu vertreten«. Angeblich hat Klein-Goethe den Großvater verteidigt und gesagt, dass er bedauere, ihn nie kennengelernt zu haben. Aber der Schreiber gesteht auch, dass er das Gerücht als Kind nur allzu gern glauben wollte: »Es wollte mir gar nicht missfallen, der Enkel irgendeines vornehmen Herrn zu sein.«

Dem erwachsenen Johann Wolfgang Goethe hingegen dürfte klar gewesen sein, dass sein Familienvermögen größtenteils in einer Schneiderwerkstatt und einem Gasthof verdient wurde. Schließlich besaß er das Testament seines Großvaters Göthé. Irgendwann hatte er es sich aus seinem Elternhaus nach Weimar schicken lassen. Hat der Dichterstar jemals öffentlich reflektiert, woher das viele Geld stammte, das ihm sein privilegiertes Leben ermöglichte? »Ich wüsste keine einzige Stelle – und wir haben danach gesucht«, sagt Seng. Immerhin: Heute ist Großvater Friedrich Georg Göthé nicht mehr verdrängt und vergessen. Durch die Forschungen der vergangenen Jahre lässt sich sein Lebensweg gut nachvollziehen. In mancherlei Hinsicht erinnert er an das Märchen vom »Tapferen Schneiderlein«, in dem ein gewitzter Held sein Schicksal selbst in die Hand nimmt.

Das ist allerdings eine Geschichte, die Göthés Enkelchen missfiel. Die Schriftstellerin Bettina von Arnim berichtet in einem Brief über die Empörung des kleinen Johann Wolfgang, weil der »verdammte Schneider« eine Prinzessin heiraten wollte. Das fantasievolle Kind habe also ein anderes Ende für das Märchen erfunden, schreibt von Arnim. Welches das war, verrät sie leider nicht.

Wie der erwachsene Goethe zu seinem Großvater stand, wird sich wohl nie abschließend klären lassen. Doch in vielerlei Hinsicht wäre Monsieur Göthé sicherlich stolz gewesen auf seinen Enkel. So war Johann Wolfgang Goethe wohl der einzige Dichter, der einen beachtlichen Modetrend kreierte: Nach dem Erscheinen von »Die Leiden des jungen Werthers« eiferten viele junge Männer der Hauptperson nach. Sie ließen sich einen blauen Frack mit Messingknöpfen und eine gelbe Weste schneidern und trugen sie mit braunen Stulpenstiefeln. Die Werther-Tracht machte europaweit Furore.

Zum Weiterlesen Heiner Boehncke, Hans Sarkowicz, Joachim Seng: »Monsieur Göthé. Goethes unbekannter Großvater«.

Bildhintergrund

»Meine Großeltern, meine Eltern und ich« Frida Kahlo (1936)

Die Malerin Frida Kahlo hatte eine schwierige Kindheit. Was erzählt das Familienbild über Herkunft, Traumata und Wünsche der mexikanischen Künstlerin? *Von Kathrin Maas*

Auf den ersten Blick wirkt »Meine Großeltern, meine Eltern und ich« wie ein klassischer Familienstammbaum. Im Mittelpunkt steht Frida Kahlo als kleines Mädchen. Sie befindet sich im Garten ihres Elternhauses in Coyoacán, einem Vorort von Mexiko-Stadt, und hält ein rotes Stoffband in der Hand, das die Porträts ihrer Vorfahren einfasst und miteinander verbindet.

Ganz oben schweben die Großeltern. Als das Bild 1936 entstand, waren sie bereits tot. Wie Schutzengel blicken sie von den Wolken herab.

Um die Herkunft der Großeltern zu veranschaulichen, platzierte die Malerin die mütterliche Seite über der mexikanischen Landschaft. Großvater Antonio Calderón hatte indigene Wurzeln, Großmutter Isabel González entstammte einer spanischen Generalsfamilie. Die Großeltern väterlicherseits bewohnen den Himmel über dem Ozean, denn sie hatten auf der anderen Seite des Atlantiks, in Deutschland, gelebt. Johann Heinrich Jacob Kahlo und Henriette Kaufmann aus Pforzheim waren der Enkelin nie begegnet.

Frida Kahlo malte die Miniaturporträts der Großeltern anhand von Fotos. Auch die Eltern skizzierte sie auf Grundlage einer Fotografie. Mutter Matilde Calderón y González und Vater Carl Wilhelm Kahlo, der als 18-Jähriger aus Deutschland ausgewandert war und sich in Mexiko »Guillermo« Kahlo nannte, erscheinen als übergroßes, ewig junges Hochzeitspaar. Der Kopf der Mutter ragt in den Himmel, denn auch sie war bereits gestorben, als das Bild entstand.

Doch Kahlo begnügte sich nicht damit, allein ihre Abstammung darzustellen. Sie versah »Meine Großeltern, meine Eltern und ich« mit versteckten Hinweisen, Metaphern und Symbolen, die weit über das Offensichtliche hinausweisen. Es gibt kaum ein Bild von ihr, das ohne verschlüsselte Anspielungen auskommt.

Die Malerin bediente sich dabei aus dem Fundus unterschiedlicher Kulturen. Sie mischte aztekisches Erbe, fernöstliche und antike Mythologie mit katholischem Volksglauben und mexikanischer Folklore. Sie verbildlichte Redewendungen oder zitierte den sozialistischen Vordenker Karl Marx und Sigmund Freud, den Begründer der Psychoanalyse. Für ihre komplexe Bildsprache wird Kahlo von vielen bewundert. Sie gilt als eine der einflussreichsten Malerinnen des 20. Jahrhunderts.

Ihre außergewöhnliche Biografie und exzentrische Persönlichkeit trugen dazu bei, dass Kahlo nach ihrem Tod zu einer Kultfigur avancierte, zu einem Mythos, der inzwischen gnadenlos kommerzialisiert wird. Neben kitschigen Multimedia-Ausstellungen und knallbunten Tassen, Kissen und Notizbüchlein tritt die Vielschichtigkeit ihrer Bilder fast in den Hintergrund.

Die Malerin verarbeitete in ihrer Kunst vor allem die tiefen körperlichen und seelischen Verletzungen, die sie bereits als Kind davongetragen hatte. Auch »Meine Großeltern, meine Eltern und ich« berichtet davon. Das auf Metall gemalte Bild (im Original 31 mal 34 Zentimeter groß) hängt heute im Museum of Modern Art in New York.

1 Die »Casa Azul«
Kahlos junges Alter Ego steht im Garten der »Casa Azul«, des sogenannten Blauen Hauses in Coyoacán. Das Haus war gerade fertiggestellt worden, als Magdalena Carmen Frieda Kahlo y Calderón dort am 6. Juli 1907 geboren wurde – das »e« in Frieda strich sie in den Dreißigerjahren einfach aus ihrem Namen. In der Casa Azul verbrachte Kahlo ihre Kindheit. Auch im Erwachsenenalter kehrte sie immer wieder für längere Zeit in ihr Elternhaus zurück, und dort starb sie am 13. Juli 1954 mit 47 Jahren. Seit 1958 beherbergt die Casa Azul das Frida-Kahlo-Museum.

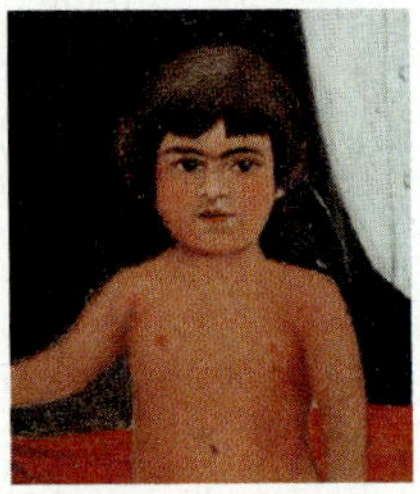

2 Frida Kahlo als kleines Mädchen

Die Malerin stellt sich auf dem Bild als kleines Mädchen dar. Mit den rosigen Wangen und dem prallen Körper wirkt sie gesund und vollkommen unversehrt. Nichts deutet auf den angeborenen Wirbelsäulendefekt hin, der Kahlo ab dem siebten Lebensjahr Beschwerden bereitete, und nichts verweist auf den Busunfall mit 18, den sie nur knapp überlebte und mit dessen Folgen sie ihr Leben lang kämpfte.

Immer wieder musste Kahlo sich komplizierten Operationen unterziehen. Manchmal war sie in Gips- und Stahlkorsetts gezwängt für Monate ans Bett gefesselt. Indem Kahlo ihr eigenes Ich verjüngt, drückt sie den Wunsch nach einem Neuanfang aus. Sie erträumt sich für das kleine Mädchen eine glücklichere Zukunft. Denn als Kahlo das Bild malte, war sie emotional an einem Tiefpunkt. Nachdem sie eine traumatische Fehlgeburt und den Tod der Mutter gerade erst verwunden hatte, ertappte sie ihren Ehemann Diego Rivera (1886 bis 1957), den wohl bekanntesten mexikanischen Maler seiner Zeit, in flagranti mit ihrer Schwester Christina. Es war nicht die erste Affäre Riveras, aber wohl eine der bittersten Enttäuschungen für Kahlo.

3 »La casa chica«

Die Untreue Riveras verbildlicht Kahlo mit dem braunen Häuschen, das auf der rechten Seite schräg hinter der Casa Azul zu sehen ist. »La casa chica« – das kleine Haus – ist eine Redewendung, die in Mexiko fast alle kennen: Wenn ein verheirateter Mann »La casa chica« aufsucht, trifft er sich mit seiner Geliebten. Auch die Sonnenblumen im Garten des kleinen Hauses verweisen auf die Affäre zwischen Rivera und Kahlos Schwester. Sie spielen auf Ovids »Metamorphosen« an, worin von der Liebe Apolls zu zwei Schwestern berichtet wird. Da eine der beiden dem Vater die Liebschaft beichtet, verwandelt Apoll sie zur Strafe in eine Sonnenblume. Nun muss sie dem Sonnengott täglich mit ihrem Kopf folgen, wenn er am Himmel seine Bahnen zieht.

4 Die rote Stoffschlaufe

Wie sehr die Malerin sich in dieser Phase ihres Lebens in eine andere Wirklichkeit flüchten wollte, verdeutlicht die rote Stoffschlaufe, die Kahlos Alter Ego in der Hand hält. Als Kind, so schrieb sie in ihrem Tagebuch, habe ihr ein an die Fensterscheibe gehauchtes und gemaltes »O« als Schlupfloch gedient. Immer, wenn sie es zu Hause nicht mehr aushielt und dem zu Gewaltausbrüchen neigenden Vater entkommen wollte, wünschte sie sich durch dieses Portal in eine Fantasiewelt. Dort traf sie eine imaginäre Freundin, mit der sie tanzte und glücklich war. Auf dem Bild platzierte Kahlo gleich mehrere »Os«: die rote Stoffschlaufe, den runden Lochstein zu ihren Füßen – Bestandteil eines aztekischen Opferrituals – und den uterusförmigen Weg im Garten der Casa Azul.

5 Der leere Stuhl im Garten

Auch der scheinbar zufällig herumstehende Stuhl im Garten des Elternhauses besitzt eine Bedeutung. Er spielt auf eine bekannte mexikanische Geschichte an. Darin geht es um einen Kranken, der einen Stuhl neben seinem Bett aufstellt. Doch dieser ist nicht etwa für den herbeigeeilten Priester gedacht, sondern für Jesus, dessen Anwesenheit der Kranke sich vorstellt, um beten zu können. Wen wünschte Kahlo sich auf den leeren Stuhl? Die imaginäre Freundin, die eigentlich eine Abspaltung ihrer selbst – eine zweite Frida – war? Würde sie ihr von der Sehnsucht nach einer heilen Familie und eigenen Nachkommen erzählen?

6 Querschnitt der Kaktusblüte

Kahlo wünschte sich Kinder. In keinem anderen ihrer Bilder drückte sie dies deutlicher aus. Einige der zahlreichen Fruchtbarkeitssymbole malte sie derart präzise, dass sie schon fast an Illustrationen aus einem Biologiebuch erinnern. So stellt Kahlo neben der menschlichen Eizelle auch den Querschnitt einer Feigenkaktusblüte dar – und beide, Zelle wie Blüte, werden gerade befruchtet. Der prächtige Kaktus am linken Bildrand steht ebenfalls für Fruchtbarkeit. Die von der Malerin für ihre Widerstandskraft bewunderte Pflanze trägt fünf Blüten. Sie symbolisieren die fünf Kinder, die Mutter Matilde geboren hatte.

Kahlo hatte zu diesem Zeitpunkt bereits eine Fehlgeburt erlitten, weitere folgten. Zudem ließ sie Abtreibungen vornehmen. Wahrscheinlich rieten ihr die Ärzte aufgrund ihres fragilen Gesundheitszustands dazu. Manche vermuten aber, dass Kahlo Angst hatte, von ihrem Ehemann verlassen zu werden, sollte sie ein Kind austragen. Rivera wollte keine Kinder, sie waren ihm lästig.

Und so thematisiert »Meine Großeltern, meine Eltern und ich« neben der eigenen Herkunft Kahlos vielschichtigen Schmerz und ihre Sehnsucht, als gesundes, mutiges Kind noch einmal neu anzufangen.

Für die Recherche sprach die Autorin mit der Kunsthistorikerin Helga Prignitz, die mehrere Frida-Kahlo-Ausstellungen kuratierte, unter anderem die große Retrospektive 2010 im Berliner Gropius Bau.

Die Medici

Geld, Macht und Intrigen

WIE ALLES BEGANN

Im Herbst 1397 besorgte sich Giovanni di Bicci de' Medici in Florenz eine Genehmigung zum Geldwechseln und begann mit einem Tisch, einem Schriftbuch und Bargeld die Bankgeschäfte des Banco Medici. Mit klugem Unternehmertum feierte er nicht nur in Florenz Erfolge, sondern baute ein Bankennetz in Europa auf, strich fabulöse Gewinne ein und zählte sogar den Papst zu seinen Kunden. In drei Jahrzehnten schaffte er es zum zweitreichsten Mann der Stadt. Sohn Cosimo kaufte sich in die Politik der Metropole ein. Die Medici lenkten rund 350 Jahre lang die Geschicke von Europa und Florenz, förderten die Kultur ihrer Zeit und stellten sogar dreimal den Papst. Der Preis dafür war möglicherweise Mord und Totschlag in den eigenen Reihen.

WAS HINTER DEN KULISSEN PASSIERTE

Sechs Generationen nach Giovanni di Bicci übernahm Isabella de' Medici nach dem Tod ihrer Mutter und Schwestern die Rolle der »First Lady« der Stadt und wurde bewundert. Dass sie der Augapfel ihres Vaters Cosimo I. gewesen war, stieß ihrem Bruder Francesco sauer auf. Als bekannt wurde, dass sie eine lange außereheliche Beziehung mit dem Cousin ihres Ehemanns führte, war der Gatte Gerüchten zufolge derart düpiert, dass er sich grausam rächen wollte. Schwager Francesco soll seine Zustimmung gegeben haben, sodass Isabella wohl von ihrem Ehemann 1576 eigenhändig erdrosselt wurde. Heute streiten Historiker, ob bei dieser Erzählung verleumderische Chronisten am Werk waren und sie nicht doch an einer Krankheit starb. Auch Francesco fand laut Chroniken ein düsteres Ende: Er fiel gemeinsam mit seiner Frau Bianca Cappello einem Giftmord mit Arsen zum Opfer – Auftraggeber war wohl niemand anderes als ein weiterer Bruder, Ferdinando. Der ließ verkünden, die Malaria habe das Paar dahingerafft. Fachleute haben Indizien für beide Versionen gefunden.

WIE ES WEITERGING

Stimmt die Version der Chronisten, kann man nur sagen: Wer solche Verwandten hat, braucht keine Feinde mehr. Bei all den Bluttaten mag man ein gewaltsames Ende der Dynastie erwarten. Doch Cosimo III., der vorletzte Großherzog der Toskana, verlor den älteren Sohn und designierten Nachfolger Ferdinando an die Syphilis. Sein Zweitgeborener, Gian Gastone, der nun nachrückte, zeugte mit seiner Frau allerdings keine Nachkommen und ließ sich lieber junge Männer im Schlafgemach zuführen. Auch Cosimos Tochter Anna Maria Luisa durfte die Macht nicht übernehmen, weil sie »nur« eine Frau war, und zog sich ins Privatleben zurück. Und so war nach Gian Gastones Tod 1737 Schluss mit der männlichen Medici-Linie.

Seine Frau misshandelnder Ehemann (englische Miniatur aus dem Mittelalter)

»Das linckhe aug bluedig aufgeschlagen«

Häusliche Gewalt

Schläge, Tritte, Vergewaltigung: Ehen waren (und sind) Orte massiver Brutalität. Untersuchungen von Historikerinnen zeigen aber, dass die Frauen die Übergriffe ihrer Männer nicht tatenlos erduldeten.

Von Frank Thadeusz

Moderne Paare haben eine elegante Formel gefunden, um im Fall einer Trennung die vorausgegangene Beziehungshölle zu verschleiern. Wenn Schluss ist, werden als Begründung gern »unüberbrückbare Differenzen« ins Feld geführt.

Als Maria Ursula Sauerin 1792 von dem Zeugmacher Christoph Sauer geschieden wurde, war die Sprachregelung weniger dezent: Der Bruch erfolge aufgrund »unüberwindlicher gegenseitiger Abneigung«, urteilte das evangelische Ehegericht in der freien Reichsstadt Ravensburg. Zuvor hatte die Ehefrau allerdings ein jahrelanges Martyrium erlitten und war von ihrem Mann »ohne Ursach braun und blau geschlagen« worden, wie das Gerichtsprotokoll berichtete.

Um zunächst auch nur eine vorübergehende Trennung von Tisch und Bett zu erreichen, musste die bis dahin kinderlose Maria Ursula Sauerin vor Gericht geschickt argumentieren: Bevor sie künftig »mit Kindern belastet dem löbl. Publico anheimfallen würde«, bat sie das »löbl. Consistorio zu erlauben, dass sie 1 bis 2 Jahre von ihren Mann entfernt bleiben dörfte«. Ein kluger Schachzug.

Die Aussicht auf eine mittellose Mutter, die mit ihren Kindern dem Stadtsäckel zur Last fiel, machte vermutlich Eindruck auf die Richter: Sie durfte ihren prügelnden Mann verlassen und wieder zu ihrem Vater ziehen. Ihr Schicksal allein hätte dagegen wohl weniger Wirkung gehabt: Verprügelte Ehefrauen weckten nur bedingt das Interesse der kirchlichen Gerichte, die häufig bis weit hinein in die Neuzeit Ehestreitigkeiten regelten.

Der Mann im Haus galt als unumstrittene Autorität. Er durfte Frau und Kinder nach eigenem Ermessen maßregeln und prügeln. »Nur in ganz seltenen Fällen konnten sich die Frauen gegen das Züchtigungsrecht des Ehemannes wehren«, schreibt die Germanistin Barbara Becker-Cantarino in ihrem Aufsatz »Die böse Frau und das Züchtigungsrecht des Hausvaters in der frühen Neuzeit«.

Der Jurist Georg Adam Struve (1619 bis 1692), Verfasser der lange als Standardwerk geltenden Rechtsabhandlung »Iurisprudentia Romano-Germanica forensis«, befand im Geist der Zeit, »ein Ehemann sei befugt, sein halsstarriges und widerspenstiges Weib, wenn Mahnung und gütliches Zureden nicht helfen wollen, auf leidliche Art zu corrigiren und zu bestrafen«.

Auch in Zedlers Universal-Lexicon erläuterte ein unbekannter Autor im Jahr 1731, wie mit renitenten Ehefrauen umzugehen sei: »Also wenn ein Mann seine Frau erstlich mit Worten strafft, sie aber die Warnung ihres Mannes nicht in Confideration (*Betracht* –Red.) ziehet, so kann er ihr auch wol eine Ohrfeige geben.«

Auf offene Ohren vor Gericht brauchten die Frauen nicht zu hoffen. Denn über die Schuld im Ehezwist befanden Gerichte, die fast ausschließlich mit Männern besetzt waren.

Erst mit der Einführung des Bürgerlichen Gesetzbuchs am 1. Januar 1900 galt in Deutschland das Züchtigungsrecht des Mannes gegenüber seiner Ehefrau als abgeschafft. Das hat aber viele Männer nicht davon abgehalten, ihre Frauen weiterhin zu schlagen. 167.865 Fälle von Gewalt in Partnerschaft gab es nach Auskunft des Bundeskriminalamts im Jahr 2023, die Dunkelziffer liegt noch deutlich höher. Rund 80 Prozent der Opfer waren weiblich.

In einer wachsenden Zahl von Gewaltopferambulanzen können Betroffene von häuslicher Gewalt heute ihre Verletzungen schnell und detailliert von Rechtsmedizinern erfassen lassen.

An derlei medizinisch-wissenschaftliche Untersuchungen zur Aufklärung körperlicher Übergriffe war in der Frühen Neuzeit nicht zu denken. Umso kostbarer ist das Attest des Wundarztes Johan Englhardt vom 26. April 1748. Er dokumentierte, was einer gewissen Ursula Weiglin, wohnhaft in Perchtoldsdorf südwestlich von Wien, von ihrem Mann angetan wurde.

Englhardt berichtet, seine Patientin sei mit »villen schlegen und zwar merckhlich mit einem stockh auf das haupt und angeschicht geschlagen worden«. Infolge dieser Misshandlung sei »das linckhe aug gleich oberhalb der augen braun bluedig aufgeschlagen ein halb finger lange wunden biß auf das bein«. Auch »der linckhe armb« von Ursula Weiglin war offenbar übel zugerichtet, er habe »schwartz und blau auß gesehen da durch ville schmertzen verursachet hat«.

Doch die Frauen fügten sich nicht wie Opferlämmer in ihre Situation. »Nicht selten verfügten sie über eine größere Schlagfertigkeit und einen differenzierteren Fundus von Schimpfwörtern«, stellte die im vergangenen Jahr verstorbene Historikerin Rebekka Habermas fest.

Anhand von Gerichtsakten aus dem Stadtarchiv von Frankfurt am Main aus dem 17. und beginnenden 18. Jahrhundert kam Habermas zu einer überraschenden Erkenntnis: Demnach zeugten die Akten »von einer weiblichen Wehrhaftigkeit, die keineswegs nur passiver Natur war – eine Wehrhaftigkeit, die die obrigkeitlichen Moralisierungs- und Disziplinierungsversuche behend unterlief«.

Zu einem ähnlichen Befund kam die Historikerin Brigitte Holzweber, die Konsistorialprotokolle der Diözese Wien ausgewertet hat: Frauen beschimpften ihre Männer als »Hurenbuben«, »alten Hundsfuth« oder »Schinderknecht«. Und sie beließen es nicht bei Worten. »Sie kratzten und traten ihre Männer, bewarfen sie mit Gegenständen oder schlugen zurück«, schreibt die Historikerin Iris Fleßenkämper, die Dokumente aus der westfälischen Grafschaft Lippe untersucht hat.

Eifersüchtiger Ehemann (Darstellung in einer Chronik aus dem 16. Jahrhundert): Selten griff die Obrigkeit in Ehekonflikte ein

Vor Gericht setzten viele Ehefrauen, die von ihren Männern genug hatten, auf eine offenbar wirkungsvolle Strategie. Denn wer sich damals rechtlich behaupten wollte, musste vor allem das aus heutiger Sicht vielfach rätselhaft erscheinende Vorgehen frühneuzeitlicher Ehegerichte durchschauen.

Die Richter verfolgten damals nicht den Anspruch, aus Gewalttätern liebevolle Ehemänner zu machen. Dass sich ein aus dem Tritt geratener Mensch mittels therapeutischer Zuwendung wieder auf den rechten Weg bringen ließ, davon gab es damals allgemein noch keine Vorstellung.

Auch das individuelle Glück der Eheleute war den Ehegerichten schnuppe. Kaum jemand wäre auf die Idee gekommen, dass gegenseitige Zuneigung eine Voraussetzung für eine gute Ehe sei. Dieser Gedanke kam erst gegen Ende des 18. Jahrhunderts auf, als die Romantik das schwärmerische Liebesideal propagierte und Literaten die Gefühlswelt der Geschlechter ausloteten. Scheidungen waren ohnehin eigentlich nicht vorgesehen: Die katholische Kirche betrachtete die Ehe als unauflösbares Sakrament und schloss Scheidungen grundsätzlich aus. Reformator Martin Luther hob das zwar auf – viel einfacher wurden Scheidungen dadurch aber auch nicht (siehe Seite 36).

Stattdessen wurde das Familienleben von der steten Mahnung der Obrigkeit begleitet, es nicht zu bunt zu treiben. Ansonsten drohten öffentliche Prügel, Gefängnis oder gar die Ausbürgerung aus der Stadt.

Dem setzten die Frauen offenbar häufig einen berechnenden Auftritt vor Gericht entgegen, um ihre prügelnden Gatten vielleicht doch loszuwerden: »Je mehr Akten man liest, desto deutlicher entpuppt sich die mitleidheischende Larmoyanz, mit der sie sich gleich Unschuldslämmern der Obrigkeit präsentierten«, urteilt Historikerin Habermas über die Prozessstrategie jener scheidungswilligen Ehefrauen, die ihr in den Quellen begegneten. Deutlich sei, dass »die Frauen trotz eines unleugbaren Realitätsgehaltes ihrer Aussagen, weibliche Ohnmacht – gezielt oder nicht – auch inszenierten«.

Männer folgten vor Gericht ebenfalls häufig einer immer gleichen Strategie: Sie gaben sich kaum Mühe, ihre Gewalttätigkeiten zu verschleiern, rechtfertigten sich aber, indem sie die Integrität und damit Eignung der Frau infrage stellten: als Hauswirtschafterin und, schlimmer noch, als Mutter. Dieses Kalkül ging aber keineswegs immer auf; insbesondere wenn Nachbarn die Gewaltexzesse der Familienoberhäupter bezeugten.

Klagen von Männern gegen gewalttätige Frauen kamen »äußerst selten vor«, hat Fleßenkämper herausgefunden. Kaum ein Hausvater mochte offenbar riskieren, dass seine Autorität öffentlich infrage gestellt wurde. Von seiner Frau geschlagen worden zu sein wäre für jeden Patriarchen mit einem herben Ansehensverlust einhergegangen.

Die Historiker haben dafür eine mögliche Erklärung: Die Familienoberhäupter mochten mutmaßlich ungern zugeben, dass ihnen zu Hause die Zügel entglitten. In der patriarchalen Logik der Zeit wäre damit ein herber Ansehensverlust verbunden gewesen. Forscherinnen allerdings fanden doch einige Gerichtsakten klagender Männer. Und die zeigen, dass die betreffenden Frauen sich in den eigenen vier Wänden, anders als lange angenommen, nicht ohne Weiteres in die ihnen zugewiesene Rolle fügten.

Etwa Anna Maria Clara Herbertin, die ihren Mann Johann Christoph Herbert verlassen hatte, weil er aus dem Mund stank, Alkoholiker war und zudem inkontinent. Besonders befremdlich war auch sein nächtliches Verhalten. Er »lege zue nachts daß bloße schwerdt sambt denen pistollen zum bett«, klagte seine Frau.

1682 bemühte etwa der Salzufler Bürger Jodokus Dreckmeyer »aus höchstdringender Noht undt hochster betrübnise« das Ehegericht der protestantischen Grafschaft Lippe.

Er beklagte das »unchristliche« Verhalten seiner Ehefrau Anna Benseler, die sich aufführe, »alß wen Sie gar des Teuffels eigen sey«.

In Osnabrück beschäftigte 1785 der Fall Westerkamp das Ratsgericht. Johann Westerkamp beklagte, dass seine Frau dem Alkohol verfallen sei und sich regelmäßig von der Magd mit Wein und Branntwein versorgen lasse.

»Ist sie dann betruncken, so habe ich dann das größte spectacul im Hause, so fluchet und sacramentirt sie dergestalt, daß das Haus zittert als dann singet und betet sie, bald weinet bald tanzet sie.« Doch damit nicht genug: »Wenn sie besoffen ist, so will sie auch delicat traciret seyn, so soll man ihr gerührte Eyer und Schincken vorsetzen, so stoßt sie die allerempfindlichsten Scheltworte wieder mich aus, als Schelm, Spitzbube, Hallunque, Hurenjäger, Ehebrecher, fauler, schlechter Kerl etc.«

Womöglich noch schlimmer hatte es ein junger Bauer namens Rüter getroffen, der im September 1714 offenkundig aufgewühlt den Amtmann der westfälischen Ortschaft Rahden aufsuchte. Rüter schilderte dort, dass seine Frau den Brotschrank abgesperrt und den Schlüssel versteckt habe, sodass er einen ganzen Tag ohne Essen habe verbringen müssen. Als er die Herausgabe des Schlüssels forderte, verletzte ihn seine Frau mit einem Knüppel schwer an der Hand.

Wie sich bei der Befragung herausstellte, hatte sein Schwiegervater ein regelrechtes Terrorregime auf dem rüterschen Hof errichtet. Die Eltern der Ehefrau ließen es sich auf Kosten ihres Schwiegersohns gut gehen: Sie würden »von ihrem Bettelbrode satt eßen undt dennoch fast doppelte Leibzucht genießen wollen«, notierte der Amtmann in den Akten, die der Historiker Sebastian Schröder im Landesarchiv Nordrhein-Westfalen entdeckt hat. Auch dadurch war der Hof in eine finanzielle Schieflage geraten.

Der Fall Rüter gehört zu jenen seltenen Beispielen, bei denen die Obrigkeit sofort handelte und in den Ehekonflikt eingriff. Die Ehefrau und deren Eltern wurden festgesetzt und eingesperrt. Der Vorgang ist typisch für die Zeit: Denn bei dieser Intervention ging es nicht um moralische Erwägungen. Dass der Bauer tyrannisiert wurde, war kaum von Belang.

Vielmehr zeugt die Schilderung des Amtmannes davon, »wie die landesherrlichen Behörden penibel darauf achteten, dass die bäuerlichen Besitzungen ein hinreichendes Auskommen besaßen. Bei heruntergewirtschafteten Gehöften bestand die Gefahr, dass Steuern und Abgaben nicht mehr gezahlt werden konnten; insofern war dem Amtmann sehr daran gelegen, die finanzielle Situation der rüterschen Stätte zu verbessern«, schreibt Schröder.

Eine besondere Form der ehelichen Gewalttätigkeit sei indes lange »undiskutiert geblieben«, urteilte die Literaturwissenschaftlerin Barbara Becker-Cantarino in einem Aufsatz im Jahr 1986. Nämlich das »Erzwingen des Beischlafs durch den Ehemann, das als ein Recht des Ehemannes verstanden wird«.

Vergewaltigung in der Ehe ist in Deutschland als juristischer Tatbestand überhaupt erst seit 1997 strafbar – in diesem Jahr entschied der Bundestag, derlei Übergriffe künftig als Verbrechen zu ahnden.

Wenig Wunder also, dass angesichts von Übergriffen und fehlender Möglichkeit zur Scheidung Frauen mitunter auch zum äußersten Mittel griffen, dem Gattenmord. Der war bei den Männern gefürchtet.

Als der Tagelöhner Detlef Pingel aus Schleswig-Holstein völlig überraschend starb, kam die Obrigkeit schnell zum Schluss, dass es sich um Mord handeln musste. Nach einer Lieferung war er abends nach Hause in die Kremper Heide zurückgekehrt, wo er sich von seiner Frau einen Pfannkuchen und Kaffee zubereiten ließ.

Rund eine Viertelstunde nach der Mahlzeit setzte bei Pingel Übelkeit ein, und er musste sich erbrechen. Am nächsten Tag, dem 3. September 1798, starb er gegen elf Uhr vormittags. Die Möglichkeiten zur forensischen Aufklärung eines Kriminalfalls waren damals nur in Ansätzen vorhanden. Dennoch gelang es der Obrigkeit seinerzeit, eine Täterin zu überführen. Am 9. September 1798, nur sieben Tage nach der Tat, wurde Margaretha Pingel, die Ehefrau des Verstorbenen, als Mordverdächtige verhaftet. Die Ethnologin Silke Göttsch hat den Fall rekonstruiert.

»Sie kratzten und traten ihre Männer oder schlugen zurück.«

Eine Öffnung des Leichnams ergab angeblich, dass Detlef Pingel an einer Arsenvergiftung gestorben war. Eindeutig nachweisen ließ sich das in dieser Zeit noch nicht. Schon die Chinesen sollen vor über 2000 Jahren in der Lage gewesen sein, dieses Gift herzustellen. Als weißes Pulver, das geruchs- und geschmacklos ist, bot es sich als praktikables Mordinstrument für jedermann geradezu an. Das wirksame Mittel gegen Ratten und Mäuse war »in vielen Haushalten vorhanden und mehr oder weniger offen zugänglich«, schreibt Göttsch.

Am Leichnam Pingels wiesen Spuren vermeintlich auf die Einnahme des tödlichen Toxins hin: blutiger Schaum im Mund des Toten und bläuliche Veränderungen am Körper deutete ein Apotheker in diesem Sinne. Heute weiß man: Diese Befunde lassen sich auch anders deuten.

Zudem wurde der Mageninhalt Pingels untersucht, wodurch sich der Vergiftungsverdacht angeblich ebenfalls bestätigte. Für einen Todesfall am Ende des 18. Jahrhunderts war das eine erstaunlich gründliche Untersuchung.

Durch die Aussage einer Nachbarsfrau war die Ehefrau des Toten rasch in Verdacht geraten. Bald mehrten sich die Indizien, dass Margaretha Pingel tatsächlich die Täterin sein könnte. So wurde etwa bei ihr zu Hause Arsen gefunden. Obwohl sie ihre Unschuld beteuerte, wurde sie schließlich für schuldig befunden. Die Todesstrafe blieb ihr erspart, weil sie schwanger war. Bis zur Geburt des Kindes sollte sie bei einem Bruder in Gewahrsam bleiben, anschließend in ein Zuchthaus eingeliefert werden. Danach verliert sich laut Göttsch in den Akten die Spur von Margaretha Pingel.

Ob sie ihren Mann wirklich umgebracht hat, erscheint angesichts der aus heutiger Sicht fehlerbehafteten Untersuchung zweifelhaft.

Wehrhafte Weiber

Witwen Sie regierten Fürstentümer, gründeten Konzerne und kämpften sogar am Rande der Armut selbstbewusst für ihre Rechte – Witwen der Frühen Neuzeit zeigten, wie gut sie ohne Mann klarkamen.

Von Rafaela von Bredow

Sie war frech. Und klug. Und sie wusste sich zu behaupten in einer Welt, in der die Männer herrschten – und sie eingrenzen wollten. Elisabetha Jordan hieß die clevere Businessfrau, die im Jahr 1765 nach dem Tod ihres Mannes in Ravensburg versuchte, mit ihren drei Kindern irgendwie über die Runden zu kommen.

Gemeinsam mit ihrem Mann hatte Jordan eine Knopfmacherei betrieben, und theoretisch hätte die Witwe die Werkstatt behalten können. Die mächtige Zunft erlaubte dies, allerdings hätte Elisabetha dafür einen Gesellen anheuern und entlohnen müssen – oder neu heiraten, im Zweifel den Gesellen, weil es den Lohn für ihn sparte.

Denn ein Weib allein, so die einhellige Überzeugung in jenen Zeiten, könne unmöglich Qualitätsware herstellen, nicht einmal Knöpfe. Zumal die Frau nicht dafür ausgebildet war – ein Handwerk offiziell erlernen durften nur Männer.

Handel zu treiben, war dem Weib indes ohne männlichen Beistand erlaubt. Da lag es nahe, dass Elisabetha Jordan in die Knopfhökerei einstieg, war dies doch die Ware, mit der sie sich bestens auskannte. Das aber missfiel den Zunftherren. Denn Jordan besaß die Frechheit, das Monopol der Ravensburger Knopfmacher zu verletzen: Sie kaufte Knöpfe von auswärts und bot sie feil – an diesen verdiente sie besser. Die Zunft verbot ihr den Handel.

Das ließ sich die Witwe nicht gefallen, sie wandte sich an den Rat der Stadt. Jordans raffinierter Beschwerdebrief ist ein einzigartiges Dokument; diesem und zahlreichen weiteren Papieren aus dem bestens erhaltenen Ravensburger Stadtarchiv ist es zu verdanken, dass wir heute, 260 Jahre später, in das Alltagsleben der Frauen und Männer in einer deutschen Stadt der Frühen Neuzeit eintauchen können. In jene Epoche zwischen 1500 und 1800, als die Moderne sich ankündigte.

Was und wer da dank des Archivs aus dem Dunkel der Vergangenheit tritt, verblüfft: Es sind Frauen, seit Jahrhunderten schlechter gestellt als die Männer, aber keine Versklavten. Nicht ihrem Schicksal ergeben, sondern selbstbewusst, stolz und kämpferisch. »Frauen haben sich die Freiräume erobert, die sich ihnen boten«, sagt Gesa Ingendahl, Kulturwissenschaftlerin an der Uni Tübingen, die für ihre Dissertation die Schätze der Ravensburger Sozialgeschichte gehoben hat. »Und Freiräume boten sich vor allem: Witwen.«

Auch in England, Holland, Frankreich und in anderen deutschen Orten finden sich Geschichten verwitweter Frauen, die – männerlos, aber eigenständig in einer männerdominierten Gesellschaft – ihr Schicksal in die Hand nahmen. Und eher nicht wieder heirateten, im Gegensatz zu den verwitweten Männern. Manche Protagonistinnen stechen heraus: die berühmte »Kirchenmutter« Katharina Zell im Straßburg des 16. Jahrhunderts oder Anna Magdalena Bach, Witwe des Starkomponisten Johann Sebastian Bach, in Leipzig.

Spannend ist auch die Geschichte von Sophie Hedwig Gräfin von Nassau-Diez, die eine Art weiblicher Dynastie begründete, die nicht auf patriarchaler Erbfolge beruhte, sondern auf Können. Oder jene der überaus erfolgreichen Unternehmerin Christine Englerth, die 1834 die erste Aktiengesellschaft der Bergbaubranche Preußens gründete.

Katharina Zell war Pionierin der Reformation. Mit großem Selbstbewusstsein sah sie sich offenbar als Gefährtin ihres Mannes, sie dachte und lebte auf Augenhöhe. Als Schreinerstochter in Straßburg heiratete sie 1523 den 20 Jahre älteren Pfarrer Matthäus Zell. In einer kämpferischen Schrift verteidigte sie diesen Schritt in Richtung Abschaffung des Zölibats, schrieb harsche Briefe an den Bischof. Zeit ihres Lebens publizierte sie und arbeitete für den Erfolg des protestantischen Projekts, korrespondierte mit Martin Luther und anderen Gelehrten. Als ihr Gatte starb, machte sie weiter, publizierte, korrespondierte, reiste; bis heute gilt sie als Ikone der Reformation.

»Jene schweren Zeiten konnte keine Memmen dulden, sie erforderten Männer mit stählernen Nerven und Frauen mit männlicher Willenskraft, wie die Gräfin von Diez«, schrieb ein Biograf über Sophie Hedwig von Nassau-Diez. Gerade auch im Adel erschlossen Witwen sich ungeahnte Freiräume, wie erst die jüngere Geschichtsforschung herausfand. Im Hause Nassau-Diez waren es gar vier Generationen von Frauen, die nach dem Tod ihres Mannes jeweils die Regierungsgeschäfte übernahmen – und auch beibehielten nach Volljährigkeit ihrer Söhne, von diesen ermächtigt.

Besagte Sophie Hedwig von Nassau-Diez bekam im Jahr 1634 von ihren Sprösslingen die »vollkommen macht, Authoritet und gewalt« zugesichert, sie dürfe »landt, leuth und güther, zu regiren, zu administriren undt zu verwalten«. Und das tat sie in den fürchterlichsten Zeiten des Dreißigjährigen Krieges, von ihren Feinden »teuflische Schelmin« genannt, vom Pfarrer daheim gepriesen als »gluckhenne«, die »unter ihren Flügeln« ihre Untertanen beschütze, in Sorge »für das arme Vatterland«; so beschreibt es die Historikerin Pauline Puppel in dem Band »Fürstliche Witwen in der Frühen Neuzeit«.

Die Gattin ihres Sohnes tat es der Schwiegermutter gleich und regierte nach dessen Ableben und nach Volljährigkeit ihres Sohnes weiter über die Grafschaft Diez. Auch in der nachfolgenden Generation übernahm die Frau die Macht, und schließlich auch deren Schwiegertochter – eine fast 100-jährige Frauenherrschaft in wilden Zeiten entspann sich.

Macht war es, die den adligen Witwen in der Kultur des 16. bis 18. Jahrhunderts eine »eminente Bedeutung« verlieh, wie es die Herausgeberin des Buchs über die männerlosen Edelfrauen schreibt – und Geld: Sie konnten, »der Vormundschaft der Väter und Ehegatten ledig – erstmals gänzlich unabhängig über ein zum Teil erhebliches Vermögen verfügen«.

Waffenschmiedinnen und Bierbrauerinnen waren plötzlich Chefin im Laden.

Selbst die Witwen der niederen Stände profitierten von einer kuriosen Ambivalenz der damaligen Frauenrolle: Obwohl in ihrer Weiblichkeit als systematisch dem Manne unterlegen betrachtet, galten diese Frauen zugleich – als Vertreterinnen ihres verstorbenen Mannes – als der Vorstand eines Haushalts. Und Haushalte waren damals Dreh- und Angelpunkt der öffentlichen Ordnung.

Anna Magdalena Bach, die 1760 in Leipzig starb, zehn Jahre nach ihrem Mann Johann Sebastian, musste nach dem Tod des Komponisten für ihren Lebensunterhalt und den der Kinder sorgen. Almosen bekam sie zwar, aber die gab es nur zusätzlich, als Unterstützung für Witwen, die taten, was sie konnten, um selbst über die Runden zu kommen.

Und so betätigte sich die Witwe des berühmten Komponisten, das zeigt die Forschung, wahrscheinlich als Vermieterin von Zimmern ihres Hauses etwa an Leipziger Messegäste. Zusätzlich vertrieb die »Frau Capellmeisterin Bach«, so der Titel einer Studie über ihr Leben, die Noten ihres Mannes: »Die Kunst der Fuge« etwa. Und für ihren Stiefsohn, den ebenfalls komponierenden Carl Philipp Emanuel Bach, verkaufte sie Drucke seines Lehrwerks »Versuch über die wahre Art das Clavier zu spielen«.

Ohne einen alles regelnden Staat, wie wir ihn heute haben, brauchte es »Ehepaare als Arbeitspaare«, wie es die Historikerin Heide Wunder formuliert hat: Paare, die in Eigenverantwortung für sich und die Ihren sorgten. Nicht nur als rechtliche Akteure, auch ökonomisch befeuerten Handwerker- und Händlerpaare den städtischen Wohlstand in einer Zeit, in der der Löwenanteil der Bevölkerung von der Hand in den Mund lebte und Krankheit, Missernte, Feuer die gesamte Existenz bedrohen konnten.

Deshalb wurde die Witwe als neuer, alleiniger Haushaltsvorstand – und als Unternehmerin – so wichtig, wie ihr Mann es zuvor gewesen war. Und so gewährte ihr das »Witwenrecht« vielerorts die Übernahme der Werkstatt oder des Geschäfts. Es waren Waffenschmiedinnen und Bierbrauerinnen, die plötzlich alleinige Chefin im Laden wurden, Schlosserinnen und Strumpfwirkerinnen, Schneiderinnen oder Schuhmacherinnen.

Zu erfolgreich allerdings durfte eine Witwe, weil Weib, auch in der Zunft nicht werden. Daher wachten die Herren Meister eisern über das Geschäftsgebaren der Kollegin. Dazu konnte die Verpflichtung gehören, einen Gesellen einzustellen. Und meist nur einen. So konnte sich der Betrieb nicht vergrößern. Dazu gehörte auch, dass die Chefin keine Lehrlinge beschäftigen durfte – so blieb die Produktion beschränkt.

»Viele Witwen kamen so nicht über die Runden«, sagt Gesa Ingendahl. »Sie mussten die Werkstatt aufgeben.« Auch wenn die Witwenschaft ihnen neue Freiheiten bot – »sie lebten in einem unbehaglichen Dazwischen«.

Elisabetha Jordan war so eine, die mit ihrem florierenden Knopfhandel Erfolg hatte, aber die Zunft erzürnte. »Auf eine gantz listige Weise«, schrieb die Witwe der Ravensburger Stadtregierung, schränke die Zunft sie mit dem Handelsverbot für schicke Knöpfe von anderswo so ein, »daß mier mitsamt meinen Kindern mein Brot auf die gehässigste Weise entzogen wurde«. Dabei habe sie doch »jezo keinen Mann mehr, der mit mir arbeite, und sie sollen mich doch einmahl in Ruhe lassen«.

Derart genervt und durchaus selbstbewusst spottete die Witwe in ihrem Schreiben an den Rat über ihre Feinde in der Zunft. Sie seien »große Helden, welche an mir zu Rittern werden«; sie machte sich lustig über das ihr zugestandene Kontingent einheimischer Knöpfe, das sei ja »gewiss ein schönes Anerbieten«. Sie aber kaufe die Ware, wenn man ihr nicht entgegenkomme, wo sie diese »am wohlfeilsten haben kann«. Vom »Hochedlen und Hochweisen Magistrat, als Vätter der Wittwen und Weysen«, erbat sie, nun plötzlich sehr gefügig, »mier unter den Knopfmachern Fride zu schaffen«.

Der Brief der wütenden Witwe schlug ein bei den Ratsherren, sie gewann: Elisabetha Jordan durfte mit Knöpfen von auswärts handeln. Zwar schlug die Gegenseite zurück: Mit körperlicher Gewalt hinderten die Männer die Händlerin am Verkauf der Knöpfe. Woraufhin sie flugs ihr Sortiment änderte und Kurzwaren einführte. Die unterlagen keinem Monopol.

Als besonders durchsetzungsstark erwies sich die Ravensburger Metzgersfrau Susanna Katharina Schmid. »Sie ist mein Lieblingsbeispiel«, sagt Gesa Ingendahl. »Weil sie so herrlich selbstbewusst ist.«

Anders als die Knopfmacherin führte Schmid nach dem Tod ihres Mannes im Jahr 1780 ihren Betrieb fort, mithilfe ihres Sohns Noah. Sechs Jahre später heiratete der junge Fleischer – und Schmid, »des Hochzeiters geliebte Mutter«, wie sie sich in den Dokumenten selbst bezeichnete, nutzte den Ehevertrag bis ins Detail, um ihren Anspruch auf Haus und Betrieb für alle Zeiten zu sichern. So behielt sie sich vor, »die Metzgers-Profession so lange es ihr gefällig, vor sich fortzutreiben«, ihr Sohn sollte ihr »die gleich getreuen Dienste fortan weiters willig und schuldig erweisen«, dessen Ehefrau habe sich »gegen Ihro, der Schwieger-Mutter, wohlanständig« zu betragen.

Im Fall eines frühen Todes ihres Sohns dürfe die Schwiegertochter nur bleiben, wenn sie mit Noah »Leibeserben« habe. Sollte sie indes einen neuen Mann anschleppen, wäre es ihr untersagt, »auf ihr Haus zu heyraten«. Kurzum: Sie flöge raus.

Im Jahr 1789, als in Frankreich die Revolution tobte und in den Vereinigten Staaten von Amerika die Verfassung in Kraft trat, starb in Ravensburg der Gatte Maria Barbara Böhms, ein Schuster. Maria war erst 26, erbte den kleinen Betrieb mit zwei Gesellen – und entpuppte sich als ebenso begabte wie erfolgreiche Frühkapitalistin. Wie keine andere Ravensburger Witwe verstand sie es, den Witwenstand zu nutzen für ihr Business. Böhm wurde damit reich. Und berühmt: In gleich zwei Ausstellungen befasste sich die Stadt mit dem Leben der Unternehmerin, eine Schule ist nach ihr benannt.

Böhm scherte sich nicht um die Zunft und entwand sich deren Daumenschrauben, indem sie ihr Geld im Ausland investierte, in eine Fabrik im schweizerischen Aargau. Statt Lehrlingen und Gesellen nähten dort Arbeiter das Leder zusammen, wohl vor allem zu Kinder- und Frauenschuhen. Die Produkte ließ die Witwe auf Jahrmärkten verkaufen. Sie belieferte Zwischen- und Großhändler und angeblich sogar die Mailänder Scala mit ihren Designerschuhen.

Zu Hause in Ravensburg erwarb Böhm ein größeres Haus; ihr Besitz grenzte für damalige Verhältnisse an Luxus: Ein Canapé und Uhren zählten zum Mobiliar, sie besaß ein Kaffeegeschirr, Gemälde, ihr Weinkeller war wohl immer gut gefüllt. »Wir wissen aus dem Archiv, dass sie im Jahr 1800 mit einem Vermögen von 3575 Gulden das Vierfache ihrer Zunftkollegen versteuert hat«, erzählt Gesa Ingendahl.

Als Maria Barbara Böhm 1810 starb, wohl an Tuberkulose, hinterließ sie ihrer Tochter, dem einzigen überlebenden ihrer vier Kinder, das Haus plus Barvermögen in einem Wert von heute 66.000 Euro.

Das Modell des Haushalts als zentraler Wirtschaftseinheit, getragen vom »Arbeitspaar«, entwickelte sich schon im Mittelalter. Und damit wurden den Frauen nach dem Ableben ihrer Männer rechtliche Freiräume zugesprochen, die ihnen als Ledigen oder Ehefrauen verwehrt blieben. So wurden die Witwen stark und unübersehbar: Auch in anderen Ländern und Städten meldeten diese sich entschlossen und aktiv zu Wort, wie die britische Historikerin

Gräfin Sophie Hedwig von Nassau-Diez (Darstellung aus dem 17. Jahrhundert):
Fast 100-jährige Frauenherrschaft

Olwen Hufton in ihrem Großwerk »Frauenleben – eine europäische Geschichte 1500–1800« berichtet. »In der Regel wussten sie die Gunst der Stunde zu nutzen und fanden ein Auskommen«, sagt Ingendahl, auch wenn es manchmal nur »ein schmales« war.

Die Bauerntochter Christine Englerth fand nicht nur ihr Auskommen, sondern ihre Berufung als Unternehmerin. Sie übernahm 1814 – das Heilige Römische Reich war passé, der Wiener Kongress ordnete nach den Napoleonischen Kriegen die europäischen Machtverhältnisse neu – ein Bergbauunternehmen. Und verwandelte den Familienbesitz mit Tatendrang und Unternehmergeist in einen Großkonzern, sodass sie als die wohl erste Großindustrielle in die deutsche Geschichte eingeht.

Zwar hatte zuvor auch die Witwe Helene Amalia Krupp (1732 bis 1810) den von ihrem Mann geerbten Kolonialwarenladen so erfolgreich geführt, dass ihr Vermögen und ihre Investitionen einen der Grundsteine bildeten, aus denen später das kruppsche Imperium hervorgehen sollte. Aber dieses Werk war Helene Amalias Enkeln und Urenkeln vorbehalten.

Christine Englerth schaffte den Wandel innerhalb kürzester Zeit. Ihr Vater hatte das Bergbauunternehmen neben seinem Bauernhof bewirtschaftet, und als er starb, wurde zunächst Englerths Mann der neue Chef. Als auch er das Zeitliche segnete, übernahm sie, nun 47 Jahre alt, den Betrieb, in dem mehr als 500 Bergleute täglich mehr als 110 Tonnen Kohle förderten. Englerth »managte nun nicht nur eine Großfamilie mit zehn Kindern, sondern einen der größten Montanbetriebe im Raum Eschweiler«, schreibt die Unternehmensberaterin und Kunsthistorikern Jana Lucas in ihrem Buch »Die geheimen Pionierinnen der Wirtschaft«.

Ein Bergwerkschef besorgte die technische Leitung der Gruben, ein Privatsekretär half der Managerin beim Schriftkram, zu Hause kümmerte sich Englerths unverheiratete Schwester mit um den Haushalt. Ein Privatlehrer unterrichtete die Kinderschar. Währenddessen sei Englerth, so entnahm Lucas den wenigen Quellen über die Unternehmerin, »mit unermüdlicher Sorge und Ausdauer, aber auch allergrößter Sparsamkeit« dem Management des Unternehmens nachgegangen.

In ihrem Hause habe man sie meist an ihrem Schreibtisch sitzend angetroffen, vertieft in Geschäftspapiere. Aber auch während der Obst- und Gemüseernte packte die Chefin an und duldete nicht, dass »auch nur eine einzige ihrer Töchter sich von den ermüdenden Arbeiten ausschloss«.

Von Zeitzeugen wird Englerth mit 50 Jahren als »jugendlich rasch und lebendig« beschrieben. »Sie sieht noch sehr schön und blühend aus. Ihr dunkles Auge hat Feuer und Leben«, heißt es da, »ihre Wangen haben die Frische der Jugend.« Im Betrieb expandierte sie, kaufte neue Abbaugebiete, rüstete technisch auf und »schuf so ein Bergwerksunternehmen, das in Preußen einzigartig war«, so Lucas.

Ihr Ende vorbereitend, gründete sie im November 1834 eine Aktiengesellschaft, den Eschweiler Bergwerks-Verein EBV – jene erste Aktiengesellschaft im preußischen Bergbau. »Sie haben Courage, Mevrouw Englerth!«, soll der Notar zu ihr gesagt haben. Anstatt die Firma in viele kleine Erbteile zu zerstückeln, gelang es Englerth mit diesem Schachzug, sie zusammenzuhalten und für die Zukunft zu rüsten: Den EBV gab es bis 1992, wenn auch nicht mehr als Familienbetrieb.

Unternehmerin »mit unermüdlicher Sorge und Ausdauer, aber auch allergrößter Sparsamkeit«

Als Christine Englerth vier Jahre nach Gründung des EBV mit 70 Jahren an einem Schlaganfall starb, stand das weitere Schicksal der Frau als solcher indes schon so gut wie fest. In der Moderne griff die Idee des Alleinernährers um sich. Die geschlechtliche Unterlegenheit des Weibes war wichtiger geworden als ihr ökonomischer Beitrag zum »Ehepaar als Arbeitspaar«.

Das Bild der Frau als ein eigentlich dem Manne ebenbürtiger, bloß schwächerer Mensch habe sich gewandelt, sagt Gesa Ingendahl. »In der Französischen Revolution und späten Aufklärung waren ja eigentlich alle Menschen, respektive Bürger, als ›gleich‹ erklärt worden«, erklärt die Kulturwissenschaftlerin. Die Unterlegenheit des weiblichen Geschlechts habe man indes unbedingt beibehalten wollen, konnte sie bloß nicht mehr mit unterschiedlichen Rechten und Pflichten begründen. »Da bot sich die Biologie an«, so Ingendahl. »Nun war die Frau eben von Natur aus unzureichend.«

Zur Degradierung speziell der deutschen Frau hat Martin Luther beigetragen; wirkmächtig verbannte er sie aus der Gefährtinnen-, Regentinnen- und Managerrolle. Ihm galt es, die patriarchale Familie zum Gegenbild der allmächtigen Kirche zu erheben. Luther habe, so sieht es die Romanistikprofessorin Barbara Vinken, die den deutschen Muttermythos erforscht hat, Ehe und Familie ins Religiöse verklärt. Somit lag »die eigentliche Berufung der Frau«, so Vinken, »darin, Ehefrau und Mutter zu werden.« Und dass wir gar nicht mehr außerhalb dieser Rollenzuschreibung über weibliche Rollen dächten, sagt Vinken, das sei vermutlich »der wirkliche Sieg der Reformation«.

Wenn das Katharina Zell gewusst hätte.

Die Tudors

Ehefrauen-verschleiß

WIE ALLES BEGANN
Jahrzehntelang bekriegten sich die Adelshäuser Lancaster und York während der Rosenkriege im Streit um den rechtmäßigen Anspruch auf den englischen Thron. Der lachende Dritte war schließlich Henry Tudor, der als Heinrich VII. die Tudor-Dynastie begründete und ab 1485 als König von England regierte. Auch er hatte sich seinen Weg zum Thron noch auf dem Schlachtfeld erkämpft – als der Monarch 1509 starb, bestieg mit seinem zweiten Sohn, dem damals 18-jährigen Heinrich VIII., erstmals seit beinahe einem Jahrhundert ein Royal unter friedlichen Umständen den Thron. Die Hoffnungen der Engländer auf eine tumultfreie Regierungszeit waren groß. Heinrich VIII. sollte sie enttäuschen.

WAS HINTER DEN KULISSEN PASSIERTE
Heinrich VIII. begab sich auf einen romantischen Parforceritt. 1509 heiratete er Katharina von Aragón. Als die Gattin ihm keine lebenden männlichen Nachkommen gebar, warf der König ein Auge auf Hofdame Anne Boleyn. Weil der Papst sich querstellte, als der König die Annullierung seiner Ehe verlangte, kehrte Heinrich VIII. der Kirche den Rücken und gründete seine eigene, die Church of England. Er heiratete Anne Boleyn, doch die gebar 1533 »nur« ein Mädchen: Elisabeth. Drei Jahre später landete Boleyn vor dem Henker. Ehefrau Nummer drei, Jane Seymour, starb nach der Geburt von Sohn Eduard am Kindbettfieber. Nun versuchte sich der König an einer historischen Version von Tinder: Er beäugte die Gemälde von Zeitgenossinnen und entflammte für Ehefrau Nummer vier, Anna von Kleve. Als sich beim Treffen herausstellte, dass Maler Hans Holbein einige Filter angewendet hatte, ließ Heinrich die Ehe annullieren. Weil sie keinen Sohn gebar und ihr Affären nachgesagt wurden, musste auch Nachfolgerin Catherine Howard zum Henker. Ehefrau Nummer sechs, Catherine Parr, überlebte den tyrannischen Heinrich VIII.

WIE ES WEITERGING
Auch die Thronfolgeregelung änderte sich rasant. Heinrichs erste Tochter Maria (aus der Ehe mit Katharina von Aragón) wurde zum Bastard erklärt, das gleiche Schicksal ereilte Tochter Elisabeth, die aus der Ehe mit Anne Boleyn stammte. Der ersehnte Thronfolger Eduard VI. kletterte als Neunjähriger auf den Thron, starb aber sechs Jahre später, vermutlich an Tuberkulose. Nun zankten sich Lady Jane Grey, Großnichte Heinrichs VIII., und die einst zum Bastard erklärte Maria Tudor um den Thron. Grey hielt sich nur neun Tage, »Bloody Mary« immerhin fünf Jahre. Erst 1558 kehrte Ruhe ein, als Heinrichs Tochter Elisabeth den Thron bestieg und das Zepter viereinhalb Jahrzehnte lang nicht mehr aus der Hand gab.

Zärtliche Väter

Männerrollen Väter, die voller Stolz und Liebe Tagebücher über ihre neugeborenen Töchter und Söhne führen, gab es schon um 1800. Doch die Phase, in der solche emotionale Männlichkeit gefeiert wurde, war kurz. Warum?

Von Claudia Opitz-Belakhal

Am 22. Oktober 1808 notierte der hamburgische Advokat Ferdinand Beneke über die glückliche Geburt einer Tochter höchst bewegt in sein Tagebuch:

»Oh Gott! Ist das möglich! – Das unser Kind! Ganz neue, nie geahnte Gefühle beklemmten meine Brust – nur verstohlen sah ich der Hebamme nach, die mit dem Ebengebohrenen davonlief. ›Ein Mädchen, ein gesundes, starkes, wohlgestaltetes Mädchen‹ rief man von allen Seiten – nun trat ich herzu. Es schrie. Es schien mich aus seinen blauen Augen anzusehen, und verstummte – Dieser Augenblick war entscheidend; er gebahr meine Vaterliebe. Sey es Täuschung, aber dieser erste Blick, und Dein Verstummen vergesse ich ewig nicht, du Namenlose!«

Solch exaltierte, hochemotionale Äußerungen eines frischgebackenen Vaters sucht man in Selbstzeugnissen und Tagebüchern vor 1800 vergebens. Zwar wurden Geburten, Taufen und nicht zuletzt auch Todesfälle oft in Familienbüchern, -bibeln oder -chroniken notiert. Diese waren im europäischen Adel und zunehmend auch in bürgerlichen Kreisen weitverbreitet und dokumentierten einen entsprechenden Familiensinn. Doch Emotionen gegenüber den Neugeborenen wurden darin nur höchst selten festgehalten. Bestenfalls zeigte sich hie und da ein Gefühl von Genugtuung, wenn endlich doch ein Stammhalter geboren worden war und er die Taufe gut überstanden hatte.

In einer Zeit, in der Seuchen und Kinderkrankheiten lebensgefährlich waren und höchstens die Hälfte aller Neugeborenen das zweite Lebensjahr überlebte, erscheint eine solch nüchterne Betrachtung des eigenen Nachwuchses und seiner Schicksale nachvollziehbar, insbesondere in den »gefährlichen« ersten Lebensjahren. Allerdings ist der Umkehrschluss, dass es vor allem die Gleichgültigkeit gegenüber den Säuglingen gewesen sei, die zu der hohen Kindersterblichkeit geführt habe, mittlerweile widerlegt. Die These der französischen Kulturhistorikerin Elisabeth Badinter, dass die Gesellschaft der Vormoderne, also vor 1800, eine »Gesellschaft ohne Liebe« gewesen sei, ist ebenfalls nicht zutreffend.

Das zeigt sich auch daran, dass es schon in dieser Zeit emotional gefärbte Äußerungen von Vätern gab, die etwa den Tod eines oder mehrerer Kinder tief betrauerten. Einer der prominentesten war der Reformator Martin Luther, der anlässlich des Todes seiner Tochter Elisabeth 1528 schrieb: *»Es ist wunderlich, ein wie bekümmertes, fast weibisches Herz sie mir zurückgelassen hat, so werde ich vom Jammer über sie bewegt. Das hätte ich nie zuvor gedacht, dass ein väterliches Herz so weich werden könnte wegen der Kinder.«*

Und 100 Jahre später notierte der Elsässer Kannengiesser Augustin Günzer über den Tod seines kleinen Sohnes Augustin: *»Nun dank ich Gott, dass er diesem Kind seine langwierigen Schmerzen abgenommen und es von dieser argen Welt mit allen Sünden, Angst und Not zu sich gefordert hat in das ewige Leben. Zwar habe ich es mit grossen Schmerzen von mir hinweggelassen, aber der Herr hat es mir gegeben und auch wiederum abgenommen und wolle ihm an Tag seines Gerichts eine fröhliche Auferstehung schenken. Amen.«*

Emotionen wie Vaterliebe spielten in früheren Jahrhunderten allerdings eher eine nachgeordnete Rolle. Das Kinderkriegen diente vor allem dem Zweck, die Tradition des Hauses aufrechtzuerhalten und das Erbe weiterzugeben (sofern man etwas zu vererben hatte). Auch trat das individuelle Gefühl, etwa Trauer oder Leid, meist hinter religiöse Floskeln oder Überzeugungen zurück. Vor allem aber hatten in früheren Jahrhunderten die wenigsten Väter überhaupt die Möglichkeit, ihre Emotionen schriftlich festzuhalten. Papier und Tinte waren teuer und wurden meist nur dafür verwendet, wichtige ökonomische oder rechtliche Vorgänge zu fixieren.

Auch noch um 1800 war die Schriftkultur im Wesentlichen eine Angelegenheit der »gehobenen Stände«. Solche emphatischen Tagebucheinträge wie der anfangs zitierte

Bürgerliche Familienidylle (biedermeierliches Ölgemälde von 1835)

finden sich deshalb überwiegend in »aufgeklärten« bürgerlichen Kreisen. Die hatten seit dem späten 18. Jahrhundert das »Familienglück« als ihre ureigenste Domäne für sich entdeckt – was nicht nur gegen die emotionale Kälte und den Standesdünkel des Adels gerichtet war, sondern auch gegen den »dumpfen Materialismus« des gemeinen Volkes.

Das 18. Jahrhundert war ja nicht nur das Jahrhundert der Vernunft, sondern auch das Zeitalter der Entdeckung des Gefühls als menschlicher Grundausstattung. Schon das letzte Drittel des 18. Jahrhunderts wurde als Epoche der Empfindsamkeit tituliert. Diese ging dann nahtlos über in das Zeitalter der Romantik, das als die Epoche der Gefühle schlechthin gilt.

Nun sah man den Menschen als Verstandes- wie auch als Gefühlswesen. Damit wurde nicht zuletzt eine kritische Haltung gegenüber älteren (vor allem religiös gefärbten) Menschen- wie Männerbildern deutlich. Auch Männer sollten von einem erfüllten Liebes- und Familienglück profitieren, genauso wie die Angehörigen des weiblichen Geschlechts. Friedrich Schlegel behauptete in seinem Skandalroman »Diotima« (1795 erstmals publiziert) sogar, *»nur selbständige Weiblichkeit, nur sanfte Männlichkeit ist gut und schön«*. Das hielten die meisten Zeitgenossen zwar für übertrieben, doch sollte für beide Geschlechter gelten, dass nur die Liebe in Ehe und Familie regieren durfte.

Lange Zeit galt der historischen Forschung diese »Empfindsamkeit« lediglich als literarisches Phänomen – zu Unrecht. Johann Wolfgang von Goethes Briefroman »Die Leiden des jungen Werther« (Erstausgabe 1774) bildete nämlich, ebenso wie die empfindsamen Romane des französischen Aufklärers Jean-Jaques Rousseau 20 Jahre zuvor, eine Art Trainingsfeld für den sprachlichen Ausdruck überschießender Gefühle und heftiger Liebesleiden.

Das gebildete Publikum war damals sehr bereit dazu, solchen überschwänglichen Gefühlen bei sich selbst nachzuspüren und diese schriftlich festzuhalten. Ganz gleich, ob es sich dabei um die Leidenschaft für eine Person des anderen Geschlechts handelte, die man zu heiraten gedachte, oder um die Liebe zu der eigenen, neugeborenen Tochter, wie uns dies beim Hamburger Tagebuchschreiber Beneke begegnet.

Aber legten die empfindsamen Väter auch Hand an bei der Pflege der Kleinsten? Oder beschränkten sie sich bei ihrer Vaterschaft auf Introspektion und Gefühlsempfinden? Praktisches Zupacken bei der Kinderbetreuung, wie es in den Aufzeichnungen des »armen Mannes aus dem Toggenburg«, eines Eidgenossen namens Ulrich Bräker, dokumentiert ist, war höchstwahrscheinlich eine seltene Ausnahme.

Der Bauernsohn und ehemalige Söldner Bräker, der zum Erstaunen seiner bürgerlichen Zeitgenossen ebenso wie sie versuchte, Erfahrungen und Gefühle schriftlich festzuhalten, notierte jedenfalls in seinen Memoiren: *»Ohne Kinder, weiß ich nicht, was aus mir geworden wäre; und ich hab' es meiner Frau vorhergesagt, dass, wenn wir das Unglück hätten, keine zu bekommen, ich meiner Noth kein End' wüsste. Aber mein Wunsch war erfüllt. Ich bin mit sieben Kindern gesegnet worden.«*

Dieser Kindersegen war jedoch im Alltag gar nicht leicht zu (er-)tragen. Deshalb, so führt Ulrich Bräker weiter aus, war seine Frau zwar eine sorgfältige, aber nicht besonders liebevolle Mutter, denn *»unsägliche Mühe, rastlose Tage und schlaflose Nächte kostete ihr die Pflege der Kleinen und die Erziehung der Grösseren«*. Da war kein Raum für Empfindsamkeit und Glücksgefühle.

So schuf der »arme Mann« und gute Vater auf seine Weise Abhilfe: *»Ich gieng ihr aber so viel wie möglich an die Hand, und vertrat mit Kochen und Waschen, Wasser- und Holztragen, ordentlich Kindermagdstelle; und zwar mit vielem Vergnügen. Manch' hundert Stunden hat' ich meine Jungen auf dem Arm getragen, geherzt, gewiegt u.s.f. und* *zumal die zwey Verstorbenen auf meinen Knien mit inniger Wollust lesen und schreiben gelehrt.«*

Solche praktisch handelnden Väter finden sich in den bürgerlichen Selbstzeugnissen tatsächlich eher selten. In gutbürgerlichen Kreisen gab es genügend Personal, um die »Kindermagdstelle« auszufüllen und den Vätern mehr Zeit für die Niederschrift ihrer Gefühle zu lassen.

Allerdings interessierten sich ab 1800 immer mehr Väter zumindest in der Theorie für die praktischen Belange der Kleinkinderbetreuung. Bei der Leserschaft von Rousseaus Erziehungsroman »Émile« brach sich die Erkenntnis Bahn, dass eine gute Erziehung schon direkt nach der Geburt einsetzen sollte – und zwar bei den Söhnen ebenso wie bei den Töchtern. Manche Väter ließen es sich auch nicht nehmen, eigens über die Frühentwicklung ihrer Kinder Tagebuch zu führen. Einige davon wurden sogar veröffentlicht und so zum Vorbild für andere Väter und ihre Erziehungsbemühungen.

Der Pädagoge Joachim Heinrich Campe hatte nämlich 1785 einen Preis ausgelobt für das beste Vätertagebuch. Er ging dabei ganz selbstverständlich davon aus, dass Männer seines Milieus ausreichend Gelegenheit fanden, ihre Kinder zu beobachten, dass sie viel mit ihnen zusammen waren und den Großteil ihrer Zeit zu Hause bei der Familie verbrachten.

Dass Väter hier so umstandslos als empirische Kinderforscher angesprochen wurden, zeigt, dass ein entsprechendes Interesse an der Entwicklung ihrer Sprösslinge offenbar vorausgesetzt werden konnte. Und tatsächlich hatten ja, wie auch Campe wusste, einige der aufklärerisch gesinnten Väter bereits entsprechende Aufzeichnungen über ihre Kinder verfasst.

»Ein Linderungsmittel meines Leidens ist mirs, wenn ich mein Kind Pap-Pap-Papa sprechen höre.«

Wie viele Väter sich an dem Preisausschreiben beteiligten, ist nicht bekannt. Allerdings sind die (vergleichsweise) wenigen Tagebücher, die überliefert wurden, sehr aussagekräftig – nicht zuletzt auch dafür, welch zentrale Rolle Mutter und Kindsmagd im Alltag für die praktische Versorgung der Kinder spielten. Sie belegen aber auch, dass sich die Väter ihren Kleinsten voll Neugier und Interesse zuwandten und sich ihnen emotional tief verbunden fühlten.

Bisweilen konnten sie mit ihrer väterlichen Zuneigung auch im Medium der »Kinderforschung« nicht wirklich hinterm Berg halten. So etwa der Lehrer und spätere Pfarrer Wilhelm Jonathan Dillenius (1754 bis 1815), dessen »Fragmente eines Tagebuchs über die Entwicklung ... eines Kindes« später publiziert wurden. Dillenius war mit seiner beruflichen und auch mit seiner wirtschaftlichen Situation ganz und gar nicht glücklich. Umso lieber wandte er sich seiner im Januar 1786 geborenen Tochter zu, die er als »meine kleine Friederike« titulierte.

Er verbrachte viel Zeit mit ihr, hielt sie in seinen Armen, spielte ihr auf dem Klavier vor und ließ sie auch selbst in die Tasten greifen. Sie war ihm ein großer Trost in schwierigen Lebenslagen, wie er bemerkte: *»Süß und ein Linderungsmittel meiner Leiden ist mirs, wenn ich mein Kind Pap-Pap-Papa sprechen höre.«* Offensichtlich nutzte Dillenius das intensive Zusammensein mit seinem Kind als Ausgleich zu seinem eher frustrierenden Berufsalltag.

Auch der Hamburger Advokat Beneke, der seiner juristischen Tätigkeit eher widerwillig nachging und lange Zeit auch mit finanziellen Problemen zu kämpfen hatte, verbrachte viel Zeit mit seiner Tochter, die sein Herz im Sturm erobert hatte. Er spielte mit ihr, trug sie auf seinen Armen herum, wenn sie weinte – und vermerkte in seinem Tagebuch stolz, dass sie sich nur von ihm und niemand anderem beruhigen ließ: *»Die Kleine ... ist munter und gesund. Zu mir scheint sie eine besondere instinktmäßige Neigung zu haben. Wenn keiner die Schreiende beschwichtigen kann, so brauche ich sie nur auf den Arm zu nehmen, u. ihr vorzusingen, so ist sie still, und sogar voll Behagens; fast glaube ich schon Musik-Sinn bei ihr zu spüren.«*

Tatsächlich definierten sich Beneke und Dillenius wie ihre Zeitgenossen über ihre private, ihre emotionale Lebenswelt weit intensiver, als dies Männer der vorhergehenden und der nachfolgenden Generationen taten. Eine erfüllte Liebe, eine harmonische Ehe, eine innige Vater-Kind-Beziehung und enge Kontakte zu Freunden und Bekannten bedeuteten ihnen mehr als Anerkennung im Beruf und in der Öffentlichkeit.

»Das ganz persönliche, private Glück hatte die erste Priorität im Leben eines Bürgers; Liebe, Freundschaft und Gefühle überhaupt sind der Schlüssel zum Verständnis des Mannes jener Zeit, der bereitwillig über seine Gefühle sprach, sein Innerstes nach außen kehrte und sogar öffentlich preisgab«, schreibt dazu die Kulturhistorikerin Anne Charlott Trepp. Der Beruf und sonstige bürgerliche Pflichten mussten und konnten zugunsten menschlicher Beziehungen und emotionaler Befindlichkeiten zurücktreten – so jedenfalls suggerieren es die Tagebücher und Briefkorrespondenzen der Zeit.

Die Bürger arbeiteten um 1800 schon sehr viel, jedoch galt der Beruf den meisten kaum als Gelegenheit zur Selbstverwirklichung, sondern hauptsächlich als notwendiges Übel, um sich selbst und die eigene Familie standesgemäß versorgen zu können. Von den Tagebuchschreibern wurde die berufliche Tätigkeit daher zumeist höchst negativ bewertet.

Erst mit dem Aufkommen der modernen »Leistungsgesellschaft« im Laufe des 19. Jahrhunderts änderten sich die Prioritäten. Hier erst klafften Erwerbs- und Familienleben, rationale Öffentlichkeit und emotionalisiertes Privatleben und schließlich auch Frauen- und Männerwelten immer stärker auseinander. Für Vaterliebe jedenfalls und ein intensives Ehe- und Familienleben blieben von da an kaum mehr Zeit oder Gelegenheit.

Claudia Opitz-Belakhal, geboren 1955, ist Professorin für Geschichte an der Universität Basel. Sie ist spezialisiert auf Frauen- und Geschlechtergeschichte sowie die Epoche der Aufklärung.

WIE ALLES ANFING

Macht, Ruhm und Glamour des Hauses Habsburg verbindet man vor allem mit dem Regierungstalent von Maria Theresia, Erzherzogin von Österreich und Königin von Ungarn und Böhmen. Jahrelang bot Maria Theresia ihrem größten Konkurrenten im 18. Jahrhundert, Friedrich II. von Preußen, politisch die Stirn. Mit klugen Heiratsbünden stärkte die Monarchin die Verbindungen des Hauses Habsburg in Europa, etwa indem sie eine Verbindung von Tochter Maria Antonia (besser bekannt als Marie Antoinette) mit dem zukünftigen König Ludwig XVI. von Frankreich einfädelte. Was von der Frau Mama allerdings nicht vorgesehen war: dass ihre Lieblingstochter Maria Christina am eigenen Hof eine Romanze hatte – mit ihrer Schwägerin.

Die Habsburger

Lesbische Liebe

WAS HINTER DEN KULISSEN PASSIERTE

1760 heiratete Maria Christinas älterer Bruder, der spätere Kaiser Joseph II., die spanische Infantin und Enkelin des französischen Königs Isabella von Bourbon-Parma. Während er von seiner anmutigen Braut mehr als angetan war, hatte Isabella an Zweisamkeit mit ihm wenig Interesse und verbarrikadierte sich häufig in ihren Gemächern. Dennoch fügte sie sich den höfischen Erwartungen, durchlitt eine schwierige Schwangerschaft und eine anstrengende Geburt. Maria Christina schloss Freundschaft mit ihrer Schwägerin: Die beiden Frauen verband ihre Liebe für Kunst und Musik. Das Band zwischen »Mimi« und Isabella war bald sehr innig, täglich tauschten die beiden Frauen Briefe aus. Von Isabella von Parma sind rund 200 Schriftstücke an Schwägerin »Mimi« erhalten. Sie schmachtete, sie »sterbe vor lieb und umarme dich zärtligst«, wurde aber auch deutlicher: »ich küße dein ertzenglisches arscherl«. In ihre Briefe mischten sich jedoch zunehmend Melancholie und Todessehnsucht. Isabella war das Hofzeremoniell zuwider, sie hatte zwei Fehlgeburten und litt unter Depressionen. 1763 erkrankte sie an den Pocken und gebar schwer krank ein Frühchen. Das Baby starb noch am selben Tag. Kaum eine Woche später war auch Isabella von Parma tot.

WIE ES WEITERGING

Isabella von Parmas Briefe an Schwägerin »Mimi« haben überdauert und bezeugen ihre Gefühle. Maria Christinas Antwortschreiben sind dagegen nicht mehr erhalten. Die Verstorbene hatte Maria Christina vor ihrem Tod noch Anweisungen gegeben, wie sie sich nach ihrem Ableben der eigenen Mutter gegenüber verhalten solle, um sich deren Mitgefühl zu sichern. Maria Christina war schließlich die einzige Tochter der österreichischen Monarchin, die sich ihren Ehepartner selbst aussuchen durfte. Ihre Wahl fiel auf Albert von Sachsen. Das Paar lebte in den österreichischen Niederlanden, bevor es nach Wien zurückkehrte. Die Ehe war offenbar glücklich, weitere lesbische Lieben sind für Maria Christina nicht belegt.

Spreewälder Ammen fuhren den Nachwuchs begüterter Berliner Familien im neumodischen Kinderwagen durch den Tiergarten (Foto um 1910)

Die Milchbar der

Fremdbetreuung Wer in Berlin um 1900 von einer Nährmutter aus dem Umland stillen so ihre Mitgift auf – die reichen Städterinnen

Hauptstadt-Schickeria

etwas auf sich hielt, ließ den Nachwuchs
Die oft ledigen Spreewaldammen besserten
konnten fröhlich weiterfeiern. *Von Katja Iken*

Ernst blickt Marie Jank unter ihrer reich bestickten Haube hervor. Auf dem Schoß der jungen Frau in der Spreewälder Tracht thront Franz Joseph Ludwig Maria Karl Anton Tassilo Prinz von Hohenzollern-Emden, geboren am 30. August 1891. Den hochherrschaftlichen Knirps im blütenweißen Spitzenkleidchen und die Trachtenträgerin verbindet eine besonders innige Beziehung: Marie Jank ist die Amme des Säuglings. Im Spätsommer 1891, nur wenige Wochen nach der Geburt ihres dritten Kindes, reiste die Frau aus Straupitz im Spreewald nach Potsdam, um Franz Joseph zu stillen. Anfangs reichte Janks Milch sogar noch für dessen Zwillingsbruder, Friedrich Viktor Pius Alexander Leopold Karl Theodor Ferdinand Fürst von Hohenzollern; später kam eine zweite Amme hinzu.

Finanzielle Nöte hatten Marie Jank bewogen, das neugeborene Töchterchen sowie Mann und Söhne zu verlassen: Das Wohnhaus der Familie benötigte dringend ein steinernes Dach. Die Zwillingsmutter, Fürstin Maria Theresa von Hohenzollern, wiederum benötigte dringend Unterstützung für ihren Nachwuchs. Zudem schickte sich das Stillen in den besseren Kreisen lange Zeit nicht.

Die Brust zu geben galt als animalisch, hielt die Frau von ihren gesellschaftlichen Repräsentationspflichten ab und ruinierte angeblich die Figur. Zudem glaubte man, dass die Muttermilch durch Sex während der Stillzeit verderben und dem Säugling so schaden könne. Weshalb das Fremdstillen stark en vogue war: Nach Schätzungen eines Polizisten in Paris aus dem Jahr 1780 wurden von den 21.000 in der Stadt geborenen Säuglingen angeblich 17.000 zu Nährmüttern aufs Land verfrachtet.

Derlei Fremdstill-Exzesse sind für Deutschland nicht verbürgt; gleichwohl verdingten sich etwa im Hamburg des 18. Jahrhunderts bis zu 5000 Ammen (bei einer Bevölkerungszahl von etwa 90.000 Einwohnern). 1885 hatten rund drei Prozent der Berliner Säuglinge eine Amme; um 1900 waren in der Metropole noch immer rund 1000 Nährmütter registriert – die meisten von ihnen aus dem Spreewald. Bereits Kaiser Wilhelm II. und seine Gemahlin Auguste Viktoria hatten ihr drittes Kind von einer sorbischen (wendischen) Amme aus dem Spreewald nähren lassen. Auch Louis Ferdinand Prinz von Preußen trank am Busen einer Dame aus der Lausitz.

Wie die Kulturwissenschaftlerin Martina Noack recherchiert hat, begründete der Hochadel einen Trend, auf den großbürgerliche Familien in Berlin bis zum Anfang des 20. Jahrhunderts aufsprangen: Wer etwas gelten wollte, ließ den Nachwuchs von einer Amme aus dem Spreewald versorgen. Die jungen Frauen in ihrer auffälligen Tracht – ausladende Flügelhaube, weißes Schultertuch, weit abstehender Rock – gehörten zum Must-have ebenso wie die neu aufkommenden hochrädrigen Kinderwagen: schmucke Statussymbole der Hautevolee.

Künstler wie Max Liebermann und Fritz Paulsen setzten den Spreewälder Ammen ein Denkmal; auch Heinrich Zille verewigte die im Tiergarten sitzenden Frauen: als dralle, rotbackige Frohnaturen, die gleichzeitig stillen und Bier trinken. Sogar einen kleinen Reim widmete der »Pinselheinrich« den Stillmamsellen: *»Wenn in 'n Tierjarten de Ammen / Unscheniert die kleenen Strammen / Frische Nahrung lassen ziehn – / Denn is Frühling in Berlin!«*

Für die jungen Frauen aus dem benachbarten Spreewald war die Aussicht auf ein gut bezahltes Leben in einem begüterten Berliner Haushalt attraktiv; zudem konnten sie mit dem erarbeiteten Geld ihre Mitgift aufbessern. Ließen sich viele absichtlich ein Kind machen, um in Berlin arbeiten zu können? 1879 erhob der Sozialdemokrat und Feminist August Bebel diesen Vorwurf: »Die Ammenzüchterei, die darin besteht, dass die Landmädchen sich schwängern lassen, um nach der Geburt ihrer Kinder sich als Amme an eine wohlhabende Berliner Familie vermieten zu können, wird gewerbsmäßig betrieben.« Laut Kulturwissenschaftlerin Noack gibt es für diese Mutmaßung keine Belege. Zumal es sicher nicht einfach war, das leibliche Neugeborene in der Heimat zurückzulassen – um in Berlin ein fremdes in die Arme zu schließen. Die Amme Anna Konzack aus Straupitz (1897 bis 1957) etwa schien zeitlebens damit gehadert zu haben: Auf dem Totenbett bedankte sie sich bei ihren Kindern mit dem Satz: »Ich war eine Amme und trotzdem habt ihr mich nicht verachtet.«

Die Aussicht auf ein gut bezahltes Leben in einem begüterten Berliner Haushalt war attraktiv.

Ende des 19. Jahrhunderts verlor das Ammenwesen an Bedeutung, 1908 waren in Hamburg nur noch 145 Ammen registriert. Das lag am Siegeszug der künstlichen Säuglingsnahrung: 1865 stellte der Chemiker und Fleischextrakt-Erfinder Justus Liebig seine erste »Suppe für Säuglinge« vor, Heinrich Nestlé zog ein Jahr später mit dem »Kindermehl« nach. Bis zu Beginn des 20. Jahrhunderts gab es laut Erziehungswissenschaftlerin Sabine Seichter bereits rund 50 verschiedene Ersatznahrungen.

Zu diesem Zeitpunkt war die Amme von Hohenzollern-Prinz Franz Joseph längst in den Spreewald zurückgekehrt, wo sie fünf weitere Kinder bekam. Mit ihrem prominenten Zögling blieb Marie Jank zeitlebens in regem Kontakt: Jedes Jahr zu ihrem Geburtstag und zu Weihnachten schickte Franz Joseph Grüße und Geldgeschenke nach Straupitz. Die letzte Karte des Prinzen kam im November 1944 an – wenige Tage nach dem Tod seiner knapp 80-jährigen Amme.

Zum Weiterlesen Martina Noack: »Nach Berlin! Spreewälder Ammen und Kindermädchen in der Großstadt«. Edition Wendisches Museum 2008.

Spreewaldamme mit Kinderwagen um 1901 (o.), Spreewälderinnen stricken Strümpfe für Frontsoldaten 1914 (u.): Statussymbole der Hautevolee

SCHNELLES WISSEN Was war die perfekte Amme?

»Die Milch formt das Wesen des Kindes«, schrieb der Italiener Bellino Bissolo im 13. Jahrhundert: eine Überzeugung, die seit der Antike galt und sich bis weit in die Neuzeit hielt. Da man fest davon ausging, dass Charaktereigenschaften durch die Muttermilch weitergegeben wurden, war die Auswahl der Amme zentral. Der Arzt Konrad Friedrich Ude stellte in seiner »Diätik der Säugenden« (1785) detaillierte Kriterien auf: Die perfekte Amme habe zwischen 20 und 23 Jahre alt zu sein; sie dürfe nicht heftigen Leidenschaften oder Krankheiten erliegen, weder verliebt noch melancholisch, sondern »mäßig, bescheiden, reinlich und wachsam« sein. Sie solle über Brustwarzen verfügen, die »gehörig groß« sind; zudem braune oder schwarze Haare, gute Augen, gesunde Zähne und eine reine deutliche Aussprache haben.

Spreewaldfrau, Kinder mit traditionellem Ostergebäck um 1930: Absichtlich geschwängert?

Wirtschaftsdynastie Aus dem Frankfurter Ghetto schaffte die Familie Rothschild den Sprung aufs internationale Finanzparkett. Ihre Aufstiegsgeschichte war einzigartig. Doch ihr Name wurde eine Chiffre für antisemitische Klischees.

Von Ruth Hoffmann

Das Vermächtnis des Patriarchen

Frankfurter Judengasse 1876, Pfeilbündel aus dem Rothschild-Wappen

Das Haus »Zum Grünen Schild«, das Mayer Amschel Rothschild 1787 mit seiner Frau Gutle und den Kindern bezieht, ist keine fünf Meter breit. Die Hälfte gehört jemand anderem; die Zimmer sind so schmal, dass die Betten nur an den Seitenwänden stehen können. In der düsteren Enge der Frankfurter Judengasse aber kommt es fast schon herrschaftlich daher mit seinem schmiedeeisernen Treppengeländer, der eigenen Wasserpumpe und dem Licht, das abends für kurze Zeit in die gute Stube fällt.

11.000 Gulden musste Rothschild dafür zahlen – eine enorme Summe. Doch das Geschäft des 43-Jährigen läuft mittlerweile so gut, dass er es sich leisten kann, sein Elternhaus in der Hinterpfann zu verlassen, das er sich bisher mit zweien seiner Brüder und deren Familien geteilt hat.

Im restlichen Frankfurt hätte ein vergleichbares Haus nur einen Bruchteil gekostet, aber Juden dürfen außerhalb des Ghettos keine Häuser kaufen oder mieten. Mauern umgeben die dicht bebaute, rund 300 Meter lange Judengasse. Die drei Tore zur Stadt werden nachts und an Sonn- und Feiertagen abgeschlossen: ein Gefängnis mit eingeschränktem Freigang, bevölkert von knapp 4000 Menschen – mehr als zehn Prozent der Stadtbevölkerung.

Hier, im lärmenden Gewimmel aus Armut und Überbevölkerung, das Reisende als schauerlich-malerische Sehenswürdigkeit besuchten, begann der kometenhafte Aufstieg der Familie Rothschild. Innerhalb von nur einer Generation wurde die Familie zu einer der reichsten und einflussreichsten in Europa. Schon Mayer Amschels Kinder lebten in prunkvollen Palazzi und bewegten sich in höchsten Kreisen.

Noch heute verbindet sich der Name Rothschild mit märchenhaftem Reichtum, und er tat es schon um 1800. Dabei erinnert gerade der Name an ihre Wurzeln im Frankfurter Ghetto, wo viele Juden ihren Familiennamen von den oft durch farbige Schilder gekennzeichneten Häusern ableiteten, die sie über Generationen bewohnten, wie einst Mayer Amschels Vorfahren das Haus »Zum Roten Schild«.

Die Familie verleugnete ihre Herkunft nicht und blieb auch ihrem Glauben treu – im Gegensatz zu vielen anderen deutschen Juden, die sich unter dem Druck der Anfeindungen taufen ließen. Zum Erstaunen der Öffentlichkeit verließ selbst Mutter Gutle die Frankfurter Judengasse ihr Leben lang nicht. Auch nach der Auflösung des Ghettos 1796 blieb sie im Haus »Zum Grünen Schild«, und bis zu ihrem Tod 1848 kamen ihre Töchter, Söhne, Enkel und Schwiegerkinder aus ganz Europa dort für Hochzeiten, Bar-Mizwas oder andere Familienfeiern zusammen.

Der Kontrast zwischen ärmlicher Herkunft und luxuriösem Lebensstil rief gleichermaßen Bewunderung wie Neid hervor: Schon früh rankten sich Verschwörungstheorien und Verleumdungen um das Vermögen der Familie und ihren vermeintlichen politischen Einfluss. Später benutzten die Nazis die Rothschilds, um die todbringende Propaganda von der »jüdischen Weltverschwörung« zu unterfüttern.

In rechten Kreisen ist der Familienname bis heute eine Chiffre für das antisemitische Klischee vom »Geldjuden« und einer weltumspannenden jüdischen »Hochfinanz«. Emmanuel Macron etwa sieht sich wiederholt der absurden Behauptung ausgesetzt, »eine Marionette der Rothschilds«

Ältester Bruder Amschel Rothschild (Porträt, 19. Jahrhundert)

Jüngster Bruder Jakob Rothschild (Ölgemälde aus dem 19. Jahrhundert)

zu sein, weil er vor seiner Wahl zum Präsidenten Frankreichs Investmentbanker bei der Rothschild-Bank war.

Schon Stammvater Mayer Amschel war sich bewusst, dass ein besseres Leben für seine Familie buchstäblich nur innerhalb der Ghettomauern und der von Christen diktierten Bedingungen möglich war, ihn jeder Erfolg aber zugleich zur Zielscheibe des Hasses machen konnte. Als er mit Gutle eine Familie gründete, war er mit dem Verkauf antiker Münzen, Antiquitäten und Medaillen zu bescheidenem Wohlstand gelangt.

Zu seinen Kunden gehörten bürgerliche Sammler, aber auch Adlige und Fürsten. Seit 1769 war er Hoffaktor des Erbprinzen Wilhelm von Hessen, beschaffte für diesen Waren und Kapital, und besaß darum einen Pass, der es ihm erlaubte, das Ghetto jederzeit verlassen zu können. Das bewahrte ihn jedoch nicht vor den Anfeindungen der christlichen Mehrheit und einer Stadtverwaltung, die immer wieder neue Einschränkungen ersann.

Als infolge der Französischen Revolution ab 1792 die sogenannten Koalitionskriege Europa erschütterten, gelang es Mayer Amschel, sich als Lieferant der österreichischen Armee zu profilieren: Getreide und Ausrüstung, vor allem aber große Mengen von Münzen als Sold für die Soldaten mussten beschafft und an die Verteidigungslinien transportiert werden – ein logistisch anspruchsvolles Unterfangen voller Unwägbarkeiten, bei dem hohe Beträge umgeschlagen wurden. Hatte Rothschild seinen Kunden bisher nur vereinzelt Kredit gewähren können, wurden solche Geschäfte mit der Zeit zum Schwerpunkt seiner Arbeit.

Im Kontor musste jedes der Kinder mit anpacken, sobald es 13 Jahre alt war. Die drei ältesten Söhne Amschel (* 1773), Salomon (* 1774) und Nathan (* 1777) waren unter Anleitung des Vaters bereits zu Mitarbeitern geworden. Aber auch Mutter Gutle, selbst Tochter eines Geldhändlers, hatte maßgeblichen Anteil am Aufstieg des Familienunternehmens. Sie kümmerte sich um die Buchführung des immer komplexer werdenden Geschäfts, führte den Haushalt der vielköpfigen Familie, kochte und putzte. Ihr vierter Sohn Kalman (* 1788, später Carl) war noch ein Kleinkind, der jüngste, Jakob (* 1792, später James), ein Säugling.

»Haltet zusammen«, lautete die Familiendevise, ausgedrückt in einer Parabel des antiken griechischen Dichters Plutarch, die den Kindern von klein auf erzählt wurde: Ein einzelner Pfeil kann schnell zerbrechen, einem Bündel Pfeile hingegen ist selbst mit großer Kraft kaum etwas anzuhaben. Tatsächlich sollte sich der familiäre Zusammenhalt als Erfolgsrezept erweisen. Die Kinder waren Mayer Amschels Kapital – mehr noch als all das Geld, das ihm mächtige Männer anvertrauten oder das er durch Wechsel und Staatsanleihen einnahm.

1798 schickte er Nathan nach England: Die auf dem Kontinent so begehrten Baumwollstoffe aus den modernen Spinnereien waren durch den Krieg immer teurer geworden. Nathan sollte sie auf der Insel einkaufen und nach Dünkirchen verschiffen, wo Kalman sie in Empfang nahm und dafür sorgte, dass sie sicher nach Frankfurt gelangten, vorbei an den immer wieder aufflammenden Kämpfen.

Mayer Amschels Geschäft expandierte in einem derart rasanten Tempo, dass er selbst kaum Schritt halten konnte.

Im nur zehn Quadratmeter großen Kontor gingen von morgens bis abends Kunden, Mitarbeiter und Boten aus und ein, drängten sich zwischen dem Schreibpult mit den aufgeschlagenen Papieren und Kisten voller Briefe. Münzsäcke stapelten sich in einer Truhe, einem einfachen Holzschrank und auf dem Boden. Im ganzen Haus standen Kisten und Körbe mit Waren herum, weil die Keller zu klein waren. Für Wohnraum blieb kaum Platz, zum Schlafen teilten sich die Kinder das Dachzimmer.

Nathan war der ehrgeizigste der Brüder und dankbar, der heimischen Enge zu entkommen. Von England aus baute er sich mit der Zeit sein eigenes Kundennetz auf, noch aber war der Vater sein Haupthandelspartner: Regelmäßig bekam Nathan Post mit Anordnungen aus Frankfurt. Zähneknirschend nahm er sie hin und begann seine Geschäftsbriefe meist mit Sätzen wie »Mein Vater wünscht«. Auf den mit Stoff gefüllten Kisten, die er verschickte, prangten die Initialen des Patriarchen: »MAR«.

Der behandelte auch die anderen Söhne wie Angestellte, frei agieren durfte keiner der Brüder: Amschel und Salomon schufteten im Kontor, Kalman war ständig auf Reisen, Jakob wurde bereits angelernt, und Nathan musste sich vom Vater beständig vorhalten lassen, er arbeite nicht sorgsam genug: »In der Federschreibung kannst Du leider nicht viel«, heißt es in einem Brief. Er sei »unordentlich«, verschicke Ware, ohne sie anzukündigen. Nathan müsse sich bessern, mahnte der Vater, dann werde er eines Tages auch Nutzen am Geschäft der Familie haben.

Mit Nathans gesellschaftlichem Aufstieg konnte Mayer Amschel aber hoch zufrieden sein: 1806 heiratete er Hannah Barent Cohen, die Tochter eines reichen Londoner Kaufmanns und Geschäftsfreunds seines Vaters. Der dürfte sich für Hannah eigentlich eine bessere Partie erhofft haben als den Spross einer deutschen Ghettofamilie, der noch dazu schlecht Englisch sprach. Doch Cohen war Nathans geschäftlicher Erfolg nicht entgangen, und er schätzte die Chuzpe, mit der er seine Ziele verfolgte.

Für die Rothschilds wiederum eröffnete sich durch die Hochzeit ein Zugang zur Finanzelite Londons. Die Cohens waren verwandtschaftlich mit den bedeutendsten jüdischen Handelsfamilien verbunden – ein unschätzbarer Wert auf dem Börsenparkett der Hauptstadt, das, anders als in Frankfurt, einem exklusiven Klub glich.

Mit der »Kontinentalsperre« verhängte Frankreichs Herrscher Napoleon 1806 eine Wirtschaftsblockade über das britische Empire, nachdem er große Teile Europas besetzt hatte. Das machte den grenzübergreifenden Handel zu einem riskanten, aber umso lohnenderen Unternehmen. Mit seinem Schwiegervater stieg Nathan ins Schmuggelgeschäft zwischen England und dem Festland ein. Mithilfe seiner Brüder wurden Lieferungen umdeklariert und an den Franzosen vorbeigeschleust. Als die Besatzer die Kontrollen verschärften, englische Waren konfiszierten und öffentlich verbrannten, verlegte sich Nathan ganz aufs Bankgewerbe.

Ohne die enge Verzahnung mit dem Geschäft des Vaters wäre das aber kaum möglich gewesen. Grundlage für Nathans Aufstieg an der Börse bildete das Vermögen des inzwischen zum hessischen Kurfürsten aufgestiegenen Wilhelm, dem Mayer Amschel seit mehr als 40 Jahren treu

Wiener Niederlassungsleiter und zweitältester Bruder Salomon Rothschild (Ölgemälde, 19. Jahrhundert)

Zweitjüngster Bruder Kalman Rothschild (Porträt, 19. Jahrhundert)

diente und der vor den Franzosen nach Prag geflohen war: Mit vereinten Kräften gelang es den Rothschilds 1808, einen Großteil des kurfürstlichen Barvermögens nach London zu schleusen, wo Nathan es in englische Staatsanleihen investierte. Die französische Polizei, die um die Geschäftsverbindungen wusste, durchkämmte das Rothschild-Haus in der Frankfurter Judengasse, verhaftete Mayer Amschel, Salomon und Jakob und verhörte auch Gutle und die Töchter. Vergebens. Die Familie hielt dicht, und der »Schatz des Kurfürsten« wurde für Nathan zum Sprungbrett.

1810 machte Mayer Amschel seine fünf Söhne zu Teilhabern und schloss mit ihnen einen Gesellschaftsvertrag für »Mayer Amschel Rothschild & Söhne«, der das Gleichnis vom Pfeilbündel in juristische Klauseln übersetzte: Das gesamte Kapital werde gleichmäßig aufgeteilt, müsse aber in der Firma verbleiben. Selbst im Todesfall eines Teilhabers dürfe es nicht von dessen Erben abgezogen werden. Keinem der Teilhaber war es erlaubt, ohne Zustimmung der anderen zu handeln. Ihren Angehörigen war es untersagt, die Bücher einzusehen oder Widerspruch gegen die Erbregelung einzulegen.

Drittältester Bruder und Bankenchef der zweiten Generation Nathan Rothschild (Porträt, 19. Jahrhundert)

Der Vertrag bot reichlich Stoff für Konflikte. Vor allem die Pflicht, sich jedes Geschäft von den anderen absegnen zu lassen, dürfte den Brüdern nicht behagt haben. Wirklich gleichberechtigt waren sie im Übrigen auch nicht, denn der Vater behielt sich Rechte vor, die seine Vorrangstellung zementierten: Er allein durfte Kapital aus dem Firmenvermögen nehmen, Mitarbeiter einstellen oder entlassen. Auch jede Eheschließung bedurfte seiner Genehmigung. Schließlich habe er »durch seinen von Jugend auf bewiesenen Fleiß« und seine »bis ins hohe Alter fortgesetzte rastlose Tätigkeit« die Basis des Geschäfts gelegt und so »das zeitliche Glück seiner Kinder geschaffen«.

Mayer Amschel war bereits schwer krank und starb zwei Jahre später, am 19. September 1812. In seinem Testament bekräftigte er den Teilhabervertrag und hob dabei einen Grundsatz besonders hervor: »Ich verordne ..., dass meine Töchter und Töchtermänner und deren Erben an der unter der Firma ... bestehenden Handlung keinen Antheil haben, und noch weniger eine Forderung aus was immer für einem Grunde machen können und dürfen, sondern vielmehr gedachte Handlung meinen Söhnen ausschließlich zusteht.« Verstöße gegen diesen »wohlgemeinten und gewissenhaften« Willen werde er keinem seiner Kinder je vergeben.

Mit diesem letzten Machtwort war der Ausschluss der fünf Töchter Jeanette, Isabella, Babette, Julie und Henriette aus dem Familienunternehmen besiegelt. Auch der Zugang zu den Geschäftsbüchern und der Korrespondenz war ihnen und ihren Ehemännern untersagt. Jeder neue Gesellschaftsvertrag, den die Brüder von nun an miteinander schlossen, basierte auf dem Testament des Vaters. Seine Grundsätze wurden rigoros durchgehalten und gelten bis heute.

Mit dem Appell des Vaters, »sich mit steter wechselseitiger Liebe und Freundschaft« zu begegnen, taten sich die Brüder hingegen schwerer – immer wieder krachte es in den folgenden Jahren zwischen ihnen. Mehrmals standen sie kurz vor dem Bruch. Mayer Amschels Forderung, sich »mit kindlichem Gehorsam ... zu betragen«, kamen sie dennoch nach: Wann immer es zum Streit kam, erinnerten sie sich an seine Worte und riefen sich gegenseitig zu Einigkeit auf: »Der selige Vater hat Frieden befohlen!«

Inzwischen waren alle fünf in Europa verteilt. Sie wussten, dass sie am stärksten waren, wenn jeder seinen Teil an Kontakten, Informationen und Kapital zum Geschäft beitrug: Amschel im Frankfurter Stammhaus, Salomon in Wien, Nathan in London, Kalman in Neapel und Jakob in Paris – ein internationales Bankennetz auf fünf starken Pfeilern, ergänzt und erweitert durch unermüdliches Reisen bis nach Konstantinopel oder Sankt Petersburg. Um sich gegenseitig auf dem Laufenden zu halten, schrieben sich die Brüder fast täglich und schickten Verträge, Wechsel und andere Dokumente hin und her. Dank eigener Agenten in ganz Europa waren sie der Konkurrenz, die alles nur über die Zeitung erfuhr, bei Investitionen oft voraus.

Für ihre Kommunikation nutzten die Rothschilds alle damaligen Möglichkeiten: vom regulären Postweg, soweit es sich nicht um Vertrauliches handelte, über Absprachen mit Schiffskapitänen für schnelle Korrespondenz zwischen England und dem Kontinent bis zu berittenen Kurieren und Brieftauben. Die Kosten dieses privaten Postsystems waren enorm, ließen sich aber durch Kursgewinne dank des Informationsvorsprungs wieder reinholen.

Schon früher hatten sich die Brüder über den rüden Ton geärgert, mit dem Nathan sie oft bedachte. Seit dem Tod des Vaters sah er sich als Oberhaupt der Familie. Salomon nannte ihn nur halb im Scherz den »kommandierenden General«. Die Brüder seien für Nathan »Marschälle«, die für seine risikoreichen Manöver ihr Kapital »wie Soldaten in Bereitschaft zu halten« hätten.

In den Briefen war der Ton tatsächlich oft rau. Nathan befahl, was seiner Meinung nach zu tun sei, und zog nebenbei über die anderen her: Amschel und Kalman würden ihn verrückt machen, heißt es in einem Brief an Salomon. »Kannst Dir nicht vorstellen, wie dumm die schreiben.« Gegenüber Jakob tue Amschel so, »als wie er das Geschäft nur allein macht«. Seine Brüder seien keine dummen Schuljungen und weder betrunken noch blöde, antwortete Salomon. »Man führt so kein Schreiberei mit seiner Familie.« Im Übrigen seien ihre Bücher in Ordnung, ganz im Gegensatz zu denen in London. All diese »Zenkbriefe«, schaltete Kalman sich ein, machten ihn krank: »Wenn es so fort geht, hast Du eine Compagnion bald aus der anderen Welt«, warnte er Nathan. Der reagierte stur: »Ich gestehe Euch es ist mir tüchtig mies ... die weitläufige Geschäfte und widerliche Korrespondenz zu führen.« Es sei daher das Beste, man löse die Verbindung. Er erwarte von jedem der vier eine abschließende Rechnung.

Ob bloße Drohung oder ernst gemeint, Nathans Worte verfehlten ihre Wirkung nicht: Den Bruch vor Augen, fügten sich die Brüder in ihre Rollen als Nathans Untergebene – Amschel, weil er sich nach einem ruhigen Leben sehnte, Salomon, weil Streit ihm zusetzte, Kalman aus Angst vor Nathan und Jakob, weil er der Jüngste war. Zu Streit kam es trotzdem immer wieder. Selbst die nächste Generation fühlte sich gezwungen zu vermitteln: »Um Gottes willen«, schrieb Salomons Sohn Anselm 1828 an Nathans ältesten Sohn Lionel, »sag Deinem Vater, er solle in Zukunft nicht so schlimme Briefe an Onkel Amschel schreiben. Die schädigen seine Gesundheit.«

Und doch gab es zwischen den Brüdern, bei allem Gezänk, ein unverbrüchliches, durchaus liebevolles Band, das sie miteinander und mit der Erinnerung an die Dachkammer ihrer Jugend in der Frankfurter Judengasse verband. Mit der Parabel, die ihre Eltern ihnen erzählt hatten, und den letzten Worten des Vaters. »Möge auf dieser Basis der Eintracht, ... der Zuneigung und des gegenseitigen Vertrauens die Handlungsgemeinschaft aller von Rothschildschen Häuser stets erhalten ... bleiben«, schrieb Amschel 1841, fast 30 Jahre nach Mayer Amschels Tod.

Der Zusammenhalt als Familie bestimmte die Geschäfte der Rothschilds auch in den folgenden Jahrzehnten: Mit ihrem weitverzweigten Bankennetz investierten sie weltweit in Eisenbahnlinien, Bergbauunternehmen oder Ölquellen, handelten mit Stahl, Gold und Diamanten. 1871 brachten sie gemeinsam mit anderen Banken jene fünf Milliarden Francs auf, die Frankreich nach seiner Niederlage im Deutsch-Französischen Krieg an das Deutsche Reich zahlen musste. Den Briten finanzierten sie 1875 den Kauf von Suezkanal-Aktien, an dessen Bau sich die Krone zuvor nicht hatte beteiligen wollen. Erst zur Jahrhundertwende, nach der Schließung des Frankfurter Stammhauses, gaben die Rothschild-Banken ihre Partnerschaft auf und gingen getrennte Wege.

Der ewigen Judenfeindschaft und dem Mitte des 19. Jahrhunderts aufkommenden rassistisch grundierten Antisemitismus hatte die Familie geschäftlichen Erfolg und beharrliche Öffentlichkeitsarbeit entgegengesetzt. Der Verfolgung durch die Nationalsozialisten konnte sie nicht entgehen: Nach dem »Anschluss« Österreichs wurden die Wiener Rothschilds enteignet, ihre Häuser geplündert, die Betriebe und Stiftungen »arisiert«. In der Villa des Wiener Familienzweigs richtete die SS ihr Hauptquartier ein; das Palais in der Wiener Prinz-Eugen-Straße wurde zum Sitz der »Zentralstelle für jüdische Auswanderung«, wo Adolf Eichmann die Emigration, Ausplünderung und Deportation der österreichischen Juden organisierte. In Frankreich wurden die Rothschilds ebenfalls enteignet. Mehrere Mitglieder der Familie wurden in Konzentrationslagern umgebracht, anderen gelang die Flucht nach England oder in die USA.

Bankier Nathan Rothschild mit Familie (Ölgemälde, 1821)

Nach dem Krieg kehrten einige Nachfahren von Jakob Rothschild nach Frankreich zurück. Die Bankgeschäfte liegen mittlerweile in der Hand der siebten Generation. 2008 taten sich die britischen und die französischen Rothschilds zu einer Finanzholding zusammen, für zwei weitere Finanzgruppen sind andere Zweige der Familie verantwortlich. Das Château Mouton Rothschild in Bordeaux zählt heute zu den berühmtesten Weingütern der Welt.

Im Wappen, das die Rothschilds führen, seit der österreichische Kaiser ihnen 1822 den Freiherrentitel verlieh, ist das Motto der Rothschilds zu lesen: »Concordia, Integritas, Industria« – Eintracht, Redlichkeit, Fleiß. Darüber tragen Löwe und Einhorn ein Schild mit dem Vermächtnis des Gründungsvaters: zwei Hände, die fünf gebündelte Pfeile halten.

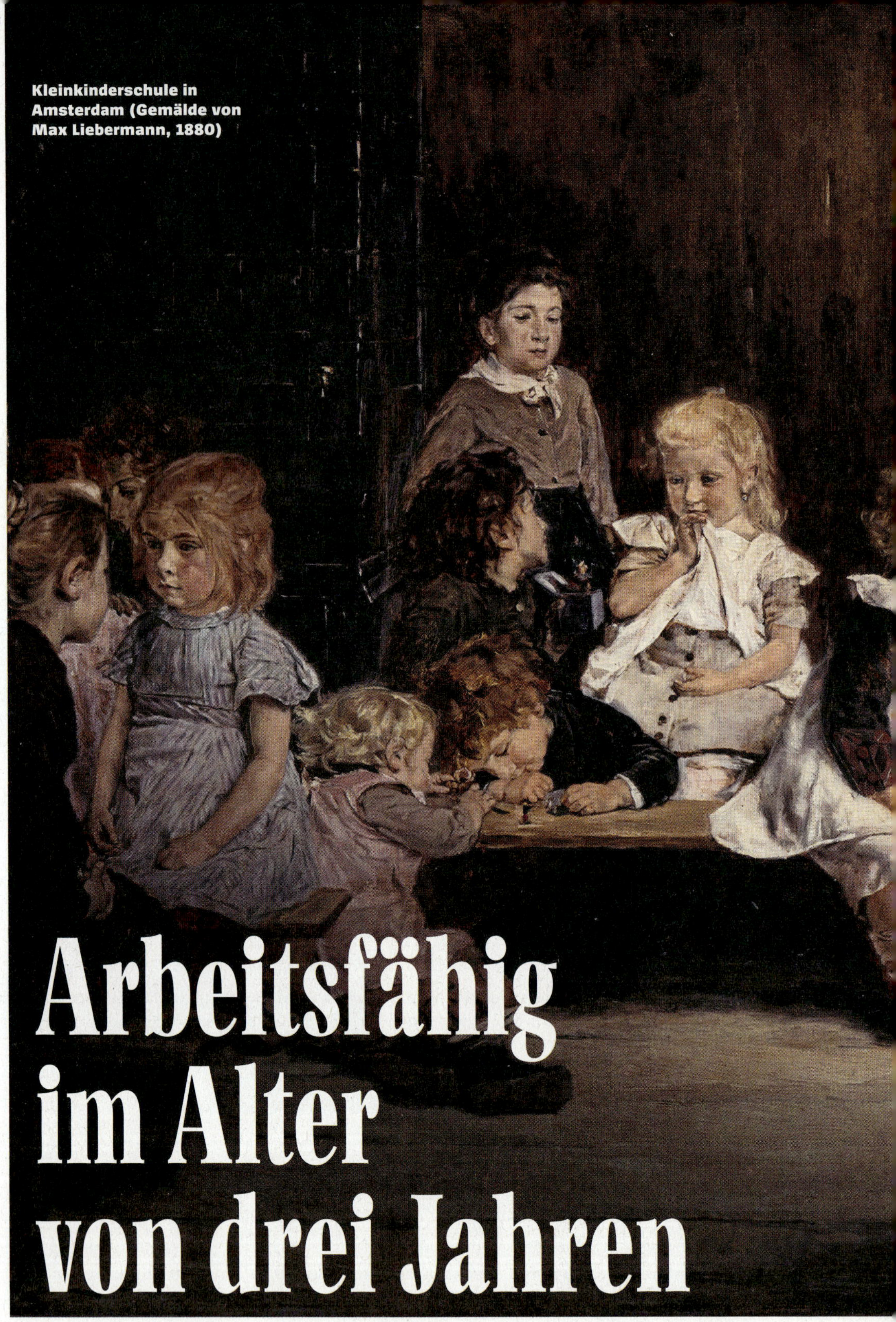

Kleinkinderschule in Amsterdam (Gemälde von Max Liebermann, 1880)

Arbeitsfähig im Alter von drei Jahren

Der kleine Jakob aus Bamberg hatte Glück. Er kam ins Kinderseelhaus auf dem Kaulberg, in das Waisenhaus, das der Fürstbischof 1588 hatte einrichten lassen. Jakob erfüllte die strengen Voraussetzungen für die Aufnahme, weil er keine Eltern mehr hatte, ehelich geboren war, nicht krank oder behindert und mit vier Jahren alt genug, um zu arbeiten.

Der Vater, an Ostern 1640 von einer Blutvergiftung dahingerafft, war Bäcker gewesen, ein ehrbarer Beruf, Jakobs Mutter war vier Wochen später im Kindbett gestorben. Die Straßen von Bamberg waren voll von bettelnden und vagabundierenden Kindern, die nicht das Glück hatten, ins Waisenhaus aufgenommen zu werden. Jakob musste seine Chance nutzen.

Er wurde neu eingekleidet: blaue Jacke, weißes Hemd, schwarze Strümpfe, Mütze, damit er unterscheidbar wäre, wenn er zum Betteln geschickt würde. Geldverdienen war nur eine seiner Aufgaben im streng getakteten Tagesablauf des Heims: aufstehen um fünf, vor dem Frühstück Mund und Hände waschen, beten, die erste Unterrichtseinheit absolvieren. Nach dem Getreidebrei wieder Katechismus, Schreiben, Rechnen, Messe.

Zu Mittag gab es manchmal etwas Fleisch und Klöße, sonst Getreidebrei. Nachmittags verlagerte sich das Leben nach draußen, wenn die Heimkinder zur bezahlten Totenwache, zu Botengängen, zum Holzholen und im Sommer zu stundenlanger Feldarbeit geschickt wurden. Oder eben wenn sie um Almosen werben mussten.

Arbeitende arme Kinder, dieser Anblick war für die Bamberger beruhigend. Die Arbeit würde die Kleinen Fleiß und Gehorsam lehren und den öffentlichen Säckel entlasten, bis sie alt genug wären für eine Anstellung, meist im Textilgewerbe oder als Dienstmägde, so die allgemeine Ansicht. Herumlungernde Straßenkinder ärgerten die Menschen hingegen: Sie würden die Gotteshäuser als Wärmestuben missbrauchen, auf den Altären Karten spielen und sich mitten auf dem Marktplatz entleeren, ging die Klage.

Ob Jakob lieber zu den unbeaufsichtigten, aber schutzlosen Kindern gehört hätte, als in einem Heim von früh bis spät diszipliniert zu werden? Es gibt keine Quellen mit Selbstäußerungen von Kindern dieser Zeit, und aus Sicht der Erwachsenen erhalten wir ein einseitiges Bild.

Entwicklung Lange galten Kinder als kleine Erwachsene, die mit versorgt werden und deshalb schon früh mit anpacken mussten. Bis Gelehrte den Wert von Bildung und Erziehung erkannten – und die Kindheit als eigene Lebensphase.

Von Miriam Gebhardt

Aus heutiger Sicht klingt das brutal und alles andere als kindgemäß. Und trotzdem war die Behandlung, die Jakob im Waisenhaus erfuhr, damals modern. Das relativ neue Konzept, von dem er und die anderen Zöglinge profitierten, stand an der Schwelle zu einer helleren Zukunft für Kinder. Es hieß christlicher Humanismus oder: moralischer Fortschritt durch Erziehung und Bildung.

Es löste eine Epoche ab, in der ein Kind nur eine unvollkommene Vorstufe des Erwachsenen war, in der kein Unterschied gemacht wurde zwischen Kindern und Erwachsenen, in der es auch keine besonderen Heime für Heranwachsende gab. Früher wäre Jakob, wenn überhaupt, in ein allgemeines Armen- oder Zuchthaus zu den Erwachsenen gesteckt worden.

Der Humanismus wertete die Kindheit auf, sah sie nun primär als eine Zeit der Erziehung. Die Familie wurde zum Vorbild für die Ordnung der Kirche und des Staates erklärt. Deshalb nannten sich die Leiter der Waisenhäuser auch »Heimeltern«.

Der humanistische Großdenker Erasmus von Rotterdam, selbst unehelicher Sohn eines Priesters und dessen Haushälterin, war überzeugt, Kinder müssten vom ersten Lebenstag an gutes Betragen und Frömmigkeit einüben. Sie zu verhätscheln oder zu vernachlässigen sei ein größeres Verbrechen als Kindsmord, denn so lernten sie nicht, sich mithilfe ihres freien Willens für das Gute zu entscheiden.

Demnach waren die Erziehungsanstrengungen der Frühen Neuzeit ein frommes Geschäft, das dem Gartenbau ähnelte. So jedenfalls die Metaphern, die oft benutzt wurden: Boden bereiten, Unkraut jäten, Schösslinge in die gewünschte Form trimmen müsse man, hieß es, sonst würde das Kind verwildern. Sein Wille müsse gebrochen werden, auch mit Schlägen, damit sich die bösen Triebe nicht später zu Ehebruch, Unzucht, Götzendienst, Trunkenheit, Zwist und Ketzerei auswüchsen.

Der niederländische Universalgelehrte, der 1536 starb, war nicht der einzige humanistische Denker, der von einem Wachsklumpen sprach, wenn es um Kindererziehung ging: Eltern und Erzieher sollten ihn formen, solange er noch geschmeidig sei. Sie allein hätten es in der Hand, ob sie eine Bestie oder ein gottgleiches Wesen schufen.

Bäumchen, Klumpen Wachs, unbeschriebenes Blatt: Die Vergleiche wechselten, nachdem die Gelehrtenwelt das Kind entdeckt hatte. Im Kern ging es darum, auch im Neugeborenen schon ein vernunftbegabtes Gottesgeschöpf zu entdecken. Trotzdem waren noch zu der Zeit, als Jakob in Bamberg ins Kinderheim kam, 100 Jahre nach Erasmus, die Verhältnisse weit davon entfernt, ein altersgemäßes Aufwachsen zu gewährleisten.

20 bis 50 Prozent der Armen waren Kinder und mussten sich in Bettlerbanden durchkämpfen. Viele von ihnen waren unehelich geboren, manche überlebten nur knapp, weil ihre Mutter sie vor einer Kirche ablegte, um nicht dem kindlichen Sterben durch Hunger oder Krankheit zusehen zu müssen. Etwa die Hälfte aller Kinder erreichte den ersten Geburtstag nicht, erst ab dem fünften wurden die Überlebenschancen stabiler.

Auch bei den bessergestellten Leuten kam der Tod oft früh, besonders wenn die Kinder von armen Ammen auf dem Land gestillt wurden, die selbst kaum über die Runden kamen. Wenn die Eltern sie später abholen wollten, waren sie oft genug bereits gestorben. Trotzdem hielt sich die Tradition des Ammenwesens, und zwar nicht nur, wenn die Gesundheit des Kindes oder der Mutter das Stillen durch eine fremde Frau nahelegte. Eine Amme zu beschäftigen war eine Prestigesache. Und nicht zuletzt ließ sich dadurch die eheliche Fruchtbarkeit steigern, denn während der Stillzeit ist eine Empfängnis weniger wahrscheinlich.

Erst langsam dämmerte den Menschen, dass sie die Kinder anders behandeln müssten, wenn sie Arbeitskräfte für die Landwirtschaft und das Gewerbe heranziehen wollten. So machten als Nächstes die Philosophen und Vordenker der Aufklärungsepoche ab dem späten 17. Jahrhundert einen großen Schritt auf die Kinder zu – vor allem weil sie deren unnützes Dasein nicht mehr hinnehmen wollten.

Sie sahen, dass Kinder viele Familien arm machten, und Armut stand der Aufklärung entgegen. Aufklärer John Locke (1632 bis 1704) soll behauptet haben, die Arbeitsfähigkeit beginne im Alter von drei Jahren. Geschickt geführt, habe sich ein Kind im Alter von 14 Jahren amortisiert.

Locke trieben indes nicht ausschließlich wirtschaftliche Argumente um. Mit seinem Buch »Some Thoughts Concerning Education« aus dem Jahr 1693 (auf Deutsch: »Gedanken über Erziehung«) stand er am Anfang der Entwicklung zum kindgerechten Denken. Während die früheren Generationen im Neugeborenen die Erbsünde, das heißt, das Potenzial alles Bösen (wie auch des Glaubens), gesehen hatten, erkannte Lockes Generation im Neugeborenen die Anlagen für Wachstum und Vervollkommnung.

Kinder sollten zwar hart an die Kandare genommen werden, wenn sie als halsstarrig oder gar rebellisch galten. Aber man war überzeugt, dass sie lernen könnten, sich in Zukunft nicht mehr von ihren Launen und Begierden treiben zu lassen, sondern in erster Linie von ihrer Vernunft.

Das Ziel der Sozialisation klang wie ein kapitalistisches Mantra und nicht mehr wie ein religiöser Plan: Der Mensch muss sich früh daran gewöhnen, die Befriedigung seiner Wünsche aufzuschieben, »wenn sie nicht durch die Vernunft autorisiert sind«. Später identifizierte der Soziologe Max Weber diese Arbeitsethik als Erfolgsformel für die Industrialisierung.

Gemälde »Die Wochenstube (Schweinekoben)« (von Max Liebermann, 1888)

Ein zweiter neuer Grundgedanke für den Umgang mit dem Kind war, dass jedes Kind individuell gefördert werden sollte. Indem die Erzieher sie genau beobachteten, könnten sie die persönlichen Stärken und Schwächen ihrer Zöglinge herausfinden und diese dann ausbauen oder ausgleichen. Allerdings ging es einzig und allein um ein Ziel: das Kind zum vernünftigen Bürger heranzuziehen. Das konnte nur beim männlichen Kind gelingen und nur, wenn ein Mann, der Vater oder ein Erzieher, die Sache in die Hand nähme. Mütter verwöhnten ihren Nachwuchs bloß und brächten ihn vom Weg ab, so die Überzeugung der Aufklärer.

Aber ein Schritt war nun eindeutig vollzogen: Die Kindheit war – jedenfalls in der Theorie – eine eigene Lebensphase mit eigenem Recht geworden.

Daran knüpfte der berühmte Aufklärer Jean-Jacques Rousseau an und revolutionierte die Erziehungslehre, auch Pädagogik genannt. Seiner Auffassung nach sollte erst einmal das Kind im Kind anerkannt werden, bevor man den Erwachsenen im Kind suchte.

Der 1712 geborene Wegbereiter der Französischen Revolution hatte seine Mutter wenige Tage nach der Geburt

SCHNELLES WISSEN Was steht in Rousseaus Erziehungsratgeber »Émile«?

In seinem Ratgeber »Émile oder Über die Erziehung« argumentierte Aufklärer und Pädagoge Jean-Jacques Rousseau 1762 als einer der Ersten, dass Kinder die Welt auf eigene Art wahrnehmen, und dass sie Schutz und Förderung brauchen. Die Hauptfigur seines Werks wächst naturnah auf. Émile bekommt von seinem Erzieher weder Vorschriften noch wird er gezüchtigt, sondern darf seine eigenen Erfahrungen machen. Nach Rousseaus Überzeugung, dass der Mensch von Natur aus gut ist, reift Émile im Buch zu einem rechtschaffenen jungen Menschen heran. Der Autor verfestigt mit seinem Werk aber auch die Geschlechterrollen: Jungen sollten Geschicklichkeit üben und auf das harte Leben vorbereitet werden, für Mädchen seien Liebreiz und die Unterordnung unter männliche Autorität die wichtigsten Lehren.

verloren, sein Vater verließ ihn, als er zehn war. Er durchlitt eine harte und ungerechte Erziehung und wurde mit zwölf Jahren in die Lehre gegeben. Rousseau ging auf Wanderschaft, arbeitete in verschiedensten Berufen und bildete sich autodidaktisch weiter, wobei die Musik eine große Rolle spielte.

Mit Marie-Thérèse Levasseur setzte er fünf Kinder in die Welt, die alle auf sein Betreiben hin in Waisenhäuser kamen, weil er sich aufgrund seiner häufigen Ortswechsel und der wechselnden Tätigkeiten als Hauslehrer, Musiklehrer, Publizist für ungeeignet für die Vaterrolle hielt. Nichtsdestotrotz wurde sein Bildungsroman »Émile oder Über die Erziehung« zu einer der bis heute einflussreichsten pädagogischen Schriften.

Rousseau breitete in diesem Roman seine Idee aus, dass der Mensch »zurück zur Natur« müsse und Kinder möglichst Kinder bleiben sollten. Bei der Erziehung komme es nicht darauf an, ausgeklügelten Lehrplänen zu folgen (wie noch bei John Locke), sondern darauf, die schädigenden Einflüsse der Gesellschaft vom Kind fernzuhalten.

Durch die Erziehung solle erreicht werden, dass sich der urwüchsige und grundgute Zustand der menschlichen Natur erhalte. Ein idealer Lehrer werde Kinder dazu anleiten, die Gesetzmäßigkeiten der Natur und die sozialen Werte selbst zu entdecken. Bei Mädchen allerdings erübrige sich die intellektuelle Bildung – sie müssten nur auf ihre Aufgaben als Ehefrauen und Mütter vorbereitet werden.

Rousseau beeinflusste spätere Pädagoginnen und Pädagogen wie Johann Heinrich Pestalozzi, Joachim Heinrich Campe oder Maria Montessori. Bis heute ist mit seinem Namen ein optimistisches Menschenbild verbunden.

Und doch war für Kinder damit längst nicht alles gut. Die Geschichte der Kindheit war keine geradlinige Straße des Fortschritts, schon allein deswegen, weil die Gedanken und Gebote der Gelehrten und Geistlichen ein fernes Ideal waren, allerhöchstens erreichbar für eine wohlhabende und gebildete Minderheit. Die Realität in den meisten Familien sah völlig anders aus.

Mit der im 18. Jahrhundert einsetzenden Industrialisierung verschlechterte sich die Lage vieler Kinder ohnehin wieder massiv. In allen Bereichen von Wirtschaft und Gesellschaft sorgte die neue Epoche für Veränderungen. Fabriken entstanden, nun zogen viele Familien in die wachsenden Städte, um Arbeit zu finden. Mit Tagelöhnern und Heimarbeitern entstand eine neue Unterschicht. Wer nur von Tag zu Tag überhaupt etwas verdiente, konnte seinen Nachwuchs kaum ernähren und musste ihn deshalb früh aus dem Haus schicken. Wer zu Hause im Auftrag größerer Unternehmer etwa Knöpfe annähte oder Stoffe webte, kam ohne die Arbeit der Kinder nicht über die Runden; sie saßen nächtelang an der Spule hinter dem Spinnrad, bis sie krank und bucklig waren.

Den Nachwuchs in die Schule zu schicken konnten sich weite Teile der Bevölkerung nicht leisten, da half auch die Schulpflicht nicht, insbesondere Mädchen blieben ungebildet. Erziehung bedeutete Arbeiten lernen, angeleitet vom Vater, von älteren Geschwistern oder vom Lehrherrn. Immer mehr Kinder mussten auch schon in sehr jungen Jahren in Fabriken arbeiten.

»Ein Bild der körperlichen Zerrüttung und Verkrüppelung«

Kinderarbeit Lange galt sie als Mittel, um fleißige Menschen heranzuziehen. Verboten wurde sie erst, als der Staat den Schulbesuch ernst nahm.

Karl Friedrich August Grashof war schockiert von dem, was er 1815 in deutschen Fabriken beobachtete: »Kinder von 6 Jahren werden bereits hinter Maschinen gestellt, um dort selbst zur Maschine zu werden.« Der Direktor des öffentlichen Unterrichts am Niederrhein geißelte **»das leidige Fabrikwesen«** als »wahre Pest für den physischen wie für den moralischen Menschen«.

Kinder standen stundenlang am Fließband, mussten ohne Pause und **bei karger Verpflegung** arbeiten oder Arbeitsabläufe stumpf wiederholen. Sie mussten für Reparaturen zwischen Maschinen kriechen und wurden zerquetscht, wenn sie nicht schnell genug herauskrabbelten.

Doch Grashofs Empörung richtete sich nicht gegen die Arbeitsbedingungen, sondern dagegen, dass die Fabrikarbeit die Kinder von der Schule fernhielt – immerhin galt in Preußen seit 1717 die Schulpflicht.

Dass Kinder **Erwerbsarbeit** leisteten, war Anfang des 19. Jahrhunderts eine akzeptierte und für viele Familien **notwendige Realität.** Es war gang und gäbe, dass der Nachwuchs in der Landwirtschaft mit anpackte oder als Dienstpersonal arbeitete.

Mit der Industrialisierung wurden Produktionsprozesse in einzelne Arbeitsschritte zerlegt, die von Laien ausgeführt werden konnten. Das Ausmaß der Kinderarbeit stieg deutlich an. Um **Lohnkosten zu sparen,** stellten Unternehmer Frauen und Kinder ein, deren Bezahlung nach Alter gestaffelt war.

Fabrikunternehmer profitierten von der Fließbandarbeit ihrer **Billiglohnkräfte,** Kleinunternehmer konnten nicht mithalten. Noch mehr Kinder mussten arbeiten: »Durch die Verarmung der nicht mehr konkurrenzfähigen Handwerkerfamilien entstand eine wirtschaftliche Notlage, die dazu führte, daß bereits sechsjährige Kinder bis zu 14 Stunden am Tag in den Fabriken arbeiteten«, schreibt Richter Franz-Josef Düwell in einer Untersuchung 1992 zum Verbot der Kinderarbeit in Deutschland.

Weil ihm nach einem Fehler bei der Arbeit ein Lohnabzug drohte, war ein zwölfjähriges Mädchen 1837 so verstört, dass es einen Suizidversuch in der Wupper unternahm. Die Kleine wurde aus dem Fluss gerettet, und ihr Schicksal bewog den Unternehmer und Abgeordneten des rheinischen Provinziallandtags Johannes Schuchard dazu, eine **Gesetzesinitiative** zu starten, **um Kinderarbeit einzudämmen.**

Kinder litten unter Entwicklungsstörungen oder trugen durch unnatürliche Haltung oder **Arbeiten bei wenig Licht und schlechter Luft** dauerhafte körperliche Schäden davon. Der Reformpädagoge Adolph Diesterweg beschrieb Fabrikkinder »mit tiefliegenden blau umkränzten, stieren und leblosen Augen, mit straff anliegender Haut des Antlitzes, ein Bild der körperlichen Zerrüttung und Verkrüppelung«.

Mancher Politiker sorgte sich, dass bald nicht genug gesunde junge Männer für die **Wehrpflicht** bereitstehen würden, die in Preußen mit dem 20. Lebensjahr begann. Tatsächlich überstieg die Zahl der verfügbaren wehrtauglichen Soldaten deutlich die Zahl derer, die jährlich zum Wehrdienst eingezogen wurden.

Der **Staat regulierte die Kinderarbeit** schließlich aber aus Angst vor untreuen Bürgern. »Der entste-

Kinder mit gesammeltem Brennholz, Berlin 1919

hende Nationalstaat hatte ein Loyalitätsproblem, dem der Schulunterricht unter staatlicher Kontrolle abhelfen sollte«, schreibt Soziologe Jürgen Bönig. »Mit der Entstehung des Nationalstaates musste dieser auch dafür sorgen, dass die Loyalität dem Staat und nicht (nur) dem Grundherrn galt.«

So wurde das Gesetz zur Eindämmung der Kinderarbeit, das 1837 im rheinischen Provinziallandtag entworfen worden war, am 6. April 1839 von Kaiser Friedrich Wilhelm III. als **»Regulativ über die Beschäftigung jugendlicher Arbeiter in Fabriken«** für Preußen eingeführt. Es war das erste Arbeitsschutzgesetz in Deutschland. Die Regelung verbot die regelmäßige Fabrikarbeit von Kindern unter neun Jahren, die Beschäftigung älterer Kinder während der Nacht, an Sonn- und Feiertagen und begrenzte die Arbeitszeit für Kinder an Werktagen auf zehn Stunden.

Das Verbot der Arbeit für unter Neunjährige sollte deren **Schulbesuch** garantieren. Konnten Kinder keinen Nachweis erbringen, dass sie lesen und zumindest dürftig schreiben konnten, wurde das Arbeitsverbot auf 16 Jahre ausgedehnt. Ausnahmen galten lediglich für Fabrikschulen, die Industrielle eröffneten und an ihre Fabriken angliederten. Bildung zählte dort aber meist nur nachrangig.

Nur das Königreich Bayern erließ 1840 ebenfalls ein **Gesetz gegen Kinderarbeit.** In Sachsen, Württemberg und Baden ließen staatliche Regulierungen zwei Jahrzehnte länger auf sich warten.

Grund dafür war auch gesellschaftlicher Widerstand. Im Frühkapitalismus hatte sich die Einstellung durchgesetzt, dass Armut selbst verschuldet und Arbeit schon im Kindesalter gut für die Entwicklung zu einem nützlichen Bürger sei. Selbst Kapitalismuskritiker **Karl Marx glaubte an den Nutzen von Kinderarbeit.** 1866 erklärte er: »In einem rationellen Zustand der Gesellschaft sollte jedes Kind vom neunten Jahre an ein produktiver Arbeiter werden.«

Erst mehr als 100 Jahre nach dem preußischen Regulativ von 1839 war Kinderarbeit in Deutschland in allen Industriebereichen gesetzlich verboten. In beiden Weltkriegen gab es Ausnahmeregelungen, um die fehlenden männlichen Arbeitskräfte zu ersetzen. Erst das **1960 in Kraft getretene Jugendarbeitsschutzgesetz** untersagte Akkord- und Fließbandarbeit für Kinder und Jugendliche sowie die bis dahin meist ausgeklammerte Kinderarbeit in der Landwirtschaft. Es billigte jedoch, dass Kinder über zwölf Jahren in landwirtschaftlichen Betrieben in Ausnahmefällen weiterhin mithelfen durften.

In bessergestellten bürgerlichen Familien kamen hingegen rührselige Gefühle für das Kind auf: So, wie das Ehepaar nun nicht mehr vor allem durch wirtschaftliche Zweckmäßigkeiten, sondern durch Liebe zusammengehalten werden sollte, wurde die Familie und mit ihr die Kinder nun zu einem Ort, an dem Emotionen ihren Platz hatten. Eltern begleiteten das Aufwachsen ihrer Kinder aufmerksam, Fürsorge und Zuwendung wurden in den wohlhabenden Familien wichtig. Kinderspielzeug kam in dieser Schicht im 19. Jahrhundert ebenso in Mode wie eigene Kinderzimmer.

Davon konnten Kinder aus Arbeiterfamilien nur träumen. Die Löhne ihrer Eltern waren so niedrig, dass die Familien ihre Behausungen untervermieten, Lebensmittel und Brennmaterial irgendwo organisieren und durch zusätzliche Arbeit wie Kräutersammeln ein Zubrot verdienen mussten. Eltern und Kinder trafen sich sporadisch in den überfüllten Wohnungen, meistens zum Schlafen, wofür sie dasselbe Bett benutzten. Das konnte den Kindern manchmal ein bisschen Nähe und Wärme spenden, brachte aber nicht selten auch sexuellen Missbrauch oder den Tod durch Erdrücken mit sich.

Und heute? Zwar hatte der Staat schon seit 1839 versucht, die Kinderarbeit in Fabriken nach und nach einzudämmen. Damit wollte man unter anderem der Sorge entgegentreten, dass der Körper der Kleinen dort derart zugrunde gerichtet wurden, dass sie als Soldaten für den Staat nicht mehr tauglich waren. In der Landwirtschaft der Bundesrepublik wurde Kinderarbeit erst 1960 verboten.

Bis in die Siebzigerjahre blieben die Erziehungsvorstellungen traditionell: Kinder sollten sich anpassen, auf ihre Eltern hören, die Bedürfnisse der Erwachsenen waren maßgeblich, nicht jene der Kinder, die vor allem nicht auffallen sollten. Auch körperliche Misshandlungen waren für viele Kinder Alltag.

Das Bild des Kindes begann sich zwar nach dem Zweiten Weltkrieg grundlegend zu wandeln – hatte es früher als Ausbund zerstörerischer Triebe gegolten, wurde jetzt sein in erster Linie liebes- und bindungsbedürftiges Wesen betont. Aber erst mit dem Wertewandel nach 1968 kamen liberale Erziehungsvorstellungen in der breiten Öffentlichkeit an. Seit 1983 war in der Bundesrepublik die körperliche Züchtigung von Kindern verboten (in der DDR schon 1949). Der neueste Trend ist die bedürfnisorientierte Erziehung, bei welcher die Eltern möglichst sensibel auf alle Signale ihres Kindes reagieren sollen. Und in Deutschland wird diskutiert, ob Kinderrechte im Grundgesetz verankert werden sollten.

Doch laut Unicef leben weltweit rund 330 Millionen Kinder in extremer Armut, das heißt von weniger als 2,15 Dollar am Tag. Einer Milliarde Kindern fehlen ausreichendes Essen und sauberes Wasser. Zahllose Kinder haben keinen Zugang zu Bildung, müssen arbeiten. Unzählige Mädchen werden mit einem in der Regel sehr viel älteren Mann zwangsverheiratet.

Mit Blick auf die Liste der Kriege und kriegerischen Konflikte rund um den Globus muss man feststellen: Ein gewaltfreies Aufwachsen ist in den vergangenen 500 Jahren seit Jakobs Heimaufenthalt in Bamberg nicht wahrscheinlicher geworden.

Zum Dank eine Schürze

Bauernleben Mägde und Knechte wohnten im Haushalt der Bauernschaft, aßen und arbeiteten mit ihnen, zählten zur Familie. Doch das Verhältnis zu den jungen Bediensteten war von Hierarchie geprägt.

Von Jasmin Lörchner

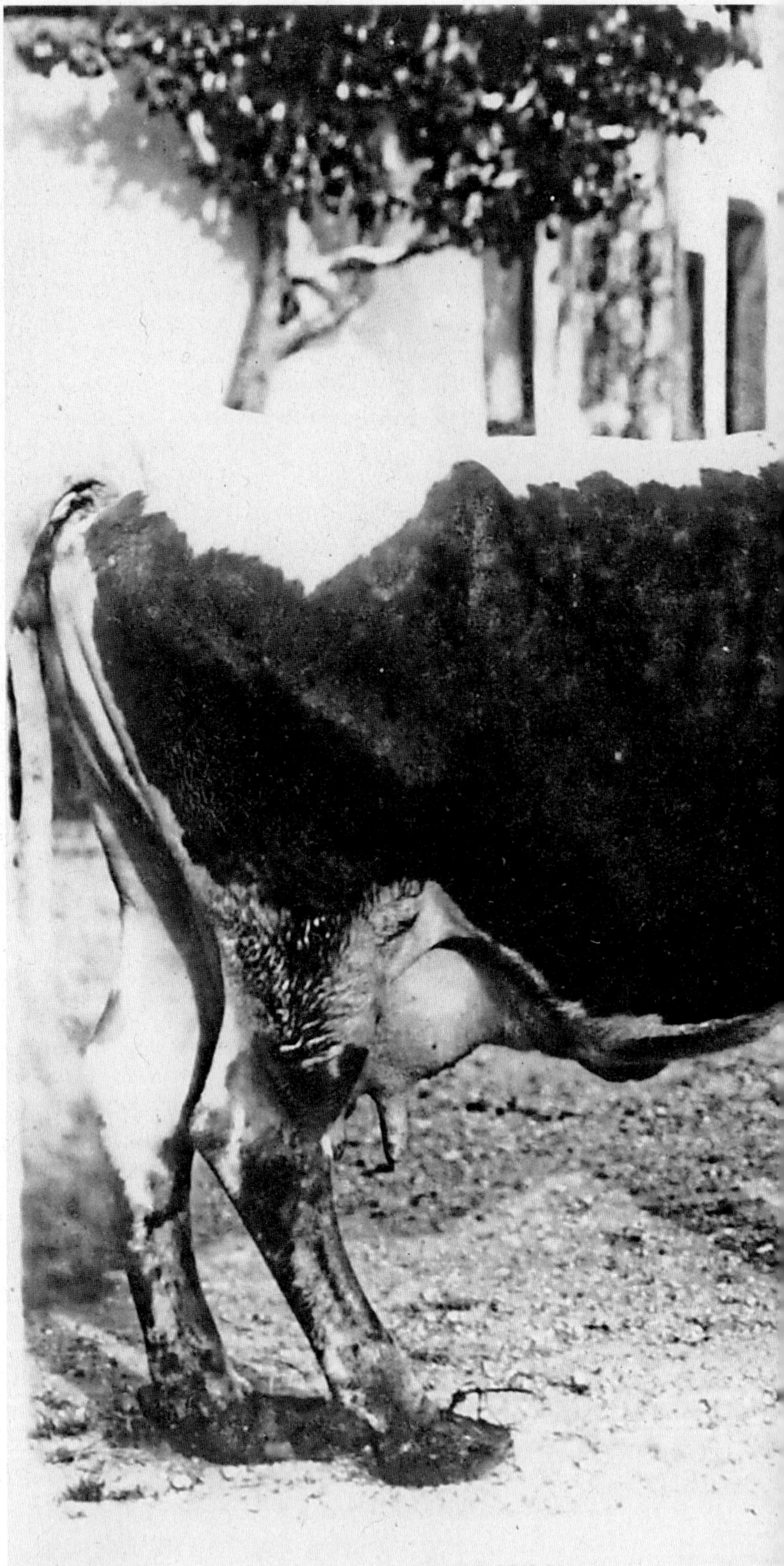

Meter um Meter rumpelte das Ochsengespann einer neuen Zukunft entgegen. Die 13-jährige Juliane saß neben ihrem neuen Dienstherrn, dem Ilgbauern, den Blick zurückgewandt, und sah ihr Elternhaus in der Ferne verschwinden. Juliane trat 1922 bei einem der größten Bauern in Laufen im Berchtesgadener Land ihren Gesindedienst als Magd an. Die Stelle hatten ihre

Magd Juliane und Schwester Katharina mit Kühen der Dienstherrschaft in Osing um 1925

Eltern ausgehandelt. Auch ihre ältere Schwester Katharina arbeitete bereits als Magd. Ihren Lebenslauf haben die Volkskundlerinnen Sieglinde Reif und Ariane Weidlich in einem Aufsatz rekonstruiert.

Gesindedienst war für viele Angehörige der ärmeren Landbevölkerung vor allem in der frühen Neuzeit vom 16. bis zum 19. Jahrhundert die einzige wirtschaftliche Perspektive. Aber noch bis Mitte des 20. Jahrhunderts gingen viele junge Leute wie Juliane – heute würde man eher von Teenagern sprechen – »in Dienst«.

Im Alter zwischen 15 und 29 Jahren, meist bis zu ihrer Hochzeit, dienten sie auf größeren Höfen als Mägde oder Knechte und arbeiteten Seite an Seite mit ihren Dienstherren. Im Gegenzug bekamen sie einen kleinen Lohn, wohnten auf dem Hof der Herrschaft und wurden von dieser verköstigt.

Dienstpersonal mit Pferden am Niederrhein um 1925:
Rechtlich war das Gesinde den Kindern des Bauernpaares gleichgestellt

Das Gesinde galt lange als Teil der häuslichen Gemeinschaft, wurde faktisch sogar zur erweiterten Familie gerechnet. Doch mittlerweile wissen Historiker und Volkskundlerinnen, dass dieser Eindruck täuscht. »Immer waren Hierarchie und Unterordnung bestimmend, und das System, das so sehr auf moralische Prinzipien und auf Fürsorge setzte, war doch nur durch persönliche Disziplinierung und durch staatliche oder obrigkeitliche Verordnungen aufrechtzuerhalten«, schreibt Historiker Herrmann Heidrich in »Mägde, Knechte, Landarbeiter: Arbeitskräfte in der Landwirtschaft in Süddeutschland«.

Von Beginn an waren die Dienstherren in einer Machtposition. Zwar war das soziale Gefälle zwischen Mägden, Knechten und den hofbesitzenden Bauern über Jahrhunderte hinweg nicht besonders groß. Doch gegen Ende des 19. Jahrhunderts war die Bauernschaft mehr und mehr darauf bedacht, sich vom Gesinde abzugrenzen.

Für Julianes Eltern war es eine wirtschaftliche Entlastung, das Mädchen in den Gesindedienst zu geben. Sie mussten zu Hause ein Kind weniger durchfüttern – hatten allerdings auch selbst eine Arbeitskraft weniger. Juliane lernte bei ihrer Herrschaft landwirtschaftliche Tätigkeiten und verdiente etwas Geld für ihre Aussteuer.

Sie half nun morgens, mittags und abends, die Kühe zu füttern. Juliane mistete den Stall aus und fuhr die Jauche mit einem Holzkarren weg. Sie streute neu ein, spaltete Holz zum Anschüren der Öfen im Haus und fegte die Stube.

Ein eigenes Zimmer hatte sie nicht. Nach ihren langen Arbeitstagen musste sich Juliane das Bett mit der Bäuerin teilen. Vielen Mägden und Knechten blieben nur solche eher provisorischen Schlafstätten. Die wenigen beheizten Stuben im Bauernhaus waren meist der Herrschaft vorbehalten, nur wenige Häuser hatten Platz für eine zusätzliche Schlafkammer im Wohnbereich.

Mägde mussten sich in dürftig ausgebauten, ungeheizten und zugigen Dachkammern oft zu zweit ein Bett teilen. Im Winter wachten sie mit Raureif oder gar einer Schneeschicht auf ihrem Bettzeug auf; bis zur Wende zum 20. Jahrhundert waren die Betten einfache hölzerne Schlafkästen mit Strohsäcken darin.

Knechte waren häufig in Kammern im Stall untergebracht oder in dessen unmittelbarer Nähe; die Verschläge waren spärlich eingerichtet: ein Kleiderschrank, eine Bank mit Waschschüssel, ein Haken für ein Handtuch, manchmal gab es Nachtschränkchen. So mancher Knecht schleppte den Stallgeruch in seiner Sonntagskleidung mit in die Kirche.

Es werde deutlich, so der Volkskundler Dietmar Sauermann über die Situation seit dem 19. Jahrhundert, »daß die Bauern ihren Mägden und vor allem ihren Knechten bis ins 20. Jahrhundert hinein einen Lebensstil zuwiesen, den sie selbst aufgegeben hatten«.

Die Rechtslage begünstigte dieses Verhalten. Seit dem 16. Jahrhundert regulierte die Obrigkeit in deutschen Landen den Dienst mithilfe von Gesindeverordnungen. Rechtlich wurde das Gesinde in etwa den Kindern des Bauernpaares gleichgestellt: Es hatte deren Anweisungen zu folgen und konnte sogar gezüchtigt werden. Allerdings fehlte zumeist die Fürsorge, die die Eltern ihren eigenen Kindern zukommen ließen.

Erst gegen Ende des 18. Jahrhunderts wurde das Züchtigungsrecht begrenzt, Dienstboten bekamen mehr Kündigungsrechte, und erste Regelungen verpflichteten die Dienstherren zur Fürsorge im Krankheitsfall. Mägden und Knechten drohte bis zur Abschaffung der Gesindeordnung im Jahr 1918 Strafen und sogar Zwangsmaßnahmen, wenn sie sich nicht an ihren Dienstvertrag hielten.

Die Rahmenbedingungen des Gesindevertrags waren in den Gesindeordnungen der jeweiligen Region vorgegeben und begünstigten meist die Dienstherren. Im bayerischen Hall waren noch 1840 als Pflichten des Gesindes definiert: »§ 38 Allen häuslichen Anordnungen und Einrichtungen der Herrschaft muß das Gesinde sich unterwerfen. § 39 Ohne Vorwissen und Genehmigung der Herrschaft darf sich das Gesinde, auch in eigenen Angelegenheiten, vom Hause nicht entfernen. § 41 Befehle, Ermahnungen, auch ernstliche Verweise der Herrschaft, muß das Gesinde mit Bescheidenheit annehmen.«

Juliane drohte zwar keine Züchtigung mehr, doch sie sehnte sich wohl so manches Mal auf den heimischen Hof zurück. Nicht nur weil das Mädchen ihre Eltern vermisste, sondern auch weil das Essen der Ilgbäuerin zum Weglaufen war, wie die einstige Magd später berichtete.

Weil Kost und Logis Teil der Entlohnung waren, war schlechtes Essen für Gesinde des 19. und 20. Jahrhunderts durchaus ein Kündigungsgrund. Auch schlechte Behandlung, sexuelle Belästigung oder einfach der Wunsch nach einer besseren Stelle bewogen Mägde oder Knechte, am Ende ihres meist einjährigen Vertrags zu einer neuen Dienstherrschaft zu wechseln.

Bauernfamilie und Gesinde aßen traditionell an einem Tisch mit Männern auf der einen, Frauen auf der anderen Seite, gestaffelt nach Rangordnung: von der Bauernfamilie über den ranghöchsten Knecht und die Großmagd hin zu den unerfahrensten und jüngsten Mitgliedern des Gesindes.

Je stärker sich die Bauernfamilie jedoch am bürgerlichen Ideal orientierte, umso mehr schloss sie das Gesinde aus. Im 19. Jahrhundert aß die Familie getrennt von den Mägden und Knechten. Manche Bauersfrau brutzelte nun auch feinere Speisen für die Familie und einfachere Mahlzeiten für das Gesinde.

Hatte man sich zuvor im bäuerlichen Milieu geduzt, forderten manche Bauern nun die Anrede mit »Sie« oder »Herr« und »Frau« nach bürgerlichem Vorbild. Sie selbst jedoch duzten das Gesinde und sprachen es beim Vornamen an. Manchmal vergaben sie sogar neue Vornamen an die Mägde und Knechte.

Die soziale Abgrenzung zeigte sich nun auch im Haus: Teilten sich Dienstherrschaft und Gesinde lange Zeit die beheizte Stube in den Abendstunden nach vollbrachter Arbeit, wurden schließlich einstige Spinnstuben zu »Gesindestuben« umfunktioniert, Aufenthaltsräumen für Mägde und Knechte, in die Mitglieder der Bauernfamilie keinen Fuß mehr setzten. Auch die landwirtschaftlichen Arbeiten überließen die Bauern mehr und mehr ihren Dienstleuten.

Den Lohn gab es jeweils am Ende des Jahres, gestaffelt nach Dienstalter und Rangstufe. Erst im 20. Jahrhundert etablierte sich ein Wochen- oder Monatslohn. Zusätzlich gab es Naturalien wie Kleidung, Stoffe oder Schuhe. Juliane bekam nach ihrem ersten Dienstjahr eine Schürze überreicht.

Obwohl sie körperlich schwer arbeitete, erhielt sie wie alle Frauen einen niedrigeren Lohn als die Männer. Als Magd konnte sie 1925 in Bayern mit einem Lohn zwischen 205 und 234 Reichsmark pro Jahr rechnen. Knechte hingegen verdienten zwischen 269 und 304 Reichsmark.

Im zweiten Jahr ihrer Dienstzeit übertrug der Ilgbauer dem heranwachsenden Mädchen zusätzliche Pflichten. Nun musste Juliane auch Kühe melken und bei der Feldarbeit zur Hand gehen. Ob ihr diese Arbeiten gefielen? Ob sie lieber andere Tätigkeiten verrichtet hätte? Danach fragte damals niemand. Als jüngste Magd stand sie in der Hierarchie auf dem Hof weit unten.

Manche Bauern vergaben sogar neue Vornamen an die Mägde und Knechte.

Das höchste Ansehen genossen der Erstknecht und die Erstmagd oder Großmagd. Der erste und zweite Knecht versorgten die Pferde im Stall, sie hielten die Pferdegespanne fahrtüchtig und kutschierten die Bauernfamilie. Die Erstmagd half der Bäuerin bei der Hausarbeit, arbeitete auf dem Feld und leistete Vorarbeiten im Stall. Die zweite Magd fütterte die Kühe im Stall und molk die Tiere, die dritte Magd und der dritte Knecht führten Hilfs- und Hütearbeiten aus.

»Je größer der Hof war und je mehr familienfremde Arbeitskräfte auf ihm beschäftigt waren, umso ausgeprägter war die Differenzierung der Tätigkeitsbereiche und umso strenger war die Gesindehierarchie durchgebildet«, so Heidrich. Auf manchen Höfen zeigte sich die Rangordnung sogar auf dem Weg zur Arbeit, wenn das Gesinde, angeführt vom Erstknecht, zum Feld ritt.

Der Erst- oder Großknecht übernahm im 19. Jahrhundert sogar »nach und nach ein Teil der brauchtümlichen Verpflichtungen des Hausherrn: z. B. das Schneiden des Brotes, das Wecken des Gesindes und der Bauernfamilie, das Fahren des Hochzeits- oder Totenwagens usw.«, so beschreibt es Sauermann. Aus dem Großknecht wurde der »Verwalter« des Hofs; er nahm eine Art Vermittlerrolle zwischen dem Besitzer und den Arbeitskräften ein und konnte weitgehend selbstständig handeln.

Juliane wurde am Ende ihres zweiten Dienstjahres zusätzlich mit einem Leinenhemd entlohnt. Das Mädchen schätzte seine Besitztümer hoch und lagerte sie mit dem Rest der wenigen Habe in seinem »Kasten«: einem Schrank, der all sein Eigentum enthielt. Der Ilgbauer hatte ihn zu Beginn ihrer Dienstzeit auf dem Ochsenkarren von Julianes Elternhaus zu seinem Hof transportiert und dort in einer Kammer über der Küche aufgestellt.

Julianes einziges Möbelstück fuhr auch wieder mit, als sie Mitte der Zwanzigerjahre den Ilgbauern verließ, um eine neue Stelle anzutreten. Den Vertrag mit ihrem neuen Dienstherrn hatte sie sehr wahrscheinlich mündlich ausgemacht und per Handschlag besiegelt.

Arbeitsuchende auf Jahrmarkt in der Eifel, bei dem auch Gesinde vermittelt wurde, um 1930: Freie Tage nur beim Stellenwechsel

»Der Gesindevertrag wurde schon deshalb, weil die Beteiligten meist Analphabeten waren, regelmäßig mündlich geschlossen«, so schreibt Historikerin Sibylle Hofer. Bei Vertragsabschluss bekam Juliane von ihrem neuen Dienstherrn ein »Drangeld« (je nach Region auch Mietgeld, Hälftelgeld, Handkauf genannt), das sie zurückzahlen musste, wenn sie ihren Dienst nicht antrat oder vorzeitig beendete.

In ihrer neuen Anstellung auf einem Einödhof in Osing bei Laufen diente die nun 16-jährige Juliane als Magd mit ihrer Schwester Katharina, die ihr die Stelle vermittelt hatte. Auf dem Hof arbeiteten neben dem Bauernpaar ein Rossknecht, zwei weitere Knechte, zwei Mägde und der »Schofbua«, der die Schafe auf der Wiese beaufsichtigte. Bei der Hausarbeit half die Schwester des Bauern, sie wusch und putzte.

Die vielen Arbeitskräfte reichten zur Erntezeit dennoch nicht aus, um all die Arbeiten der Saison zu verrichten: Rüben hacken, Unkraut jäten, Gartenbeete abernten, Obst und Gemüse konservieren und bei der Heu- und Getreideernte mithelfen. Julianes Arbeitstage verlängerten sich von 14 Stunden im Winter auf bis zu 17 Stunden.

Auch nach der Arbeit war keine Zeit für Müßiggang, denn dann mussten Kleidungsstücke ausgebessert oder Näharbeiten für die eigene Aussteuer verrichtet werden. Nur an wenigen Tagen wie Mariä Himmelfahrt oder Michaeli am 29. September hatte das Gesinde kürzere Arbeitstage.

Frei hatten sie lediglich während der »Schlenkeltage« vor dem Wechsel der Arbeitsstätte um Lichtmeß am 2. Februar. An diesen wenigen Tagen fanden sich die Mägde und Knechte zusammen, um gemeinsam zu feiern.

So mancher nutzte die Gunst der Stunde auch, um mit Scherzen oder Reimen ein bisschen Dampf über die Herrschaft abzulassen, etwa in Form einer Beschwerde über das schlechte Essen.

Bei aller unterhaltsamen Kritik: Die Bedingungen für das Gesinde hatten sich zur Jahrhundertwende bereits zum Positiven verändert. Die industrielle Revolution hatte in der zweiten Hälfte des 19. Jahrhunderts eine solche Landflucht ausgelöst, dass Bauern sich gezwungen sahen, die Arbeitskonditionen zu verbessern, um überhaupt noch Arbeitskräfte zu finden. Die Löhne stiegen, und das Gesinde bekam nun zu besonderen Anlässen auch kleine Geschenke.

Doch noch Mitte der Zwanzigerjahre arbeitete in Julianes Heimatregion, wie ähnlich wohl auch in anderen besonders ländlich geprägten Gegenden, ein Drittel der erwerbstätigen Frauen als Magd. Ihre einzige andere berufliche Perspektive vor Ort war eine Spankorbfabrik.

Juliane wechselte schließlich in den Gesindedienst zu einem Viehbauern, wo sie auch im Haushalt arbeiten und kochen musste. Auf dem neuen Hof verliebte sie sich in einen Knecht, den sie nach vier Jahren heiratete.

Den Sohn eines Dienstherrn zu heiraten wäre für die Magd kaum möglich gewesen. Ehen zwischen Herrschaft und Gesinde waren von der Bauernschaft unerwünscht.

»Da paßten die Eltern und Verwandten schon für auf. Das war doch keine ›gute‹ Partie für sie. Mir sind aber andere Fälle von einst bekannt, wo ein Bauernsohn eine Magd heiratete. Darunter hat aber das Ansehen erheblich gelitten. Man ließ die Familien merklich links liegen, die Frauen waren kaum im Kreise der Bäuerinnen zu finden, und wenn einmal, etwa bei Beerdigungen, dann wurden sie möglichst übersehen«, berichtete die Angehörige einer Bauernfamilie.

Wie für die meisten Mägde und Knechte bedeutete die Heirat für Juliane und ihren Mann das Ausscheiden aus dem Gesindedienst. Viele hegten den Traum von einem eigenen Hof, Juliane und ihr Mann konnten ihn sich tatsächlich erfüllen.

Doch mit Ausbruch des Zweiten Weltkriegs musste Julianes Ehemann an die Front und fiel dort. Als Kriegswitwe musste sie Haus-, Stall- und Feldarbeit nun allein bewältigen, während sie ihr Kind großzog. Julianes Pensum war nun noch intensiver, als es einst ihr Gesindedienst gewesen war.

Die Windsors

Unstandesgemäße Verbindung

WIE ALLES ANFING
Edward VII. war 1901 der erste Angehörige des deutschen Adelshauses Sachsen-Coburg und Gotha, der den britischen Thron bestieg. Er entstammte der Ehe zwischen Königin Victoria (Haus Hannover) und ihrem deutschen Cousin, Albert von Sachsen-Coburg und Gotha. Kaum zwei Dekaden nach der Thronbesteigung entschieden sich die nachfolgenden Royals dafür, ihren Markennamen zu überarbeiten: Nachdem die Deutschen im Ersten Weltkrieg London bombardiert hatten, wollte man im Buckingham Palace die britischen Untertanen nicht mehr länger mit dem eigenen Nachnamen täglich an die deutsche Abstammung erinnern. Seit 1917 nennt sich die Linie der britischen Monarchen deshalb Windsor.

WAS HINTER DEN KULISSEN PASSIERTE
Der Enkel und Namensvetter von Edward VII. stürzte das Vereinigte Königreich 1936 in eine Verfassungskrise. Erst sorgte er mit mangelndem Respekt für die Traditionen der Monarchie für Naserümpfen. Sogar sein Vater, König George V., zweifelte an der Tauglichkeit des Sohnes als Thronfolger. Dann bandelte Edward VIII., einer der begehrtesten Junggesellen Europas, mit der zweimal geschiedenen Amerikanerin Wallis Simpson an. Kaum als König proklamiert, wollte er Simpson heiraten und zur Königin machen. Das war zu viel für Britanniens Kirche und Politik. Die Church of England gestattete keine Wiederheirat von Geschiedenen, wenn der frühere Ehepartner noch lebte. Die Berater des Königs, seine Familie und die Regierung rieten ihm von der Hochzeit ab. Für das Volk wäre eine zweimal geschiedene Königin, noch dazu eine gebürtige Amerikanerin, schlichtweg undenkbar. Edward VIII. schmiss lieber die Krone hin, als die Frau aufzugeben. Am 10. Dezember 1936 dankte er als König ab. Sein jüngerer Bruder Prinz Albert folgte ihm als George VI. auf den Thron. Edward heiratete Wallis Simpson 1937.

WIE ES WEITERGING
Die royale Familie verweigerte Simpson die Anrede »Ihre Königliche Hoheit«. Aus dem Exil in Frankreich bescherten der Ex-König und seine Angetraute den Windsors wiederholt Ärger: Simpson wurde eine Affäre mit dem Nazi-Diplomaten Joachim von Ribbentrop nachgesagt, das Paar ließ sich bei einem Deutschland-Besuch für die nationalsozialistische Propaganda einspannen. Jahrzehnte später schien sich die Geschichte zu wiederholen, aber mit anderem Ausgang: Prinz Charles (heute König Charles) musste jahrelang warten, bevor er 2005 in zweiter Ehe die geschiedene Camilla Parker Bowles heiraten konnte. 2020 traten Prinz Harry und seine Frau Meghan von ihren royalen Pflichten zurück. Das Volk hat den Schritt offenbar akzeptiert.

DOKUMENTE DES MISSTRAUENS

Blick über den Schwarzwald bei Elzach

Generationenvertrag Die Absicherung fürs Alter war Familiensache, oft gab es Streit darum. Auf Bauernhöfen im Schwarzwald ließen sich die Altbauern die Unterstützung ihrer Erben schriftlich zusichern.

Von Benno Stieber

Bei der Übergabe des Muchen-Hofs im Schwarzwald 1856 schlossen Eltern und Tochter einen Generationenvertrag: »Marianna Muchenberger nimmt ihre Eltern die Ludwig Muchenberger Eheleute für ihre ganze Lebenszeit in das ihr heute übertragene Haus auf und räumt denselben, die ob der Stuben zur ausschließlichen Benützung ein. Platz im Keller zur Aufbewahrung ihrer Bedürfnisse, die freie Mitbenutzung der Küche nebst Berechtigung aller übrigen Räume so sie bedürfen«, stand darin.

Die Tochter, so hatten sich die Parteien geeinigt, »besorgt das Weißeln und sonstige Ausbesserungen, desgleichen besorgt sie das Waschen des Weißzeugs, Kleidung, Holz und Licht sowie Kost nach Bedürfnissen«.

Der Übergabevertrag war für die alten Muchenbergers so etwas wie ihre Rentenversicherung. Er regelte das Altenteil, in der Region »Leibgeding« genannt: die Naturalleistungen für die ältere Generation. Und schlüsselte auf, was die Tochter den Eltern fortan schuldete. In manchen Verträgen von Hofübergaben finden sich exakte Mengenangaben, wie viel Fleisch welcher Sorte den Alten zu welchen Zeiten im Jahr zusteht, wie viel Holz und Milch pro Woche, oder es wird der Zugang zum Brunnen geregelt.

Bewohner eines Schwarzwaldhofs in Oberwolfach um 1900: Vertrag als Rentenversicherung

Dass Bauern den Hof an die Tochter übergaben, war in der Region nichts Ungewöhnliches. Die Muchenbergers hatten sechs Kinder. Die älteste Tochter war bald nach der Geburt gestorben, der jüngste Sohn ging als Heizer ins nahe Freiburg. Deshalb übertrugen die Muchenbergers das Anwesen am 28. Februar 1856 in der Tradition des Anerbenrechts, das im Schwarzwald galt, an die älteste ledige Tochter Marianna.

Altersversorgung war über Jahrtausende Privatsache. Auch in Kulturen mit einem hoch entwickelten Gemeinwesen, wie etwa dem antiken Griechenland. Die Athener schätzten zwar die Weisheit der Alten, doch ihre Versorgung und Pflege waren Aufgabe der Frauen in der Familie.

Erst mit der Verbreitung des christlichen Caritasgedankens wurden im Mittelalter öffentliche Hospitäler eingerichtet, wie das Hotel Dieu im französischen Beaune, das man heute noch besichtigen kann. Dort pflegten Nonnen alleinstehende Alte bis zu derem – oft baldigen – Tod. Denn echte medizinische Versorgung gab es dort nur selten.

Auch in den deutschen Ländern des 19. Jahrhunderts blieb Altenversorgung eine private Aufgabe. Wer nicht von seinen Angehörigen versorgt werden konnte, musste von der Gemeinde in Armenhäusern durchgebracht werden. Deshalb hatten die Behörden ein Interesse daran, dass Hofübergaben möglichst reibungslos funktionierten.

Die Regelungen für die Versorgung der älteren Generation waren dabei regional so unterschiedlich wie das Erbrecht. Im Schwäbischen beispielsweise hatten Waisengerichte dafür zu sorgen, dass sich die Eltern bei der Hofübergabe mindestens so viel Vermögen oder Leibrente vorbehielten, dass sie über die Runden kamen. Die Obrigkeit achtete auf mögliche Folgen der getroffenen Regelungen.

Deshalb empfahl ein Rechtsratgeber von 1876: Weil bei einem lang andauernden Leibgeding »vielfach Hass und Streit zwischen den Kindern und Eltern entstehen«, sollten die Teilungsbehörden darauf achten, dass Höfe nicht zu früh an die nächste Generation übergeben werden.

So romantisch, wie es der badische Landpfarrer und Schriftsteller Heinrich Hansjakob im 19. Jahrhundert beschrieben hat, war das Zusammenleben der Generationen auf den Höfen wohl nur selten: »Dem Alten liefern nach seiner Auswahl die besten Kühe die tägliche Milch, die schönsten Schafe die Wolle. Butter, Speck und Hafer trägt ihm der Jungbur in bestimmten reichlichen Qualitäten ins Leibgedinghaus.«

Die wenigsten Höfe lebten derart im Überfluss. Und der Interessengegensatz zwischen Jung und Alt war offensichtlich: Die Alten wollten ihren Besitz so spät wie möglich abgeben, die Jungen so bald wie möglich darüber bestimmen. Das Verhältnis zwischen den Familienmitgliedern war von materiellen Themen geprägt, die oft zu Konflikten führten. Die entscheidende Frage war: Reichten die Ernteerträge für alle Generationen, auch wenn der Altbauer und seine Frau nicht mehr oder nur noch eingeschränkt mit anpacken konnten?

Üblicherweise galt auf Höfen die Regel, dass nur zu essen bekommt, wer auch arbeitet – für Familienangehörige wie für Knechte. Nur das Altenteil bildete eine Ausnahme. Und je länger die Alten lebten, desto größer wurden oft die Spannungen. Deshalb lesen sich viele Übergabeverträge wie Dokumente des Misstrauens.

So behielt sich die Altbäuerin Anna Maria Walter im schwäbischen Kiebingen 1818 von ihren Kindern nicht nur die Abgaben an jährlichen Naturalien wie ein Scheffel Dinkel und ein halbes Klafter Holz vor, sie legte vertraglich auch fest, dass sie die ganze Hofübergabe wieder rückgängig machen konnte, falls »eins oder das andere sie lieblos behandele, ja sogar mißhandle, oder aber das Leibgeding nicht abrichte«, also die Lieferungen schuldig blieb.

Nicht jeder hatte dieses Druckmittel. So notierte der Ortsschreiber von Kirchentellingsfurt zwischen Tübingen und Reutlingen zum Tod von Margaretha Bahnmüller im Jahr 1861, dass die Erben ihre Pflichten ignorierten und »es hat vielmehr die Verstorbene ihr Leben einzig der Unterstützung ihres in Rottweil in guten ökonomischen Verhältnissen lebenden Sohnes gefristet«.

Räumlicher Abstand konnte helfen, Konflikte zu reduzieren – man konnte sich dann buchstäblich aus dem Weg

Aufnahmen vom Leibgedinghaus im Museum Vogtsbauernhof Gutach

gehen. Aber nur reiche Anwesen besaßen ein eigenes Leibgedinghaus, in das das Altbauernpaar nach der Hofübergabe ziehen konnte. Das Häuschen abseits des Hauptgebäudes, das man im Freilichtmuseum Vogtsbauernhof im Kinzigtal heute sehen kann, verfügt über Stube, Küche und Stall. Manchmal gehörte zu diesem Altenteil ein kleiner Acker, sodass sich das Altbauernpaar teilweise selbst versorgen konnte, solange es dazu in der Lage war.

Viel häufiger wurden die Wohnräume für das Leibgeding detailliert aufgeteilt. So verlangte der Vertrag vom 28. Januar 1800 des Bauern Philipp Ketterer und seiner Frau Julia in Langenbach im Südschwarzwald von den Hoferben »das Recht auf dem Gang in der Kuchel (*Küche* –Red.), Plaz in dem Keller, die Erdepfel und Rüben zu legen wie auch Plaz in dem Stall die Kuh und Gaiß zu stellen«.

In mancher Hofküche gab es für die Alten eine Feuerstelle. Wer einen eigenen Herd hatte, war nicht darauf angewiesen, dass für ihn oder sie gekocht wurde.

Auf dem Gebiet des heutigen Baden-Württemberg galten zwei Erbregelungen. In Schwaben wurden Hof und Land zu gleichen Teilen an die Nachkommen aufgeteilt – die Realteilung. Der Nachteil: Mit jeder Generation wurde der Besitz kleiner, es wurde immer schwieriger, die Familie mit dem ererbten Land zu ernähren. In vielen Teilen von Baden und vor allem im Schwarzwald galt das Anerbenrecht: Hier erbte der jüngste Sohn oder, wie bei den Muchenbergers, die älteste ledige Tochter alles.

Der Hof wurde meist übergeben, wenn der Altbauer das 60. Lebensjahr erreicht hatte, seine körperlichen Kräfte nachließen und der jüngste Sohn im heiratsfähigen Alter war. Die älteren Brüder konnten bis dahin in andere Höfe einheiraten oder ein Gewerbe lernen. Der Hoferbe musste seine Geschwister abfinden, wenn auch meist unter dem Realwert der Ländereien, und sich um die Eltern kümmern.

Dieses Anerbenrecht war sehr pragmatisch auf einen dauerhaft funktionsfähigen Hof ausgerichtet. Auch die Variante, das Erbe an die älteste – nicht etwa an die jüngste – unverheiratete Tochter zu übergeben, folgte der Logik der Heiratspolitik: Die Heiratschancen der älteren Tochter konnte man mit einem Hof als Mitgift deutlich steigern.

Nach Ansicht von Historikern hat sich diese Form des Erbens aus dem germanischen Recht entwickelt. Damals führten die Erben, vertreten durch den ältesten Bruder, einen Hof meist gemeinsam weiter. Später, in der Frühen Neuzeit, finden sich Gesetzestexte, wie das Dingrodel des Klosters St. Peter im Schwarzwald, die bestimmen, dass Höfe nicht »zergengt« – also geteilt – werden sollen.

Das Anerbenrecht hielt sich flächendeckend als Gewohnheitsrecht im Schwarzwald, obwohl das Gebiet zu unterschiedlichen Fürstentümern gehörte. Die Behörden bekämpften es immer wieder. Denn es widersprach der Rechtsauffassung, die aus dem römischen Recht abgeleitet war und Formen der Realteilung des Erbes vorsah. Erst 1808 fand das Anerbenrecht für geschlossene Höfe Eingang in das Gesetzbuch des Großherzogtums Baden. Bis zum Jahr 2000 war es in Baden-Württemberg rechtlich verankert als eine Variante, wie Höfe vererbt werden konnten.

In Schwaben, wo die Realteilung galt, wurden bei der Hofübergabe lange Inventarlisten erstellt mit sämtlichem Besitz vom Bettzeug über die Metallfeile bis zum Kinderbuch, damit es gerecht zugehe. Die Folge: eine teilweise absurde Zersplitterung von Höfen. Das Anerbe im Schwarzwald sicherte die kontinuierliche Bewirtschaftung von Hof und Feldern. Große Teile des Hausstands blieben über Generationen in der Familie oder wurden, wenn Nachkommen fehlten, als Ganzes verkauft oder getauscht.

Leibgedinghaus im Museum Vogtsbauernhof Gutach: Zugang zum Brunnen geregelt

Mag die Realteilung zu mehr sozialer Gerechtigkeit in Familie und Dorf geführt haben, wie Historikerin Christel Köhle-Hezinger schreibt, das Anerbenrecht sicherte der nächsten Generation einen Hof, der genug abwarf, um davon zu leben.

Die sozialen Auswirkungen sind bis heute spürbar. Die nicht erbberechtigten Söhne erlernten oft ein Handwerk. Im Schwarzwald entstand so im 19. Jahrhundert parallel zur Landwirtschaft mit der Uhrenindustrie ein mittelständisches Unternehmertum – die Wurzeln der dezentralen Industriestruktur im Südwesten. Andere suchten ihr Glück in Amerika: Viele, die früh in die Neue Welt auswanderten, kamen aus Baden.

Mit der Industrialisierung zog es die Bauernsöhne und manche Tochter etwas später dann vor allem in die Industrieregionen wie das Ruhrgebiet. Dort ließ sich gut Geld verdienen, in manchen Unternehmen sicherten bereits Betriebsrenten die Altersvorsorge der Beschäftigten. Doch anders als ihre Geschwister, die einen Hof geerbt hatten, war das Heer der Arbeiter im Alter nicht versorgt.

Das änderte sich, als Reichskanzler Otto von Bismarck ab 1889 die erste staatliche Rentenversicherung einführte. Er verband damit die Hoffnung, den Sozialdemokraten politisch das Wasser abgraben zu können. Die staatliche Rente galt zunächst nur für Arbeiter und wurde erst ab dem 70. Lebensjahr ausgezahlt, das damals kaum einer der hart arbeitenden Menschen erreichte. Sie war eher eine Art Zulage für das Alter als ein Ersatz für den Lohn. Wer nicht selbst vorgesorgt hatte, dem drohte im Alter trotzdem Armut.

Die bäuerliche Bevölkerung bekommt in Westdeutschland erst seit 1957 eine staatliche Rente. Bis heute werden auf Höfen Leibgedinge vereinbart, meist in Form von Geld und Wohnrecht, sie ergänzen die gesetzliche Rente.

Die alten Leibgedinghäuser werden heute oft an Touristen vermietet.

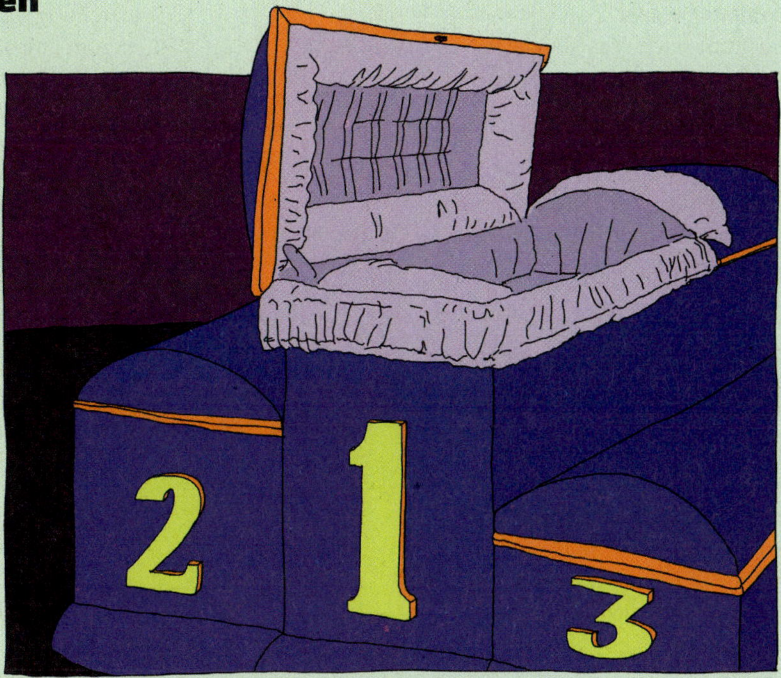

WIE ALLES ANFING
Die Kennedys sind die amerikanische Politdynastie schlechthin. Mitte des 19. Jahrhunderts floh der Ire Patrick Kennedy vor der Hungersnot in seinem Heimatland in die USA, wo er auf eine bessere Zukunft hoffte. Zwei Generationen später legte Patriarch Joseph P. Kennedy mit teilweise zwielichtigen Geschäften und einem weitverzweigten Netzwerk den Grundstein für wirtschaftlichen Wohlstand und die politische Bedeutung der Familie. Kennedy senior schaffte es selbst zum Diplomaten und diente von 1938 bis 1940 als US-Botschafter in Großbritannien. Seine Söhne Joseph Patrick, John Fitzgerald, Robert Francis und Edward Moore Kennedy prägten die amerikanische Politik des 20. Jahrhunderts nachhaltig.

Die Kennedys

Todesserie

WAS HINTER DEN KULISSEN PASSIERTE
Nachdem der älteste Sohn Joseph Patrick 1944 im Zweiten Weltkrieg ums Leben gekommen war, avancierte der Zweitgeborene zum Hoffnungsträger des Vaters. John Fitzgerald Kennedy (JFK) brachte es zum US-Präsidenten, seine Ermordung erschütterte 1963 die Welt. Robert »Bobby« Kennedy diente als US-Justizminister in der Regierung seines Bruders und wollte als Senator selbst ins Oval Office, doch auch er wurde 1968 Opfer eines Attentäters. Edward »Ted« Kennedy hatte JFK einst im Wahlkampf unterstützt und zog 1962 für den US-Bundesstaat Massachusetts in den Senat ein. Doch ein Unfall machte ihm 1969 einen weiteren politischen Aufstieg unmöglich: Kennedy verlor nach einer Party – womöglich alkoholisiert – die Kontrolle über seinen Wagen und stürzte von einer Brücke in einen Kanal. Er konnte sich aus dem Fahrzeug retten, die 28-jährige Wahlkampfhelferin Mary Jo Kopechne blieb im Wagen zurück und ertrank. Statt Hilfe zu holen, wartete Kennedy zehn Stunden, bevor er die Polizei alarmierte. Kennedy gab zu, Fahrerflucht begangen zu haben, und zahlte der Familie von Mary Jo Kopechne eine Entschädigung. Er erhielt eine zweimonatige Haftstrafe auf Bewährung – damit war die letzte Chance vertan, dass es noch ein Kennedy-Bruder ins höchste Amt der USA schaffen könnte.

WIE ES WEITERGING
Zum Mythos machten die Kennedys vor allem drei Frauen: Mutter Rose, John F. Kennedys Witwe Jackie und seine Tochter Caroline. Insbesondere Jackie inszenierte die politische Blütezeit der Kennedys und das Weiße Haus mit prominenten Gästen als »Camelot«, als Märchenschloss, eine Anspielung auf die Sage von König Artus und seine Tafelrunde. Bis heute steht der Name Kennedy für Glamour und Polit-Ambitionen. Zuletzt trat Robert F. Kennedy Jr. als parteiloser Kandidat bei den US-Präsidentschaftswahlen an – er hätte Onkel JFK und Daddy Robert mit seinen Positionen als Impfgegner und Verschwörungstheoretiker aber wohl wenig Freude bereitet. RFK Junior gab im August seine Kandidatur auf – und rief seine Unterstützer auf, Donald Trump zu wählen. Ausgerechnet.

Nur die Mutter zählt

Abstammungsprinzip

Die Zugehörigkeit zum Judentum wird traditionell in weiblicher Linie weitergegeben: Wer eine jüdische Mutter hat, ist jüdisch. Das war nicht immer so. Und mit einer Besserstellung von Frauen hat es nichts zu tun.

Von Solveig Grothe

Auf den ersten Blick wirkt der Umstand modern, fortschrittlich, geradezu feministisch: Die Zugehörigkeit zum Judentum bestimmt sich traditionell durch das Mutterprinzip. Kinder sind jüdisch, wenn sie von einer jüdischen Frau geboren wurden – unabhängig vom Status des Vaters. Es klingt nach besonderer Wertschätzung der Mütter.

Das Prinzip, das heute nur in wenigen ethnischen Gemeinschaften gilt, existiert im Judentum bereits seit Jahrhunderten. Doch bei seiner Einführung ging es nicht um eine Besserstellung von Frauen – sondern die Sicherung des Fortbestands des jüdischen Volkes.

Die heiligen Schriften des Judentums definieren die Zugehörigkeit zum Volk Israel eigentlich über die väterliche Linie. Erst im 2. Jahrhundert unserer Zeitrechnung begann eine Uminterpretation.

Nach der Zerstörung ihres Tempels in Jerusalem im Jahr 70 n. Chr. lebten die Juden verstreut im Römischen Reich. Das alte Ritual, männlichen Nachkommen acht Tage nach der Geburt die Penisvorhaut zu entfernen, blieb für sie ein Zeichen ihrer Verbundenheit; nicht nur als Religionsgemeinschaft, sondern auch im Bund mit Gott, der sie nach ihrem Verständnis zum auserwählten Volk gemacht hatte.

In den Jahrhunderten zuvor war die Beschneidung bei Männern auch von anderen Volksgruppen praktiziert worden; die Ägypter etwa kannten sie als Initiationsritus kurz vor der Pubertät.

Die Griechen und Römer hielten den Brauch nun allerdings für unkultiviert. Sie differenzierten dabei auch nicht zwischen verschiedenen Eingriffen an den Genitalien, der Beschneidung und der Kastration, also der Entfernung der Hoden.

Als im 1. Jahrhundert die Kastration von Sklaven um sich griff, verschärfte Roms Kaiser Hadrian (76 bis 138) Strafen gegen alle, die solche Operationen ermöglichten. Sowohl den Chirurgen als auch jenen, die zu dem Eingriff bereit waren, drohte die Todesstrafe.

Der kaiserliche Erlass beschrieb die »genitale Verstümmelung« bewusst so, dass sie die Beschneidung mit einschloss, wie der Historiker Joseph Mélèze-Modrzejewski feststellte. Im Gesetzestext war von »aus- oder abschneiden« die Rede. Auch die Entfernung der Vorhaut galt demnach als eine Form der Kastration. Das jüdische Ritual war fortan verboten.

Für Juden und Ägypter sei dies eine Katastrophe gewesen, schreibt Mélèze-Modrzejewski, denn das Edikt Hadrians hätte eine elementare Praxis beider Völker für unzulässig erklärt: Bei den Juden war die Beschneidung das Zeichen ihres Bundes, bei den Ägyptern Voraussetzung für die Ausübung des Priesteramtes.

Protest ließ nicht lange auf sich warten. Doch während die Ägypter rasch eine Ausnahmegenehmigung erhielten, bekamen die Juden erst um 150 n. Chr. die Erlaubnis zur Beschneidung jüdischer Jungen.

Eine Beschneidung Erwachsener aber blieb verboten. Konversionen von Männern zum Judentum waren dadurch offiziell nicht mehr möglich.

Mit den römisch-jüdischen Kriegen (in den Jahren 66 bis 70 und 132 bis 135) wurde das zum Problem, so Mélèze-Modrzejewski. Viele jüdische Männer fielen in den Kämpfen, unverheiratete Frauen und Witwen fanden keine Partner innerhalb des jüdischen Volkes mehr.

Wollte man keine Vielweiberei einführen, mussten jüdische Frauen Verbindungen mit Nichtjuden eingehen. Doch die konnten wegen der neuen römischen Gesetze ja nicht mehr konvertieren – weder sie noch ihre Kinder waren mithin jüdisch. Deshalb änderte man das jüdische Familienrecht und wechselte auf die weibliche Abstammungslinie. So konnten auch Kinder aus Beziehungen mit Nichtjuden zum Judentum gehören, so Mélèze-Modrzejewski.

Das Prinzip gilt nun seit über 1800 Jahren. Und es hat immer noch ganz praktische Auswirkungen, etwa in Israel.

Jüdische Familie beim Laubhüttenfest in Jerusalem (undatiertes Foto)

Das 1950 beschlossene sogenannte Rückkehrgesetz etwa ermöglicht allen Jüdinnen und Juden die israelische Staatsbürgerschaft und bestimmte Sozialleistungen.

Problematisch wurde dies mit einer größeren Einwanderungswelle Ende der Achtzigerjahre aus der Sowjetunion. Denn die dortigen staatlichen Behörden verzeichneten die Zugehörigkeit zum Judentum gemäß der väterlichen Abstammung. Die sogenannten Vaterjuden, die keine jüdische Mutter hatten, durften zwar nach Israel auswandern, waren dort aber verpflichtet, Wehrdienst zu leisten, und galten nach jüdischem Recht nicht als jüdisch. So konnten sie dort nicht nach jüdischem Ritus bestattet werden oder heiraten – bis heute.

In den USA beschloss die Union des Reformjudentums 1983 eine »Resolution zur patrilinearen Abstammung«, die auch »Vaterjuden« den Eintritt in die Gemeinden ermöglicht. Liberale jüdische Bewegungen in Großbritannien orientieren sich ebenfalls am amerikanischen Beispiel.

Die Auslegung des Mutterprinzips wird künftig weiter herausgefordert, etwa durch die Reproduktionsmedizin, wie die Kulturwissenschaftlerin Christina von Braun meint. Nach traditionellem Gesetz sei eine Mutter »die Frau, die das Kind geboren hat«. Der Staat Israel fördert Reproduktionstechniken, bei denen Eizellen bei einer Leihmutter eingesetzt werden. Rabbiner dürften deshalb bald gezwungen sein, sich mit der Definition von »Mutter« auseinanderzusetzen.

Vom Polit-Olymp in die Klatsch-presse

Reparaturarbeiten am Bismarck-Denkmal im Berliner Tiergarten 1960

Die Bismarcks

Das Adelsgeschlecht brachte nicht nur den Reichsgründer Otto von Bismarck hervor. Auch mehrere Nachkommen versuchten sich in der Politik. Für manche war der berühmte Name ein Karrierebeschleuniger. Anderen jedoch bescherte er Häme.
Von Frederik Seeler

Otto von Bismarck nannte man schon zu Lebzeiten den Eisernen Kanzler. Ein Jahrhundert später bekam sein Ururenkel einen weniger schmeichelhaften Titel verpasst. »Ist er Deutschlands faulster Abgeordneter?«, fragte die »Bild«-Zeitung im Mai 2007 und zeigte dazu das Bild eines Mannes mit Halbglatze am Rednerpult des Deutschen Bundestages: Carl-Eduard Graf von Bismarck, CDU-Abgeordneter aus Schleswig-Holstein, damals 46 Jahre alt – direkter Nachfahre jenes Reichskanzlers, der 1871 die deutschen Länder geeint und jahrelang mit harter Hand geführt hatte.

Kanzler Otto von Bismarck (2. v. r.) mit Familienangehörigen um 1890

Nur bei Zechgelagen mit Madeira-Wein und Schnaps hielt Bismarck lange durch.

Die politische Karriere des Ururenkels verlief weniger erfolgreich. Seit Anfang 2007 habe Carl-Eduard von Bismarck mehr als die Hälfte aller Plenarsitzungen verpasst, schrieb das Boulevardblatt, selbst wichtige Abstimmungen wie über den Afghanistaneinsatz. In seinem Wahlkreis Herzogtum Lauenburg/Stormarn-Süd sei er seit einem Jahr kaum zu sehen. Die Delegierten eines CDU-Kreisparteitages hätten gebuht, als wieder einmal seine Abwesenheit festgestellt wurde. Die »Bild«-Zeitung zeigte sich schadenfroh, auch die »FAZ« urteilte: »Kein zweiter Bismarck«.

Die Reaktion des Politikers machte es noch schlimmer. Erst ließ Bismarck verlauten, er habe ein Rückenleiden, nehme Medikamente und mache eine Reha. Dann griff er seinen CDU-Kreisverband an, witterte Intrigen eines Konkurrenten. Reue oder Einsicht zeigte er nicht.

Der Druck aus seiner Partei wuchs. Im Dezember 2007 legte Bismarck sein Mandat nieder, nach kaum drei Jahren. In einem Interview mit der »Bunten« versuchte er sich zu rechtfertigen: Er klagte über zähe Ausschusssitzungen und Papierberge. Bismarck resümierte: »Ich bin sicher für die Politik geschaffen, wenn die Politik etwas anders wäre.«

Kaum eine deutsche Familie hat einen so klangvollen Namen wie die Bismarcks. Das Adelsgeschlecht verkörpert das alte Preußen, lässt an Schlösser und Ländereien denken, an ein Mineralwasser und einen eingelegten Hering.

Jedes Land hat seine berühmten Familien, in Deutschland besitzen diese meist Unternehmen. Die Bismarcks sind eine der wenigen Politikerdynastien des Landes. Die Vorfahren und Nachkommen des Eisernen Kanzlers versuchten sich als preußische Generäle, als Diplomaten, dienten sich den Nazis an oder bekämpften sie, machten Karriere in der CDU. Doch wie bei so vielen berühmten Familien war die Aufmerksamkeit besonders groß, wenn sie sich Fehltritte leisteten. Und davon gab es bei den Bismarcks viele: Affären, Partys, Drogen, Prügeleien, Erbstreitigkeiten. Es scheint, als müssten prominente Dynastien immer wieder beweisen, dass es bei ihnen so zugeht wie in den meisten Familien.

Die Geschichte der Bismarcks reicht mehr als 750 Jahre zurück. Im 13. Jahrhundert wirkte in Stendal im heutigen Sachsen-Anhalt ein gewisser Herbordus von Bismarck. Eine Urkunde von 1270 weist ihn als Magister der Gewandschneidergilde aus. Seine Nachkommen investierten in Grundbesitz, errichteten ein Herrenhaus in Schönhausen an der Elbe. Das Gut lag im Kurfürstentum Brandenburg. Der Staat spannte den Landadel, die Junker, in Armee und Bürokratie ein, auch die Bismarcks.

Männer aus dem Clan schafften es im 17. und 18. Jahrhundert bis in den Generalsrang, wurden Gesandte an europäischen Höfen oder Staatsminister in Berlin. 1806 kämpfte Karl Wilhelm Ferdinand von Bismarck an der Seite des preußischen Königs Friedrich Wilhelm III. gegen Napoleon und erhielt zum Dank einen prächtigen Hengst geschenkt. Später heiratete er die Bürgerliche Wilhelmine Louise Mencken. Ihr viertes Kind, Otto Eduard Leopold, kam 1815 zur Welt und brachte es so weit wie kein Bismarck vor ihm. Dabei galt Otto von Bismarck lange als Tunichtgut. Der spätere Reichskanzler glänzte weder mit guten Noten noch mit militärischem Geschick, die Ausbildung zum Diplomaten brach er ab. Nur bei Zechgelagen mit Madeira-Wein und Schnaps hielt er lange durch, so berichteten es Wegbegleiter. Auf Schloss Schönhausen machte er aus dem Laster ein Geschäft: Die von ihm betriebene Kornbrennerei erwirtschaftete Gewinne.

Später entdeckte Bismarck sein Talent für die Politik, zog als Konservativer in den Landtag ein. 1862 ernannte der König ihn zum Ministerpräsidenten und Außenminister Preußens. Mit seiner »Blut-und-Eisen«-Politik – gemeint waren Krieg und Gewalt – trug er dazu bei, die deutschen Länder 1871 zu einem Kaiserreich zu vereinen. Danach aber sicherte er den Frieden in Europa, versuchte durch Diplomatie, die Machtbalance zwischen Deutschland und seinen Nachbarn zu wahren.

»Er war der bedeutendste Außenpolitiker, den Deutschland je hatte«, urteilt Jochen Thies. Der Journalist und Autor hat Bismarck und seine Familie in einem Buch porträtiert. Vor allem das Leben des ältesten Bismarck-Sohns hat er sich genauer angeschaut. Herbert von Bismarck, geboren 1849, schien wie der perfekte Stammhalter. Er war 1,93 Meter groß, gut aussehend, selbstbewusst. Der Deutsch-Französische Krieg, den der Vater nutzte, um das Reich zu einen, kostete den Sohn beinahe das Leben. Bei einem Kavallerieangriff trafen den jungen Offizier zwei Kugeln und ein Granatsplitter, er überlebte nur knapp. Später nahm er sein Jurastudium wieder auf, bewegte sich als Sprössling des Reichskanzlers in der Berliner High Society. »Er war einer der begehrtesten Junggesellen des Kaiserreichs«, so Thies.

Politiker Carl-Eduard Graf von Bismarck, Frau Nathalie, Sohn Alexei 2007

Herbert machte – auch dank seines berühmten Namens – Karriere im Auswärtigen Amt, ging an die Botschaft nach London. Doch die Abstammung hatte Nachteile. Mitte der 1870er-Jahre verliebte er sich in die zehn Jahre ältere Fürstin Elisabeth zu Carolath-Beuthen, einer verheirateten Katholikin. 1881 ließ sich die Fürstin scheiden, um den Bismarck-Sohn zu heiraten. Die Zeitungen im Kaiserreich überschlugen sich mit Berichten, spekulierten über Liebesurlaube auf Sizilien. Bismarck senior war wenig amüsiert, verbot seinem Sohn die Ehe. Als es in der Bibliothek von Schloss Schönhausen zur Aussprache kam, drohte der Vater erst mit Enterbung, dann mit Suizid. »Hier hängen zwei Pistolen, du entscheidest, was mit ihnen passiert«, soll Bismarck gesagt haben.

Herbert gab die Hochzeit auf, stürzte sich in Arbeit, stieg mit nur 36 Jahren zum Staatssekretär des Auswärtigen Amts auf, damals das höchste Amt im Ministerium. Er war seinem Vater, dem Reichskanzler, direkt unterstellt. »Bismarck wollte ihn als Nachfolger aufbauen«, vermutet Thies. In Berlin spottete man über die »Dynastie Bismarck«. Politische Gegner warfen dem Kanzler Vetternwirtschaft vor.

Als der neue Kaiser Wilhelm II. den greisen Bismarck 1890 aus dem Amt drängte, trat Herbert aus Protest ebenfalls zurück. Er heiratete eine österreichische Gräfin, bekam mit ihr fünf Kinder, verfiel dem Alkohol und starb 1904 mit Leberzirrhose und Krebs, nur sechs Jahre nach dem Reichskanzler. »Er hat es nicht geschafft, sich von seinem berühmten Vater zu emanzipieren«, sagt Thies. »Dabei hatte er das Format für eine große Karriere.«

Mit der Niederlage im Ersten Weltkrieg 1918 ging das von Bismarck geschaffene Kaiserreich unter. In der neuen Republik verlor der Adel seine Privilegien. Wie viele Vertreter der alten Ordnung fremdelten auch Bismarcks Enkel mit der Demokratie. Herberts ältester Sohn Otto, in der Familie Otto II. genannt, zog 1924 als Abgeordneter für die republikfeindliche Deutschnationale Volkspartei (DNVP) in den Reichstag ein. Sein Großvater war für viele Konservative und Reaktionäre eine Sehnsuchtsfigur. Der »Eiserne Kanzler« stand für stabilere Zeiten, für ein starkes Deutschland und ein hartes Vorgehen gegen Sozialisten und Demokraten. Die Nachwuchsorganisation der DNVP nannte sich »Bismarckjugend«. Otto II. übernahm die Schirmherrschaft.

Auch die Nazis umwarben die Familie. Otto und sein Bruder Gottfried trafen sich 1932 mit Adolf Hitler und Hermann Göring, den Stars der Nationalsozialistischen Deutschen Arbeiterpartei (NSDAP), die seit einigen Jahren Wahlerfolge einfuhr; im selben Jahr trat Gottfried in die NSDAP ein. Otto II. folgte ihm nach der Machtübernahme der Nationalsozialisten 1933. Beide hofften, unter den Nazis Karriere machen zu können. Während Otto als Diplomat nach London und Rom ging, wurde Gottfried Regierungspräsident der Stadt Stettin und später von Potsdam.

Die »Hamburger Morgenpost« schrieb von einem »Psychokrieg im Sachsenwald«.

Die älteste Schwester Hannah zeigte ein besseres Urteilsvermögen. 1933 vermerkte die damals 40-Jährige in ihrem Tagebuch über Hitler: »Der Mann ist ein Verbrecher großen Ausmaßes. Ich lasse mich gerne hängen, wenn es sein soll, aber ich werde nie Nazi!« Hannah wunderte sich über die »selige Nazibegeisterung« ihrer Familie, die opportunistischen Überläufer machten sie »sick«, krank, wie sie auf Englisch schrieb. Ein US-Geheimdienstler sagte später, sie sei »der einzige männliche Nachkomme« Otto von Bismarcks. Er wollte wohl ausdrücken, dass sie die Standhaftigkeit ihres Großvaters geerbt habe.

»Der Nationalsozialismus war ein Test, dem sich alle berühmten deutschen Familien stellen mussten«, sagt Thies. Der Biograf hat die Geschichten mehrerer Dynastien erforscht, auch die der Moltkes und Dohnanyis, Adelsfamilien, berühmt durch Karrieren in Militär, Wissenschaft oder Politik. Bei den Bismarcks taten sich vor allem die Frauen

Kind Otto von Bismarck 1826, Bismarck-Sohn Herbert 1886 (o.), Enkel Albrecht, Otto, Gottfried um 1915 (M.), Enkelin Hannah von Bredow mit Ehemann 1915 (u.): Nationalsozialismus als Test

hervor, so Thies. Auch Goedela, die Schwester von Gottfried, Hannah und Otto wandte sich gegen Hitler. Hannahs Tochter Philippa unterhielt Kontakt zum Widerstand.

Die Männer der Familie brauchten länger, um sich vom Regime abzuwenden. Der zunehmend kritische Otto wurde 1943 in den Ruhestand versetzt und zog sich auf ein Familiengut zurück. Auch Gottfried bereute offenbar sein Mitläufertum und schloss sich im Winter 1942/43 dem Widerstandskreis um Claus Schenk Graf von Stauffenberg an. Für die Verschwörer versteckte der Bismarck-Enkel Sprengstoff im Aktenschrank seines Potsdamer Büros.

Als das Attentat auf Hitler am 20. Juli 1944 scheiterte, verhaftete ihn die Gestapo. Im Gegensatz zu den meisten anderen Verschwörern, die zum Tode verurteilt und hingerichtet wurden, endete Gottfrieds Verfahren mit einem Freispruch. Der einstige Reichskanzler Franz von Papen, ein Freund der Bismarcks, hatte Hitler wohl überzeugt, ihn zu verschonen. Das »schadenfrohe Ausland« würde nur spotten, falls Deutschland einen Nachfahren des Reichsgründers hinrichtete. Der berühmte Name rettete Gottfried den Kopf.

Nach dem Zweiten Weltkrieg enteigneten die Sowjets Ländereien der Bismarcks in Sachsen-Anhalt und im heutigen Polen. Man verlagerte den Familiensitz nach Friedrichsruh bei Hamburg. Das 6000 Hektar große Landgut war ein Geschenk Wilhelms I. an den Reichskanzler gewesen, der dort in einem Mausoleum seine letzte Ruhestätte hat.

In der Bundesrepublik versuchten die Bismarcks weiterhin, Politik zu machen. Otto II. trat der CDU bei, zog 1953 in den Bundestag ein. Kurz galt er sogar als möglicher Außenminister. Doch Bundeskanzler Konrad Adenauer misstraute dem preußischen Adelsspross, der zuvor in der reaktionären DNVP und in Hitlers NSDAP Karriere gemacht hatte. Otto zog sich aus der Politik zurück. Seine schwedische Frau Ann Mari hatte Grundstücke im spanischen Marbella erworben. Dort sorgte bald ihre Tochter Gunilla für Schlagzeilen: nicht mit Politik, sondern mit Partys.

Die Bismarck-Urenkelin verliebte sich in einen spanischen Animateur, schmiss legendäre Sausen für den Jetset. Die laut Klatschpresse »ungekrönte Königin von Marbella« sagte 1984: »Das Volk braucht eine Aristokratie zum Anhimmeln, es gefällt den einfachen Leuten, zuzusehen, wie die hohe Gesellschaft sich vergnügt.« Das Magazin »Stern« witzelte, dass sie wie ihr Urgroßvater »eisern« die längsten Partynächte durchstehe.

Auch für die fünfte Bismarck-Generation interessierten sich vor allem Boulevardmedien. Gregor von Bismarck, der Enkel Ottos II., versuchte sich als Filmemacher in Hollywood. Sein Bruder Gottfried starb 2007 an einer Überdosis Kokain in London. Dem ältesten Bruder, dem einstigen CDU-Abgeordneten Carl-Eduard, hängt der Titel des »faulsten Abgeordneten Deutschlands« bis heute an.

Nachdem er sein Mandat niedergelegt hatte, folgten Berichte über Alkoholeskapaden und einen Erbstreit. Die Mutter erklärte in der »Bunten«: »Unser Sohn hat Schande über den Namen Bismarck gebracht!« Carl-Eduard warf ihr alkoholisierte beleidigende Anrufe vor, nannte seinen Bruder Gregor einen Erbschleicher. 2010 rückte angeblich ein Sondereinsatzkommando der Polizei nach einer Prügelei in Schloss Friedrichsruh an. Die »Hamburger Morgenpost« schrieb von einem »Psychokrieg im Sachsenwald«, die »Welt« vom »Niedergang einer Dynastie«.

Urenkelin Gunilla von Bismarck 2006

Gunilla von Bismarck stand »eisern« die längsten Partynächte durch.

Über die Skandale will Carl-Eduard von Bismarck nicht sprechen. »Jeder intelligente Mensch weiß, dass man der Boulevardpresse nicht trauen kann«, sagt er am Telefon. Er lebe derzeit zwischen Paris und Hamburg, kümmere sich um Familienangelegenheiten, halte vereinzelt Vorträge über den berühmten Vorfahren. Otto von Bismarck sei für ihn ein politisches Vorbild gewesen, sagt er. »Er hat immer bekommen, was er wollte. Fast immer.«

Seine Zeit im Bundestag bewertete er positiv, sagt er. Es sei viel Arbeit gewesen. Fast 20 Jahre später hat er wenig Interesse daran, die Vorwürfe aufzuklären. Nach neun Minuten beendete er das Telefonat.

Ein berühmter Name bringt Privilegien mit sich. Das Vermögen der Bismarck-Nachfahren wurde 2013 auf 60 bis 80 Millionen Euro geschätzt – dank Grundbesitz, Einkünften aus der Forstwirtschaft, dem Verkauf von Erbstücken und weil die Familie ihren Namen für ein Mineralwasser hergibt. In Deutschland leben schätzungsweise mehr als 300 Bismarcks. Manchmal scheint es ein wenig unfair, dass ihre Lebenswege noch immer an den Taten des berühmten Vorfahrens aus dem 19. Jahrhundert gemessen werden. »In jeder Familie findet sich ein schwarzes Schaf, wenn man danach sucht«, sagt Bismarck-Experte Thies.

Otto von Bismarck selbst sah das wohl weniger entspannt. Ihm wird ein berühmtes Bonmot zugeschrieben, wonach Familien das einmal Erreichte oft nicht halten können: »Die erste Generation verdient das Geld, die zweite verwaltet das Vermögen, die dritte studiert Kunstgeschichte und die vierte verkommt vollends.«

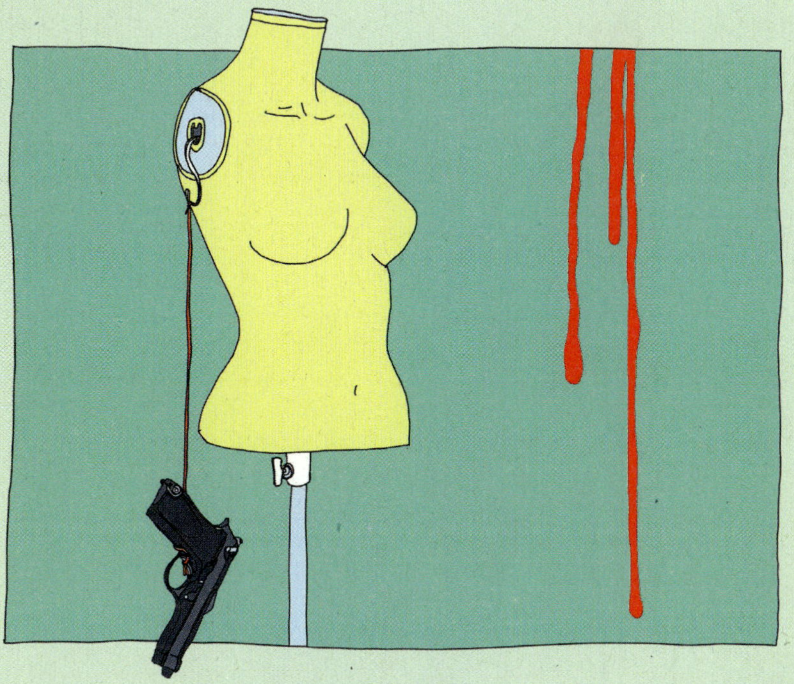

Die Gucci

Mord fürs Geschäft

WIE ES ANFING

Mode brachte der italienischen Familie Gucci jede Menge Geld, Erfolg und Ruhm – und schließlich auch Intrigen, Missgunst und Tod. Guccio Gucci eröffnete 1921 in Florenz einen Laden für Lederwaren. Der gelernte Sattler verkaufte zunächst kunstvoll gefertigte Lederwaren für Reiter und wurde dann mit luxuriösen Leder-Gepäckstücken und Handtaschen erfolgreich. Nach dem Tod des Firmengründers 1953 wuchs aus dem Ledergeschäft innerhalb kurzer Zeit ein international erfolgreiches Unternehmen, das eigene Mode anbot und mit dem amerikanischen Autohersteller AMC sogar einen eigenen Wagen auf den Markt brachte – denn wenn man schon Gucci-Gepäck spazieren fährt, dann bitte mit Stil.

WAS HINTER DEN KULISSEN PASSIERTE

In den Siebzigerjahren lernte der Spross des Modehauses, Maurizio Gucci, auf einer Party Patrizia Reggiani kennen. Das Paar heiratete 1972. Reggiani arbeitete für die Marke, bis Gucci sie Mitte der Achtziger verließ. Der Scheidungsstreit dauerte bis 1994, es ging ums Geschäftliche: Gucci hatte die verbliebenen Anteile am Unternehmen an einen Investor verkauft. Während er zwischen 120 und 200 Millionen Dollar einstrich, fühlte Reggiani sich betrogen, weil sie jahrelang für das Unternehmen gearbeitet hatte. Gucci verbot ihr, den Familiennamen weiterzuverwenden – Reggiani scherte sich nicht darum. Dass er seiner bald Ex-Frau eine umgerechnet rund 3,8-Millionen-Euro teure Abfindung plus jährlichen Unterhalt anbot, wischte sie als »läppische Schüssel Linsen« vom Tisch. Als Gucci erneut heiraten wollte, dachte Reggiani in ihrem Umfeld laut darüber nach, wie sie ihren Ex aus dem Weg räumen könnte. Maurizio Gucci wurde am 27. März 1995 auf dem Weg in sein Mailänder Büro von vier Schüssen niedergestreckt. Die Polizei tappte im Dunkeln, bis ein Informant sie auf die richtige Spur brachte.

WIE ES WEITERGING

Reggiani und ihre Mitverschwörer – eine Kartenlegerin, der Auftragskiller, der Fahrer des Fluchtwagens und ein Hotelconcierge, der den Killer angeheuert hatte – wurden verurteilt. Reggiani bekam 26 Jahre, von denen sie 18 absaß und sich um ihr Gefängnishaustier kümmerte: ein Frettchen. 2016 wurde sie freigelassen. Gucci ist heute Teil eines Luxusgüterkonzerns. Reggiani arbeitete nach ihrer Entlassung zunächst für ein Schmuckunternehmen und lebte mit ihrer Mutter in einem Mailänder Stadthaus. Als ihre Geschichte 2021 verfilmt wurde, beschwerte sie sich, dass Hauptdarstellerin Lady Gaga sie für die Vorbereitung nicht getroffen habe. Die beiden Töchter aus der Ehe mit Maurizio Gucci halten kaum Kontakt mit ihr.

Trautes Heim, Glück allein?

Die Familie erreichte über eine Leiter die Schlafkammer in der Portierswohnung, Prenzlauer Allee 13, 1913/14

Fünf Personen lebten in der »Laube«, Barfußstraße, 1919/20

Alltäglich Zeige mir deine Bleibe, und ich sage dir, wie reich deine Familie ist: Arbeiterfamilien lebten um 1900 oft mit vielen Personen in winzigen Quartieren, belegen Aufnahmen einer Berliner Krankenkasse zwischen 1903 und 1920 – auch in jenen Vierteln, die heute besonders nachgefragt sind.

Hinterhof in der Grünthalerstraße 46, 1915/16: Schimmelige und zugige Behausung

Weberpaar in Arbeits- und Schlafraum, Heinersdorferstraße 13, 1910

Beengt Die elende Wohnsituation der Berliner Arbeiter und der schlechte Gesundheitszustand vieler Bewohner hingen unmittelbar zusammen, zeigen die Fotos der Krankenkasse. Und sie dokumentieren den täglichen Kampf der Familien um ein würdiges Leben und wenigstens ein bisschen Heimeligkeit.

Kinder in der Wohnstube, Grünthaler Straße 6, 1919/20: Drei Erwachsene und sechs Kinder teilten sich das Wohnzimmer

Die Bilder in der Schlaf-
kammer hingen an
feuchten Tapeten,
Wrangelstraße 11, 1906

Frau in der Küche mit Dachluke zum Lüften, Uferstraße 10, 1916

Familie mit fünf Kindern in der Küche, Badstraße 44, 1916

Bedrückend Wie die Wohnsituation sich auf das Zusammenleben der Familien auswirkte, zeigen die Bilder der Krankenkasse nicht. Aber man ahnt, dass der Alltag auf engstem Raum, in Wohnungen oder nur Zimmern, die oft zugleich als Arbeitsplatz dienten, zu Spannungen und Konflikten führte.

Familie in Wohn-, Arbeits- und Schlafraum, Keibelstraße 34, 1912: Die Eltern fertigten Portemonnaies in Heimarbeit

Himmlers

Nationalsozialismus

Um keinen »einzigen Tropfen guten Blutes« zu verschwenden, gründete SS-Chef Heinrich Himmler den Lebensborn – als Familienersatz für ledige Mütter und ihren »arischen« Nachwuchs. Lebensborn-Kinder hadern bis heute mit ihrer Herkunft. *Von Stefan Hunglinger*

Kinderwunsch

Kinderbettchen in einem Lebensborn-Heim in Steinhöring, Bayern, 1938

Die Bilderwand in Dirk Kaeslers Schlafzimmer gleicht einer therapeutischen Familienaufstellung. Ein Schwarz-Weiß-Foto zeigt Kaesler als kleinen Jungen, adrett gescheiteltes Haar, mit einem Teddybären im Arm. Im Rahmen daneben: das Einzelkind Kaesler auf dem Arm seiner fein frisierten Mutter. Und dann hängen hier noch die beiden Väter. Der eine mit Anzug und Brille, der andere mit dem Helm der Wehrmacht.

Dirk Kaesler, 79, ist emeritierter Soziologieprofessor, ein schlanker Mann mit weißem Stoppelbart. »Der Definition der Nazis nach bin ich ein ›rassisch wertvoller‹ Mensch«, sagt Kaesler vor den Fotos in seiner Potsdamer Altbauwohnung. »Ich bin der Prototyp dessen, was der Lebensborn wollte.«

Am 19. Oktober 1944 kam Dirk Kaesler in Wiesbaden zur Welt. Im »Heim Taunus«, einer von mehr als 20 Einrichtungen, mit denen der Lebensborn e. V. zwischen 1935 und 1945 die Abtreibung »rassisch und erbbiologisch wertvoller« Kinder verhindern wollte, wie es in der Satzung hieß. Hervorbringen sollten sie eine auserlesene SS-Jugend, den »Adel der Zukunft«. Für diese Bevölkerungspolitik unterminierten die Nazis die herkömmliche Familie.

Allen, die nicht in ihr Ideal passten, drohte Verfolgung und Ermordung: Juden und Jüdinnen, Sinti und Roma, Homosexuellen, behinderten Menschen. Wer aber blond, blauäugig, »arisch« und heterosexuell war, sollte sich sexuell ausleben und auch außerhalb der Ehe Nachkommen für den Führer zeugen. Wurden ledige »arische« Frauen von den vermeintlich richtigen Männern schwanger, bot sich ihnen der Lebensborn als Ersatzfamilie an.

Auf dem Lacktisch in Dirk Kaeslers Wohnzimmer liegt ein ockerfarbenes Heftchen, auf dem Einband Reichsadler und Hakenkreuz. »Ahnenpaß« steht darunter in Frakturschrift. Das Dokument aus dem Nationalsozialismus (NS) bescheinigte Dirk Kaeslers Mutter »arische« Vorfahren bis 1790. Es war Emmi Käslers Eintrittskarte in den Lebensborn. Geschaffen hatte die Organisation der Polizeichef und Reichsführer SS Heinrich Himmler. Er fürchtete geradezu wahnhaft um den Bestand der angeblichen »nordischen Rasse«.

Denn im Ersten Weltkrieg waren zwei Millionen Männer aus Deutschland gefallen. In der Zwischenkriegszeit setzten die Inflation und die Weltwirtschaftskrise den Menschen der Weimarer Republik zu, die Geburtenzahlen im Deutschen Reich sanken deutlich.

Als Ursache dafür machte Heinrich Himmler vor allem eine wachsende Zahl von Schwangerschaftsabbrüchen aus. Um die Geburtenrate »arischer« Kinder zu steigern, setzten die Nazis Anreize. Etwa zinsfreie Darlehen für Ehepaare, deren Rückzahlungssumme mit der Zahl der Kinder schrumpfte. Oder das Mutterkreuz, das ab vier Kindern verliehen wurde. Und sie tolerierten nicht nur außerehelichen Geschlechtsverkehr in Affären oder Sex zwischen Unverheirateten, sie ermunterten auch dazu – sogar in ihren Jugendorganisationen, der »Hitlerjugend« und dem »Bund Deutscher Mädel«.

Unverheiratete »arische« Schwangere sollten dann im Lebensborn, altdeutsch für »Lebensquelle«, Unterstützung finden. »Einzig aus dem Gedanken heraus, dass wir Deutsche es uns nicht leisten können, auf nur einen einzigen Tropfen guten Blutes zu verzichten«, wie es in einer Lebensborn-Broschüre hieß. Allein schon wegen der Kriegspläne Hitlers brauchte das »Dritte Reich« Nachwuchs.

Auch andere NS-Organisationen seien nach der Machtübergabe an die Nationalsozialisten 1933 »auf den Plan getreten, die sich der Betreuung lediger Mütter und deren Nachwuchs verschrieben«, wie die Historikerin Annemone Christians-Bernsee in einem Übersichtsartikel zum Thema schreibt. Mit der Gründung eines eigenen Vereins habe Himmler den Anspruch der SS signalisiert, aktiv in der staatlichen Bevölkerungspolitik mitwirken zu wollen: »Mit dem Lebensborn sollte das SS-Ideal einer sogenannten germanischen Elite in den öffentlichen Fürsorgeangeboten implementiert werden.«

Gegründet wurde der Lebensborn e. V. Ende 1935 in Berlin. Für hauptamtliche SS-Führer war eine Mitgliedschaft verpflichtend. »Von den weiteren SS-Mitgliedern wurde der Beitritt erwartet, außerdem konnte jeder Deutsche freiwilliges Mitglied werden«, schreibt Christians-Bernsee. Die Mitgliedsbeiträge waren nach Kinderzahl, Dienstgrad, Einkommen und Alter gestaffelt. Ende 1938 zählte der Lebensborn fast 13.000 Mitglieder. Das Vereinsziel: mehr Nachwuchs für die vermeintlich qua Geburt überlegenen Deutschen.

Das erste Entbindungs- und Kinderheim »Hochland« wurde 1936 im oberbayerischen Steinhöring eingerichtet.

Die später mehr als 20 Lebensborn-Heime nahmen Verlobte und Ehefrauen von SS-Mitgliedern und Angehörigen der Polizei auf. Und Frauen, die »den Auslesebedingungen der SS entsprechen und gezwungen sind, ihre Schwangerschaft und Geburt vor der Öffentlichkeit geheim zu halten«. So beschrieb es Gregor Ebner, ärztlicher Leiter der Lebensborn-Heime, in einem Tätigkeitsbericht. Solche Mütter konnten in den Heimen anonym entbinden und ihre Kinder zur Adoption freigeben, sie wurden aber auch dabei unterstützt, ihre Kinder selbst großzuziehen.

Auf das Musterheim in Steinhöring folgten die Häuser Harz (im heutigen Sachsen-Anhalt), Kurmark (Brandenburg), Friesland (Niedersachsen), Pommern (heutiges Polen) und Ostmark/Wienerwald (Österreich).

Dass Astrid Eggers aus Hannover im »Heim Wienerwald« auf die Welt kam, erfuhr sie erst mit 31 Jahren. 1974 wollte Eggers heiraten und benötigte dafür eine Geburtsurkunde.

»Die Leute sollten denken, wir sind eine ganz

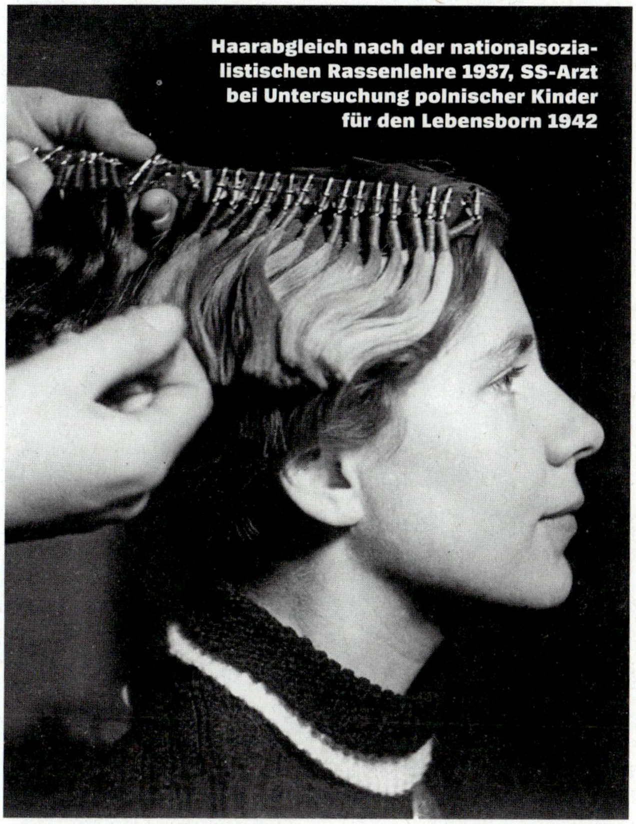

Haarabgleich nach der nationalsozialistischen Rassenlehre 1937, SS-Arzt bei Untersuchung polnischer Kinder für den Lebensborn 1942

normale Familie: Mami, Papi, Kind.«

Ihre Mutter, »eine Nazisse bis zum Schluss«, sagt Eggers, habe sie lange in dem Glauben gelassen, 1943 im von den Deutschen besetzten Polen geboren zu sein. Doch als Eggers, geborene Spangenberg, an die Stadtverwaltung von Łódź schrieb, um eine Geburtsurkunde zu erbitten, kam von dort recht schnell die Nachricht, dass man keine Unterlagen über sie habe.

Eggers recherchierte weiter und stieß auf eine Krankenhausrechnung: Im Alter von fünf Wochen war sie in einer Wiener Klinik wegen Nasendiphtherie behandelt worden. »Es ist 1943, es fliegen Bomben, da fährt man doch nicht von Łódź nach Wien«, sagt Eggers. »Łódź war doch auch eine große Stadt und hatte Krankenhäuser.«

»Aber du bist doch in der Nähe von Wien geboren«, habe die so konfrontierte Mutter damals geantwortet – so, als hätte Łódź nie als Geburtsstadt in den Dokumenten ihrer Tochter gestanden. Die Antwort habe ihr den Boden unter den Füßen weggezogen, sagt die 81-jährige Astrid Eggers heute. »Ab da konnte ich ihr nichts mehr glauben.«

Im Bundesarchiv und in den Arolsen Archives konnte Eggers zumindest Teile der Wahrheit ausgraben. Sie kam als uneheliches Kind zur Welt, ihr biologischer Vater war ein Luftwaffen-Leutnant. »Der Vater nebenstehend beurkundeten Kindes hat am 24. März 1943 in feldgerichtlicher Urkunde anerkannt, daß das Kind von ihm erzeugt worden ist«, heißt es in einem Schreiben des Lebensborn vom April 1943. Kurz darauf stürzte der Mann bei einem Einsatz ab.

Die schwangere Agnes Spangenberg, damals 23 Jahre alt, hatte als Schreibkraft für die Gestapo im besetzten Polen gearbeitet und konnte deshalb die Vorzüge einer Entbindung im Lebensborn in Anspruch nehmen. Ausreichend Essen, eine ruhige Umgebung, beste medizinische Versorgung – mitten im Krieg.

In den Wirren der Nachkriegszeit gelang es Spangenberg, die schambesetzte Unehelichkeit ihrer ältesten Tochter zu kaschieren; sie zog in eine neue Stadt, fand einen neuen Mann: »Die Leute sollten denken, wir sind eine ganz normale Familie: Mami, Papi, Kind.« Doch nach Astrid Eggers' Enthüllungen war ihr Verhältnis zur Mutter zerrüttet, jahrzehntelang, bis zu deren Tod 1995.

Pionierarbeit in der Erforschung des Lebensborn-Vereins leistete ab den Neunzigerjahren der Historiker Georg Lilienthal. Er hat den Betroffenenverein »Lebensspuren« mitgegründet, in dem auch Astrid Eggers die Zugehörigkeit wiederfand, die ihr abhandengekommen war.

»Es ist eine Art Familienersatz«, sagt Eggers, die später sogar Vorsitzende des Vereins wurde. »Wir nennen uns manchmal Lebensborn-Geschwister.« Bei allen noch so unterschiedlichen Biografien erkennt Eggers doch ein Muster bei den Lebensborn-Kindern: »Mütter, die gemauert und gelogen haben.«

Auch das Buch, das Dirk Kaesler in seiner Potsdamer Altbauwohnung verfasst hat, heißt »Lügen und Scham«. Anhand von Gesprächen, Erinnerungen und Dokumenten

Erziehungsratgeber von 1934, NS-Orden »Ehrenkreuz der deutschen Mutter«

Die Mutter gab ihm den Nachnamen ihres

schildert der Soziologe detailreich die Lügen seiner Eltern. Das Niederschreiben, sagt Kaesler, habe ihn bisweilen schaudern lassen.

Ganze sechs Wochen war Emmi Käsler, geborene Mahrenholtz, mit dem Soldaten Fritz Käsler verheiratet gewesen, als der im Krieg fiel. Mit 30 Jahren zog die Witwe Käsler von Berlin nach München, 1940 war das.

Als Stenotypistin begann sie, in der Münchner Lebensborn-Zentrale zu arbeiten. »Diese Stelle vermittelte ihr vermutlich ihr Bruder, Hans Mahrenholtz, der als Ahnenforscher beim Rasse- und Siedlungshauptamt in Berlin arbeitete«, schreibt ihr Sohn Dirk. 1942 entwickelte sich eine Beziehung mit einem SS-Offizier, der ebenfalls für den Lebensborn-Verein tätig war. Dieser Untersturmführer schrieb an Emmi Käsler: »Wir stehen in einer Zeit gewaltiger Ereignisse. Wer sein Dasein hineingestellt in den Pflichtkreis unseres Volkes bewußt erlebt, hat gerade in dieser Zeit das Bedürfnis, in der Gemeinschaft mit gleichgesinnten Menschen neue Kraft zu schöpfen. Ich durfte am heutigen Abend einen Blick in die Tiefe der Seele einer wahrhaft deutschen Frau tun.«

Im sogenannten »Zeugungsbefehl« hatte Himmler 1939 gefordert: »SS-Männer und Ihr Mütter dieser von Deutschland erhofften Kinder zeigt, daß Ihr im Glauben an den Führer und im Willen zum ewigen Leben unseres Blutes und Volkes ebenso tapfer, wie Ihr für Deutschland zu kämpfen und zu sterben versteht, das Leben für Deutschland weiterzugeben willens seid!« Himmler stellte klar, dass dieser Auftrag auch außerhalb der Ehe galt.

Außerhalb seiner Ehe zeugte der Untersturmführer ein Kind mit Emmi Käsler. Als deren Münchner Wohnung durch einen Bombenangriff im Juli 1944 ausbrannte, kamen ihr Ahnenpass und sein SS-Status zum Tragen. Die Schwangere kam zunächst im Lebensborn-Haus Steinhöring, dann im Taunus-Heim in Wiesbaden unter. Dort brachte Käsler ihren Sohn Dirk zur Welt.

Umsorgt wurden die »arischen« Mütter dort von Frauen, die zur Arbeit geknechtet wurden: Seit 1943 bezog das Taunus-Heim Arbeitskräfte aus dem Frauen-Konzentrationslager Ravensbrück. Fortan mussten zwölf Zeuginnen Jehovas dort Zwangsarbeit leisten, wie es auch in vielen anderen Lebensborn-Häusern üblich war.

Ob in Steinhöring, Wiesbaden oder Wienerwald: In den Lebensborn-Heimen gab es eigene Standesämter, um die Unehelichkeit der Geburten geheim zu halten. Und es gab SS-Namensweihen, der christlichen Taufe nachempfunden. Bei diesem Ritual verpflichteten sich die Mütter, ihre Kinder im nationalsozialistischen Sinn zu erziehen. Der Heimleiter besiegelte dies durch die »Weihung« des Säuglings unter einem SS-Dolch und mit dem Singen des SS-»Treueliedes«. Dirk Kaesler geht davon aus, dass er seinen Namen bei einer dieser Feiern erhielt. Lebensborn-Kinder allerdings, die trotz »arischer« Abstammung mit Behinderung zur Welt kamen, ermordeten die Nationalsozialisten.

Emmi Käsler hoffte vergebens, dass sich der SS-Offizier und Vater ihres Kindes von seiner Frau scheiden lassen und sie heiraten würde. Ihrem Sohn gab sie schließlich den Nachnamen ihres Jahre zuvor gefallenen Mannes.

»Das Lügen hatte begonnen«, schreibt Dirk Kaesler. »Genau genommen waren es zwei Lügenkomplexe: Zum einen die Unehelichkeit des Kindes; zum anderen der SS-Zusammenhang, aus dem dieses Kind entstanden war. Für meine Mutter war die Unehelichkeit vermutlich das schlimmere Übel.«

Ganz ähnlich war es bei Astrid Eggers Mutter.

Denn entgegen Himmlers Wunsch war es in den zehn Jahren, in denen der Lebensborn existierte, nicht gelungen, für den Kinderwunsch des Führers »bürgerliche Gesetze und Gewohnheiten« hinter sich zu lassen. »So beschwerten sich nicht nur SS-Ehefrauen über eine nicht ›standesgemäße‹ Betreuung, auch Teile des Pflegepersonals lehnten die außereheliche Mutterschaft ab«, heißt es bei Annemone Christians-Bernsee. Obwohl sie alle »rassischen« und ideologischen Kriterien erfüllten, bekamen die unverheirateten Mütter deutlich die vornationalsozialistische Moral zu spüren.

In der Nachkriegszeit wuchs das Stigma der Lebensborn-Kinder sogar noch. Die Medien hätten die Heime als SS-Bordelle und »Zuchtanstalten« skandalisiert, schreibt Christians-Bernsee. Zu dieser Legendenbildung trug der populäre Tatsachenroman »Lebensborn e. V.« des Schriftstellers Will Berthold von 1958 bei. Filme wie »Lebensborn. Liebe auf Staatsbefehl« (1961) bedienten zudem pornografische Fantasien. So verschwiegen viele Frauen auch gegenüber ihren Kindern die Umstände ihrer Geburt.

Erst zu seiner Konfirmation 1959 erfuhr Dirk Kaesler, dass sein leiblicher Vater weder Fritz Käsler hieß noch im Krieg gefallen war, sondern mit einer anderen Familie in Frankfurt am Main lebte. Als er herausfand, dass seine Eltern dem Lebensborn angehört hatten und sein Vater der SS, war er schon erwachsen. Er änderte seinen Namen ab, um zumindest ein wenig auf Distanz zu gehen. Wie Astrid Eggers und viele andere Lebensborn-Kinder ging auch Dirk Kaesler erst im Alter mit dieser Geschichte an die Öffentlichkeit, aus Scham.

Denn nicht nur, dass der Rassenwahn im Lebensborn über allem stand, der Verein vermittelte auch Kinder zur Adoption, die ihren Eltern geraubt worden waren: Ab 1942 hatte sich der Lebensborn an der »Eindeutschung« von Kindern und Jugendlichen aus Polen, Jugoslawien, Norwegen, der Ukraine beteiligt. Schätzungen zufolge wurden aus diesen besetzten Ländern bis zu 50.000 Kinder verschleppt, ohne dass deren Eltern zugestimmt hatten oder auch nur genauere Informationen bekamen, was mit ihren Kindern geschah. Unter der Ägide des Lebensborns bekamen sie in SS-Heimen deutsche Namen, mussten Deutsch lernen und wurden deutschen Ehepaaren als »volksdeutsche Waisenkinder« zur Adoption angeboten.

»Mein Vater und meine Mutter wirkten aktiv mit an der gewaltsamen Verschleppung ›arisch‹ aussehender Kinder aus den von den Deutschen besetzten Gebieten«, sagt Dirk Kaesler heute. Konsequenzen hatte das nach Ende der nationalsozialistischen Herrschaft nicht. Denn die US-Militärrichter sahen den Lebensborn als rein karitative Organisation. »Die hauptsächlichen Akteure des Vereins wurden freigesprochen oder wegen ihrer SS-Mitgliedschaft mit Haftstrafen von wenigen Jahren belegt«, schreibt Annemone Christians-Bernsee.

Die »weiche Stelle« sei, dass er nicht wisse, ob sein Vater mehr war als ein Schreibtischtäter, sagt Dirk Kaesler. Und was genau seine Mutter als Lebensborn-Stenotypistin gewusst habe: »Warum habe ich sie nicht intensiver befragt?«

Auch Astrid Eggers bedauert, nicht genau zu wissen, wofür ihre Mutter als Gestapo-Schreibkraft verantwortlich war.

»In Zeiten, in denen das Familiengedächtnis über die Geschehnisse während der NS-Diktatur nachlässt, scheint es mir wichtig zu sein, mich diesem Verblassen der Erinnerungen entgegenzustellen«, schreibt Dirk Kaesler in seinem Buch.

Kaesler und Eggers sorgen sich um das rechtsextreme Gedankengut, das in Deutschland wieder stärker zutage tritt. Dirk Kaesler treibt auch um, dass heute wieder Kinder geraubt und verschleppt werden. Tausende sind es, die aus der Ukraine ins Land des Angreifers gebracht werden, um sie zu »russifizieren«. In 30 Jahren, sagt Kaesler, »werden sich diese Kinder, die unter einer falschen Legende aufwachsen, auf die Suche machen nach ihrer Geschichte«.

gefallenen Mannes. »Das Lügen hatte begonnen.«

SCHNELLES WISSEN **Wie übernahmen nationalsozialistische Jugendorganisationen Erziehungsaufgaben?**

Weil die Nationalsozialisten wenig Einfluss auf das Familienleben hinter verschlossenen Türen hatten, trugen sie ihre Ideologie mithilfe der Jugendorganisationen »Hitlerjugend« (HJ) und »Bund Deutscher Mädel« (BDM) an den Nachwuchs heran. Konkurrierende Organisationen wurden bis 1935 verboten. In HJ und BDM wurden Jungen und Mädchen politisch als Teil der »Volksgemeinschaft« indoktriniert. Mit körperlicher Ertüchtigung wollte der Staat sichergehen, »gesunde Arier« heranzuziehen. In der Hitlerjugend wurden Jungen auf Wehrhaftigkeit und Tapferkeit eingeschworen; Mädchen wurde eingetrichtert, die richtige Partnerwahl im Sinne der Rassenlehre zu treffen und dem »Führer« möglichst viele Kinder zu schenken.

GENOSSIN TOCHTER

Kind Beate auf dem Schoß ihres Adoptivvaters Walter Ulbricht um 1953

DDR Beate Ulbricht, Adoptivtochter des ersten DDR-Staatschefs Walter Ulbricht, sollte ein sozialistisches Musterkind sein. Sie wurde unglücklich und alkoholkrank. 1991 fand man sie tot in ihrer Wohnung in Berlin. Was lief schief? *Von Jonas Breng*

Glaubt man der Mutter, ging es zumindest zärtlich los. März 1947. Lotte Kühn, 41, die sich gerade aufschwingt, die einflussreichste Frau der kommenden SED-Diktatur zu werden, schreibt in einem Brief an das Jugendamt von Dresden: »Nun zu der Kleinen. Ich glaube, Fräulein Pietsch, wenn Sie sie sehen würden, Sie würden sie nicht erkennen. Oder höchstens an dem lebhaften Mienenspiel und den schönen braunen Augen. ... Beate (wie sie bei uns heißt), ist von Geburt her offenbar ein kräftiger Schlag. Sie hat etwas derb Bäuerliches an sich, ißt alles, was die Kelle gibt ... Sie wiegt jetzt 29 Pfund. Der aufgetriebene Leib ist ganz verschwunden, die Beinchen sind ganz gerade.«

Es ging um das Kind, das Kühn und ihr Lebensgefährte Walter Ulbricht 1946 adoptiert hatten: Maria Pestunowa, Tochter eines unbekannten Vaters und einer ukrainischen Zwangsarbeiterin, die 1944 bei einem Bombenangriff getötet worden war. Das Kind hatte zuvor ein Jahr bei einer deutschen Pflegefamilie gelebt und wusste laut Aussagen der Adoptivmutter mit fast zwei Jahren nicht, was Beißen und Kauen ist. Doch die neuen Eltern waren zuversichtlich.

»Beate ist ein außerordentlich liebenswertes Kind. Sie ist immer freundlich, dabei temperamentvoll und energisch, phantasiebegabt und sehr intelligent. ... Wir versuchen alle guten Eigenschaften sorgfältig zu pflegen und alle Ansätze von Rücksichtslosigkeit, Selbstsucht und Eigensinn, wie sie ja allen Kindern eigen sind, zu dämmen – ohne zu schurigeln. Und so bin ich überzeugt, dass wir ein Menschlein heranziehen, das einmal ein wertvolles Glied unseres neuen Deutschlands sein wird«, schrieb Kühn, die im Jahr 1950 durch ihre Heirat mit Walter Ulbricht zur omnipräsenten und gefürchteten »First Lady der DDR« aufstieg.

45 Jahre später, der Staat der Eltern war bereits zusammengebrochen, zog die Tochter eine ganz andere Bilanz. Der Boulevard-Zeitung »Super!« gab sie 1991 ein Interview. Darin heißt es: »Wenn Lotte mir einen Brief schreiben würde: Liebe Beate, ich liege im Sterben, bitte komm ... Ich komme nicht! Ich bin bestimmt in vielen Sachen schwach, aber bei Lotte nicht. Dafür hat sie mir zu viel angetan, weil sie eben die Macht hatte. Die hatte ja mehr Macht als der Walter«, sagte Beate Matteoli, wie sie mittlerweile hieß, ein paar Wochen vor ihrem Tod.

Matteoli lebte zu diesem Zeitpunkt in einer Wohnung in Berlin-Lichtenberg und trank so viel Wermut, dass sie manchmal ohnmächtig wurde. Das Interview war die Abrechnung mit einer Mutter, die sie als »rabiat« und »herrschsüchtig« empfunden hatte – Schlusspunkt in einem Drama, das im Kleinen vom Scheitern im Großen erzählt. Denn wie bei ihrem Staat begann es für die Ulbrichts mit Idealismus und endete mit Zwang und Gnadenlosigkeit. Die erste Familie im Staate nahm im Privaten vorweg, was öffentlich noch folgen sollte.

Spät waren sie eine Familie geworden. Lotte war über vierzig, Walter über fünfzig, als sie den Antrag auf Adoption beim sächsischen Jugendamt stellten. In den Jahren zuvor, im Moskauer Exil, wo sie die Zeit des Nationalsozialismus verbrachten, hatten sie auf Kinder verzichtet. Wer hätte sich um den Spross kümmern sollen, wenn die Eltern in einem Gulag verschwunden wären? Denn obwohl selbst Kommunistin, war Lotte nur knapp den Säuberungswellen von Stalins »großem Terror« entgangen, bei dem vermeintliche Gegner in den eigenen Reihen ausgeschaltet wurden. Davor hätte sie auch Walter Ulbricht nicht schützen können, dem immer ein guter Draht zum sowjetischen Diktator nachgesagt wurde.

Kennengelernt hatten sich Lotte und Walter 1935 beim kommunistischen Weltkongress in Moskau. Beide eigentlich mit anderen liiert, liefen sie sich im berühmten Hotel Lux über den Weg, gingen im Moskauer Gorki Park spazieren, verliebten sich. Das Paar verlor keine Zeit, zog schnell zusammen, verbrachte den Krieg in Moskau.

Ideologisch passte kein Blatt zwischen sie: Lotte, Tochter eines Hilfsarbeiters aus Berlin, war schon mit 16 Jahren zu einer strammen Sozialistin geworden, emigrierte 1931 in die Sowjetunion und wurde Referentin bei der Kommunistischen Internationalen.

Walter, Sohn eines Schneiders aus Leipzig, hatte sich schon als Jugendlicher in der Nachwuchsorganisation der Kommunistischen Partei (KPD) engagiert, diente im Ersten Weltkrieg an der Ostfront und agitierte während der Novemberrevolution 1918 in den Soldatenräten für eine sozialistische Republik. 1929 wurde er sächsischer Abgeordneter der KPD, 1933 musste er vor den Nazis aus Deutschland fliehen.

Nach dem Krieg kehrte das Paar aufseiten der Sieger in die alte Heimat zurück. Lotte, die perfekt Russisch sprach, übersetzte für die sowjetischen Besatzer, was ihrem Walter, Chef der »Gruppe Ulbricht«, einen Wissensvorsprung im internen Kampf um die Macht verschaffte. Die 1,45 Meter große Lotte half beim Redenschreiben, organisierte Termine, wich dem »Spitzbart« – wie er im Volk genannt wurde – selten von der Seite. Nach der Gründung der DDR 1949 stieg er schnell zum Generalsekretär des Zentralkomitees (ZK) der Sozialistischen Einheitspartei Deutschlands (SED) auf, wurde damit faktisch Regierungschef.

Aber warum wollten die Berufsrevolutionäre auf ihrem Weg an die Macht noch ein Kind? In den progressiven Kreisen der Sozialisten waren Verbindungen ohne Nachwuchs nicht unüblich. Der Wunsch nach einer Familie war erst einmal ein persönlicher. Zwar hatte Walter aus seiner ersten Ehe und einer Liaison mit der französischen Kommunistin Rosa Michel bereits zwei Töchter, aber Lotte hatte für den revolutionären Kampf auf Familie verzichtet. Die erste Adoption einer »Beate« war noch schiefgegangen. Die tot geglaubte Mutter stand plötzlich vor der Tür und durfte das Kind wieder mitnehmen. Bei der »zweiten Beate« sollte alles besser werden. Viel Zeit hatten die Eltern für den »kleinen Sputnik« allerdings nicht, während sie ihr anderes Kind aufpäppelten: den Staat.

Dabei hatten die Ulbrichts im Privaten einiges zu beweisen. »Familie« war eine politische Kategorie in der DDR. In der kleinsten Zelle des Staates sollten Kinder zu guten Sozialisten geformt werden. Oder, wie es in den Grundsätzen des Familiengesetzbuches der DDR (FGB) hieß: zu »gesunden und lebensfrohen, tüchtigen und allseits gebildeten Menschen«, also »aktiven Erbauern des Sozialismus«. Dazu mischte sich der Ulbricht-Staat früh ein. Eine Kombination aus Schulerziehung, Pioniereinrichtungen und Vereinen sollte die Kinder ideologisch auf Linie halten und die Familien durch »vertrauensvolles Zusammenwirken mit staatlichen und gesellschaftlichen Einrichtungen« unterstützen.

»Das Familienideal in der DDR war nicht besonders progressiv, sondern orientierte sich am klassischen Bild: Mutter, Vater, zwei Kinder«, sagt Professorin Gunilla Budde, Historikerin von der Universität Oldenburg. »Im Unterschied zur Bundesrepublik sollte die Kindererziehung, die innerhalb der Familie stattfand, aber möglichst wenig Platz einnehmen, weil sie für den Staat dort undurchsichtig und schwer zu kontrollieren war.«

Dafür betrieb die SED viel Aufwand. In die Krippe kamen Säuglinge oft schon im Alter von ein paar Wochen, ab dem dritten Lebensjahr folgten Kindergärten mit streng festgelegten Erziehungsplänen. Die Betreuung in staatlichen Einrichtungen war kostenlos, nur für das Essen mussten die Eltern einen geringen Beitrag von höchstens 1,40 Mark pro Mahlzeit bezahlen. Mit sozialen Maßnahmen wie dem später eingeführten Babyjahr, Ehekrediten oder Anspruch auf einen Kinderbetreuungsplatz sollte zudem die Vereinbarkeit von Beruf und Familie erleichtert werden. Was durchaus gelang, weil die DDR die arbeitenden Frauen brauchte. Viele gut ausgebildete Männer waren tot oder nach dem Krieg in den Westen geflohen. Und gerade die »eiserne Lady der DDR« wollte die Rolle der Frauen im sozialistischen Gefüge stärken.

»Lotte Ulbricht darf in bestimmter Hinsicht als Vorkämpferin der weiblichen Sache in der DDR beschrieben werden«, sagt Gunilla Budde. Denn auch wenn Frauen seltener in Leitungsfunktionen waren und in der DDR im Durchschnitt schlechter bezahlt wurden, brachte gerade Lotte Ulbricht als Mitglied der Frauenkommission im ZK viele Initiativen voran, die Frauen in der DDR-Gesellschaft unterstützen sollten.

Von der Tochter allerdings erwartete die vermeintliche »Staatsfeministin« Leistung und Gehorsam. Bilder aus den frühen Jahren zeigen ein hübsches Mädchen mit blonden Haaren: Beate sitzt auf dem Schoß ihres Vaters auf einem Steg. Beate

Tochter Beate mit Mutter Lotte 1953, mit Eltern in der Hollywoodschaukel 1965, unter einem Foto ihres Vaters 1960

brütet am Tisch im Garten über Schulaufgaben. Beate läuft Schlittschuh, spielt Volleyball, pflückt Blumen. Die Ulbrichts inszenierten ihr Familienleben als Homestory. Kamerateams des staatlichen Filmstudios Defa filmten die Familie im Garten in Pankow. Die Botschaft: So sieht das perfekte sozialistische Leben aus. Die Eltern, die bei der Erziehung auf die Hilfe von Lottes Schwester setzten, waren streng, Beate musste funktionieren, Druck überall.

Ehepaar Ulbricht bei einer Parade in den Sechzigerjahren

Es gab Gerüchte, dass die Tochter als Faustpfand gegen den Vater von den Russen benutzt wurde, weil Beate noch immer russische Staatsbürgerin war. Nutzte Moskau das Kind wirklich, um die Ulbrichts zu kontrollieren? Belege gibt es dafür bisher keine. Fest steht: Beate wurde gemobbt. Obwohl das clevere Mädchen auf die russische Spezialschule in der Pankower Kissingenstraße ging, wo viele Kinder von Parteifunktionären ausgebildet wurden, hatte sie mit der Wut der DDR-Bürger zu kämpfen.

Die Eltern waren in den Fünfzigern verhasst, das Volk litt unter schlechter Warenversorgung, wand sich unter strengen Arbeitsnormen und der Bevormundung durch die Funktionäre. Im Juni 1953 – ein paar Monate nach dem Tod Stalins – ließ die Sowjetunion mit Billigung Ulbrichts den Volksaufstand in der DDR blutig niederschlagen. Spätestens jetzt war klar, was die Bürger von den Ulbrichts zu erwarten hatten: die harte Hand.

Beate wurde deshalb regelmäßig beleidigt und verprügelt. »Durch den Namen und die Eltern war ich isoliert. So eine durchsichtige Mauer war immer da. Bei dem Namen Beate Ulbricht haben mich alle schon schief angeguckt«, sagte die Tochter im Interview mit »Super!« im Rückblick. Hinzu kam die Kälte der Mutter: »Ich habe immer gedacht, mein Vater ist auf jeden Fall mein richtiger Vater. Das ist der Ulbricht. Und bei der Lotte habe ich nie gedacht, dass das meine Mutter ist.« Zwar habe diese sie nicht geschlagen, aber viel bestraft. »Ein Kind merkt das ja. Genau wie mit einem Hund: Wenn der nicht geliebt wird, dann beißt er oder rennt weg«, so Beate Ulbricht in dem Interview mit der »Super!«.

Früh schickten die Eltern sie in die Ferne. Vielleicht auch, um das Kind in politisch turbulenten Jahren aus der Schusslinie zu bringen. Beate war 15, als sie nach Leningrad zog, wo sie ihr Abitur machen sollte. Die Einsamkeit ist ihren Briefen anzumerken. Sie bettelte, wollte nach Hause. »Kopf hoch, liebes Mädel! Lass Dich nicht von vorübergehenden Schwierigkeiten bedrücken und ablenken. Alles wird gut werden«, wiegelten die Eltern kategorisch ab.

Der Erziehungsdruck, der sich in der DDR auch an den sogenannten Jugendwerkhöfen, Umerziehungslagern für unangepasste Jugendliche zeigt, wurde auch im Privaten praktiziert. Mit kurzfristigem Erfolg. Denn tatsächlich: Beate begann sich zu arrangieren, genoss die Freiheit fernab des Elternhauses. Nur nicht so, wie die Eltern sich das wohl vorgestellt hatten. Informationen gelangten in Briefform nach Berlin, wo die Eltern 1961 die Mauer bauen ließen: Beate schwänzte den Unterricht, sprach rebellisch mit Lehrern, trieb sich herum. Im März 1963 dann die Nachricht von der großen Liebe: Ivano Matteoli, Sohn eines italienischen KPD-Funktionärs.

Die Mutter erschrak so sehr, dass sie sich gleich in den Flieger setzte. Treffen in Moskau, unterkühlt und belehrend. Doch auch der Versuch, die Tochter bei einem Urlaub auf der Krim zur Vernunft zu bringen, scheiterte. Beate hatte in der italienischen Familie so etwas wie Heimat gefunden. Im Jahr 1963 das Jawort auf dem Standesamt Pankow. Die Eltern Ulbricht blieben fern, ebenso wie die Eltern Matteoli, die für die DDR kein Einreisevisum erhielten. Ein erstes Muskelspiel der Ulbrichts.

Trotzdem versuchte das junge Paar, seinen Weg zu finden. Ein Jahr später wurde die gemeinsame Tochter Patricia geboren. Beate arbeitete mittlerweile als Löterin im VEB Stern-Radio Berlin, doch die alte Heimat und das schwierige Verhältnis zur Mutter setzten ihr zu. Das Paar beschloss, in die Sowjetunion zurückzukehren. Ihr Mann fuhr voraus. Als Mutter und Tochter folgen wollten, wurde ihnen Stunden vor der Abreise die Pässe entzogen. Die Ulbrichts machten aus ihrer Tochter eine Gefangene. Volk oder Familie? Ganz egal.

»Matteoli war als Italiener aus dem westlichen Ausland ein No-Go. Das hat gereicht, um sie fallen zu lassen«, sagt Ines Geipel, Schriftstellerin und Professorin an der Berliner Hochschule für Schauspielkunst Ernst Busch. Sie hat sich immer wieder, vor allem in ihrem Roman »Tochter des Diktators«, mit dem Leben von Beate Ulbricht beschäftigt. »Beate durfte immer nur Objekt sein. Als das Vorzeigekind aber eigene Schritte gehen wollte, wurde aus ihr die böse Tochter, die aufs Härteste vom System abgestraft wurde und danach praktisch aus der ostdeutschen Öffentlichkeit verschwand«, so Geipel. Öffentliche Fotos von Beate Ulbricht gab es danach so gut wie nicht mehr. Ein Großteil der Ostdeutschen habe deshalb nicht einmal gewusst, dass die Ulbrichts überhaupt eine Tochter gehabt hätten, so die Publizistin.

Ulbricht-Tochter Matteoli 1991

Doch die wollten nicht aufgeben, wollten die Trennung des Paares erzwingen. Erst nach zwei Jahren, Beate hatte die Einwilligung zur Scheidung endlich gegeben, bekam sie ihren Pass zurück und konnte nach Leningrad reisen, um nach Ivano zu suchen. Doch ihr Mann war nicht mehr aufzufinden, die Ehe am Ende.

Nach viel Verzweiflung traf Beate in der Sowjetunion auf einen alten Schulfreund und suchte bei ihm Trost: Als die Scheidung von Matteoli vollzogen war, heiratete sie Juri Polkownikow in Leningrad, 1969 kam das zweite Kind zur Welt. Auf dem Hochzeitsfoto sieht man Beate mit Blumen in der Hand, über ihr eine Lenin-Büste. Sie begann wieder zu studieren, doch ihr Ehemann trank und schlug sie.

In der DDR wurde währenddessen der Vater entmachtet und von Erich Honecker zur Seite gedrängt. Walter Ulbricht erkrankte und starb im August 1973.

Beate, mittlerweile Ende zwanzig und alleinerziehend, zog wieder in die DDR, in die Rummelsburger Straße, Berlin Friedrichsfelde. Danach: beschleunigter Abstieg. Immer mehr Alkohol, immer neue Jobs: Epidemiologisches Zentrum der staatlichen Hygieneinspektion Potsdam, Schuhproduktion VEB Goldpunkt, Ministerium für Wissenschaft und Technik, Zentralinstitut für Information und Dokumentation, Übersetzerin bei der Nachrichtenagentur ADN.

Nichts hielt, nichts brachte Ruhe. Abends tröstete die Kneipe, trösteten Wermut und Wodka, »Sonja« und »Solidarität« hießen die Lokale. Der Schmerz vergrößerte sich, als ihr Ende der Siebziger das Sorgerecht für die Kinder entzogen wurde. Die Lebensbahn war jetzt final abschüssig. Schneller und schneller ging es bergab. Anfang der Achtzigerjahre ordnete der Staat die psychiatrische Untersuchung im Fachkrankenhaus Lichtenberg an, weil Beate immer wieder halb ohnmächtig auf der Straße aufgelesen wurde. Die Tochter taumelte wie der Staat.

»Beate ist zu diesem Zeitpunkt im freien Fall. Ihr Schicksal zeigt die Brutalität des Staates und ist das Gegenbild zu dem, was heute manchmal verherrlichend über die DDR und ihre Familienpolitik erzählt wird«, sagt Geipel. Nicht Fürsorge und Unterstützung habe im Zentrum der DDR-Familienpolitik gestanden, sondern systemischer Gehorsam.

»Die Stasi hatte sie über Jahre im Blick, wie sie da auf den Ost-Berliner Straßen herumgetorkelt ist. Man observierte ihre Not, aber Hilfe gab es keine«, so die Autorin, der die Geschichte der Systemtochter sehr nah ging. Auch, weil das Ende so tragisch war wie der Anfang.

Bis zum Schluss schrieb die Tochter Geburtstagskarten an die Mutter, von der Reaktionen nicht überliefert sind. Lotte Ulbricht, die 1989 miterlebte, wie eine neue Revolution »ihren Staat« zum Einsturz brachte, ließ sich nur über eine Bekannte informieren, wie es Beate geht. Auf das große Abrechnungsinterview 1991, für das die Tochter angeblich gut bezahlt wurde, reagierte sie nicht. Ebenso wenig auf die Nachricht, dass ihre Tochter von der Polizei tot in ihrer Wohnung gefunden wurde.

Es war die Nacht auf den 4. Dezember 1991. Beate Matteoli lag »im Zustand fortgeschrittener Fäulnis« in ihrem Bett. Letztmals hatten die Nachbarn sie lebend im Zuge eine »Saufgelages« einige Tage zuvor gesehen. Rechtsmediziner diagnostizierten eine »Blutung im Schädelinnern« infolge »stumpfer Gewalteinwirkung«. Ein Raubüberfall? Streit unter Süchtigen? Rache gar oder ein Unfall?

Gegen einen Angriff sprechen die fehlenden Abwehrspuren. Der Fall und die Hintergründe werden nie aufgeklärt. Beate Matteoli, geborene Pestunowa, gewordene Ulbricht, wird anonym beerdigt.

Die Mutter kommt nicht zur Beisetzung.

SCHNELLES WISSEN **Wie nutzte die DDR die Familie als Druckmittel?**

Dem sozialistischen Regime dienten Kinder als Faustpfand: Beantragten DDR-Familien einen Besuch bei Verwandten oder Freunden in der Bundesrepublik, mussten sie oft die Kinder zurücklassen – damit sie auch ja zurückkämen und nicht »Republikflucht« begingen. Lebten Frauen oder Männer nicht gemäß der sozialen Normen des Arbeiter-und-Bauern-Staats oder galten sie gar als »Staatsfeinde«, wurden ihnen die Kinder entzogen und zur Adoption freigegeben oder in Kinderheime gesteckt. In den mehr als 70 Kinderheimen und Jugendwerkhöfen der DDR erlitten die dort untergebrachten rund 300.000 Kinder und jugendlichen häufig physische und psychische Gewalt. Das Ministerium für Staatssicherheit (MfS) schreckte auch nicht davor zurück, engste Verwandte als Stasispitzel einzuspannen

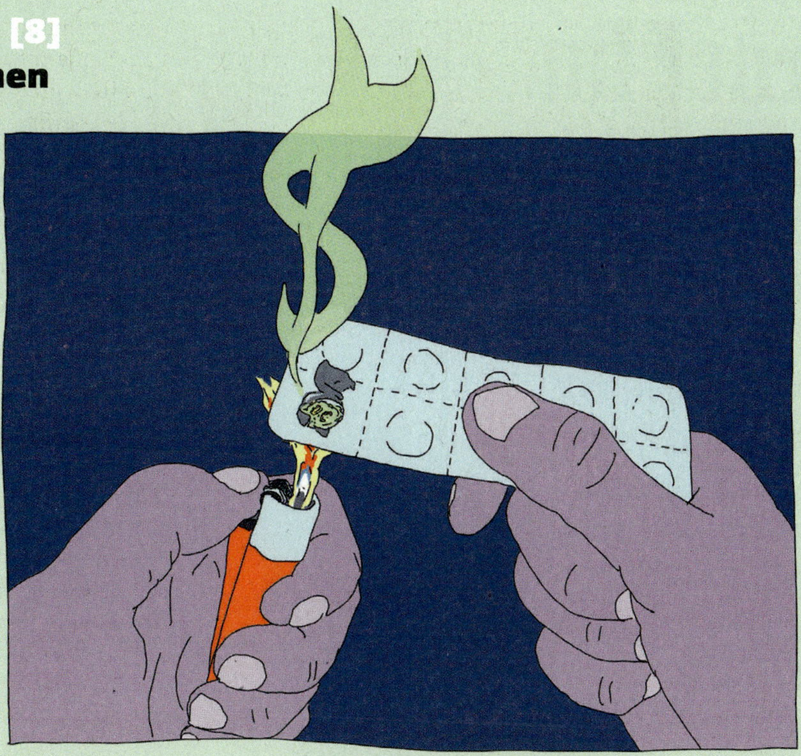

Die Sacklers

Moralisch verwahrlost

WIE ES ANFING

Es waren einmal drei Brüder: Arthur, Mortimer und Raymond Sackler. Das Trio wuchs im New Yorker Stadtteil Brooklyn auf, studierte Medizin und arbeitete gemeinsam in einer Nervenheilanstalt. Dort forschten sie nach pharmazeutischen Alternativen zu Behandlungsmethoden wie der Elektroschocktherapie, die bei psychischen Krankheiten eingesetzt wurde. Der Älteste der drei, Arthur, entwickelte neue Strategien des Marketings, um Medikamente direkt bei behandelnden Ärzten zu platzieren. Seine Methode spülte Arthur jede Menge Geld in die Kasse. Mit diesen Einnahmen kauften die Brüder 1952 das Unternehmen Purdue-Frederick – und legten den Grundstein für ein Pharmaimperium, das Jahrzehnte später in die Schlagzeilen geriet.

WAS HINTER DEN KULISSEN PASSIERTE

Das Unternehmen und Arthurs Vermarktungstechniken brachten den drei Brüdern ungeahnten Reichtum ein. Arthur investierte in asiatische Kunst, Mortimer hingegen gab seine amerikanische Staatsbürgerschaft auf, lebte in den Siebzigern in Saus und Braus in Europa und mischte von dort aus im Geschäft mit. Arthurs Erben verkauften ihre Anteile 1987 an die beiden jüngeren Brüder für 22 Millionen Dollar und entfremdeten sich vom Rest der Familie. Mortimer und Raymond benannten das Unternehmen in Purdue Pharma um und begannen mit dem Verkauf von hoch dosierten Schmerzmitteln, darunter ab Mitte der Neunziger ein Mittel namens OxyContin. Obwohl das Medikament schnell abhängig machen kann, nutzte Purdue Pharma eine aggressivere Form von Arthurs Vermarktungstechniken, um OxyContin massenhaft in Umlauf zu bringen. Das Mittel führte in den USA zur ersten Welle der Opioidkrise. Millionen Menschen wurden abhängig, es gab Hunderttausende Suchttote. Bei den Sacklers füllte sich weiter das Geldsäckel. Mit OxyContin sollen sie knapp 35 Milliarden Dollar eingenommen haben.

WIE ES WEITERGING

Seit Mitte der 2010er-Jahre häufen sich die Gerichtsverfahren gegen Purdue Pharma. Zunächst versuchte der Clan, seine Rolle in der Opioidkrise zu verschleiern, brachte Milliarden Dollar vor Regresszahlungen in Sicherheit. Zuvor hatten die Sacklers mit ihrem Vermögen eine Kunstsammlung aufgebaut und an Museen und Forschungseinrichtungen gespendet. Die Idee, sich als Philanthropen zu inszenieren und so davon abzulenken, dass sie die USA in eine Suchtkrise gestürzt hatten, zieht seit etwa 2018 nicht mehr. Arthurs Nachkommen, die mit dem Unternehmen nichts mehr zu tun haben, zeigen mit dem Finger auf die Verwandten: Tochter Elizabeth Sackler nannte deren Vermögen »moralisch abscheulich«.

Vorturner im Wohnzimmer

Popkultur Wer wissen will, was (west)deutsche Haushalte seit den Fünfzigerjahren so beschäftigte, muss sich alte Familienserien angucken. Die boten erstaunlich praktische Lebenshilfe – und mischten die piefige Kleinfamilie nach und nach auf.

Von Anja Rützel

Szenenbild mit TV-Familie Schumann aus der Serie »Ich heirate eine Familie« 1986

Das Meerschweinchen hieß Bommel. Der Name der schmallippigen und zur Schnippischkeit neigenden Haushälterin war Frau Rabe, und der Freund der Familie, der nie ohne sonnyboymäßig über die Schultern gelegten Pullover auftrat, hieß Wolfgang. Ich kann all diese Namen zu jedem Zeitpunkt und in jedem Zustand fehlerfrei aufsagen, weil ich ein Fernsehkind war, das in den Achtzigern alles fasziniert aufsaugte, was ich mir im TV ansehen durfte.

Manche Fernsehserien-Familien habe ich dabei häufiger gesehen als bestimmte Zweige meiner eigenen leibhaftigen Verwandtschaft. Und wie jedes Fernsehkind hatte auch ich eine fiktive Familie, in die ich mich am liebsten hineinprojizierte.

Bei mir waren es die Schumanns aus »Ich heirate eine Familie«, zu der das eingangs erwähnte Haustier, die Haushälterin und besagter Hausfreund gehörten. Sie faszinierten mich, weil sie mir von 1983 bis 1986 eine Familienvariante vorführten, die für mich als fränkisches, in konservativen Strukturen aufwachsendes Dorfkind so exotisch war wie polyamores Kommunentreiben: Werner und Angi Schumann (gespielt von Peter Weck und Thekla Carola Wied), verheiratet, er bisher Junggeselle, sie geschieden, lebten mit ihren Kindern eine größtenteils harmonische Patchworkfamilie, lange bevor es einen Begriff dafür gab.

Eine geschiedene Mutter mit Kindern, deren neuer Partner in die bestehenden Strukturen hineingedengelt wird, so etwas gab es in meiner Dorfrealität nicht. Und ich kannte auch keinen Erwachsenen, der seine Arbeit einfach von zu Hause aus verrichtete, wie Werbegrafiker Werner in seinem Kellerbüro – auch das Wort Homeoffice war damals noch nicht erfunden.

Rückblickend würde ich »Ich heirate eine Familie« darum zumindest als heimlich progressiv bezeichnen. Hier wurden in 14 Folgen unter dem Deckmantel der Harmonie wie in einem Labor die Verhältnisse zwischen den Eltern und damit auch zwischen den Geschlechtern neu ausgehandelt, passend zur damaligen bundesrepublikanischen Realität. Zum Beispiel als Werner vorschlägt, Angi solle

doch die Arbeit in ihrer Kinderboutique aufgeben und sich fortan auf ihre Care-Arbeit als Mutter und Hausfrau konzentrieren, schließlich werfe sein Job doch genug für die ganze Familie ab. »Aber du liebst doch deine Arbeit, oder?«, sagt Angi darauf sanft: »Und siehst du, ich liebe meine Arbeit auch.«

Erfunden wurde die klassische TV-Familie ursprünglich allerdings nicht, um aktuellen sozialen Wandel kapriolenreich verpackt in die Hirne des Fernsehpublikums zu schmuggeln. In der Nachkriegszeit ging es stattdessen darum, ein Idealbild menschlichen Zusammenlebens zu entwerfen, zu bestätigen und zu beruhigen.

»Unsere Fernsehnachbarn heute Abend: Die Familie Schölermann«, die erste, ab dem 15. September 1954 in der ARD ausgestrahlte Familienserie, thematisierte deshalb auch nicht, wie sich durch den Tod vieler Ehemänner und Väter nach dem Zweiten Weltkrieg neue Familienformen gebildet hatten, etwa Frauenfamilien. Stattdessen entwarf sie eine häusliche Welt mit dem Patriarchen als tonangebendem Familienoberhaupt.

Die Schölermanns fungierten als verständige Vorturner, die ihren Zuschauern zeigten, wie man in der Zeit des Wiederaufbaus und des Wirtschaftsaufschwungs auch die Familie stabil hält. Wenn irgendwas knarzte im konservativen Gebälk, besprachen Mutter Trude, Vater Matthias und die drei Kinder Heinz, Evchen und Jockeli das Problem beim gemeinsamen Bohnensuppenverzehr.

Im Laufe der Serie wirtschaftete Vater Matthias seine Familie aus einer kleinen Mietwohnung erst in eine größere Etagenwohnung und schließlich ins neu erbaute Eigenheim hoch – ein idealtypisch abgearbeiteter Aufstiegsplan innerhalb der seinerzeitigen Verhältnisse.

Damals wollten die Macher die Illusion möglichst lange aufrechterhalten, es handle sich bei den Schölermanns um echte, lebende Menschen und darum auch um eine real zu meisternde Karriere vom kleinen Angestellten zum selbstständigen Unternehmer. Deshalb wurden erst in der letzten der 111 Folgen die Namen der Darstellerinnen und Darsteller genannt. Bis dahin hatte man alle Verweise auf ein inszeniertes Geschehen so gut wie möglich vermieden.

Das Publikum indes schien die fernsehtaugliche Familienfantasie längst durchschaut zu haben: Ende der Fünfzigerjahre fielen die anfangs phänomenalen Einschaltquoten ab, 1960 war Schluss mit der Serie.

Auch »Die Unverbesserlichen« setzten ab 1965 auf Bonding- und Identifikationsmomente mit ihrem Publikum. Familie Scholz aus Berlin – die Hauptfiguren der Serie – musste vor allem finanziell brenzlige Momente durchstehen und bot so eine emotional andockfähige Schicksalsgemeinschaft an: Hauptdarstellerin Inge Meysel wurschtelte ihre Familie in den einmal jährlich rund um den Muttertag ausgestrahlten Folgen bis 1971 als »Mutter der Nation« durch unsachgemäß verjubelte Totogewinne, schuldhafte Scheidungen und verspekuliertes Erspartes und lebte von Misere zu Misere unverwüstliche Resilienz vor.

Mit der Versicherung, dass ihr täglicher Kampf völlig normal ist, beruhigten **»Die Unverbesserlichen«** die klassische kleinbürgerliche Familie vor dem Fernseher; die Serie entwarf den Alltag als Schlingerstrecke mit immer neuen Schikanen. Und eine wichtige Veränderung gegenüber älteren Fernsehfamilien zeichnete sich ab: Probleme waren nicht mehr nur hausgemacht, sondern sie wurden auch durch den gesellschaftlichen Wandel von außen in die Familie getragen.

SCHNELLES WISSEN Welche Fernsehfamilien gab es in der DDR?

Das sozialistische Fernsehen setzte andere Familienwirklichkeiten in Szene als der »Klassenfeind« in Westdeutschland: Im Vierteiler »Aber Vati« schlug sich Nachkriegswitwer Erwin Mai ab 1974 alleinerziehend mit seinen Zwillingen Kalle und Kulle herum. Die trieben es mit ihren Streichen so bunt, dass Vater Mai schließlich die Segel strich und auf die Suche nach einer neuen Frau ging. Dass zahlreiche Frauen in der DDR berufstätig waren und die Care-Arbeit nicht nur von staatlichen Einrichtungen, sondern auch von den Großeltern aufgefangen wurde, zeigte das allseits hilfs- und einsatzbereite Rentnerehepaar Anna und Paul Schmidt in »Rentner haben niemals Zeit«. Und Vermieterin Frau Bärenburg mischte sich in »Die lieben Mitmenschen« nicht nur in das (Liebes-)Leben ihrer Untermieterinnen und Untermieter ein, sondern lebte dem Publikum auch gleich noch die Bedeutung von Hausgemeinschaften vor.

Dass zur damaligen Zeit die Frauenbewegung in Westdeutschland wieder Fahrt aufnahm, ignorierten die Drehbuchschreiber der Serie geflissentlich. Der scholzsche Familienkosmos zeigte die klassische Hausfrau als unverzichtbar. Sie hält die widerstrebenden Interessen der einzelnen Familienmitglieder und das knappe Geld am Ende doch zusammen. Immerhin: Niemand behauptete, dass das Spaß machen würde, und so barmte sich Inge Meysel meistens als Leidensfrau in Kittelschürze durch ihr Familienleben.

Mit den Siebzigern änderte sich der Blick auf bundesdeutsche Familien und damit auch auf jene auf dem Bildschirm. In Bonn reformierte die sozialliberale Koalition das Familienrecht: Schlag auf Schlag wurden die freie Namenswahl der Eheleute, das Ende der Hausfrauenehe und das Zerrüttungsprinzip bei der Ehescheidung politisch legitimiert, in einem Tempo, bei dem so manche westdeutsche Familie nicht mitkam. In der Kölner Sendeanstalt des Westdeutschen Rundfunks reagierte man auf den Umbruch mit Comedy.

Statt, wie bis dahin, mit milden pädagogischen Botschaften rückte nun die Unterhaltung in den Vordergrund. Suggerierten die Serienfamilien beim Vergleich mit der eigenen Sippe bislang mitunter ein Defizitgefühl und »Bei denen klappt es doch auch, warum nicht bei uns«-Vibes, durfte man nun mit Erleichterung auf die Knallchargen-Familie aus »Klimbim« schauen. Mit kriegsversessenem Opa, egozentrischer Mutter, unterdrücktem Vater und einigen nutzlosen Verwandten diente sie als entlastender Anti-Entwurf zur perfekten Familie.

Bis dahin galt die Kleinfamilie als unantastbare Keimzelle der Gesellschaft. Nun wurde sie in einer noch verschämten bis prüden Medienlandschaft zum Schauplatz angeschmuddelter Scherze und plakativer Nacktheit. Die dauerbestrapste Mutter Jolante Klimbim (gespielt von Elisabeth Volkmann) malte ein anzügliches Gegenbild zum Muttchen der klassischen TV-Familien und lud ihr glühohriges Biederpublikum ein, sich ebenfalls frei zu machen – untenrum und von allzu engen Moralkonzepten.

Damit begann im westdeutschen Fernsehen ein Muster: Die TV-Familien oszillierten stets zwischen konservativer Bestätigung des sozialen Status quo und wohlfeilem Abgrenzungsmaterial. Dazwischen gab es seltene, sachte Stupser in eine fortschrittlichere Zukunft.

Die Tetzlaffs aus **»Ein Herz und eine Seele«** (1973 bis 1976) prollten sich ganz klar zur negativ besetzten Distinktionsfamilie. Etwa wenn Vater Alfred (Heinz Schubert) seine Frau Else (Elisabeth Wiedemann, später Helga Feddersen) mal wieder als »dusselige Kuh« bezeichnete oder seine Ressentiments gegenüber Ausländern, Ostdeutschen und »Sozis« ausbreitete. Oder wenn er mit seinem Schwiegersohn Michael (Diether Krebs, in den letzten vier Folgen Klaus Dahlen), der »langhaarigen bolschewistischen Hyäne«, im Clinch lag. Die besänftigende Botschaft an die Familien vor dem Bildschirm: Auch wenn es bei euch mitunter nicht ganz rundläuft, seid ihr wenigstens nicht so desolat dran wie die hier.

In den Achtzigerjahren fächerte sich das Fernsehfamiliengeflecht zu bisher unbekannter Vielfalt mit unterschiedlichen Verschmalzungsgraden auf. Die eigene Familie kann man sich bekanntlich nicht aussuchen, im TV dagegen hatte man nun die Wahl: Schaltete man ein, um Woche um Woche wenigstes für ein gutes Stündchen erschöpft in die Illusion zu plumpsen, dass familiäre Harmonie doch möglich ist, irgendwie? Oder tröstete man sich lieber damit, dass es den ausgedachten Angehörigen der Wahl noch deutlich schlimmer geht als einem selbst?

Dass Reichtum auch nicht alles einfacher macht, lehrten die Kapitalismus-Epen um die mit Öl reich gewordenen Ewings aus »Dallas« oder der Carringtons im »Denver Clan«, importierte US-Serien, die bombastische Einschaltquoten erzielten. Im Windschatten ihres Erfolgs erfand das ZDF 1987 prompt eine heimische TV-Aristokratie in »Das Erbe der Guldenburgs«.

Wer es bürgerlicher bevorzugte, litt mit »Diese Drombuschs« aus Darmstadt (1983 bis 1994), für die Leben vor allem Scheitern bedeutete und denen von Infarkttod bis Mühlenbrand wenig erspart blieb.

In der Münchner **»Lindenstraße«** schließlich wurde zwischen 1985 und 2020 der Niedergang der deutschen sozialen Kleinstzelle jeden Sonntag in neuen Variationen durchexerziert, unter anderem mit der dauerspiegeleibratenden Mutter Helga Beimer, mitunter verbunden mit aufklärerischem Anspruch, etwa über Aids-Erkrankung und Homosexualität.

Und natürlich die eingangs erwähnte Serie »Ich heirate eine Familie«, die Patchworkfamilien normalisierte und Geschlechterrollen wenigstens hinterfragte – auch wenn Angi schließlich doch ihre beruflichen Termine zugunsten der Familie streicht.

Ich habe als Kind und Teenager das Wohl und Wehe all dieser TV-Clans verfolgt und sie als potenzielle Schattenfamilien mit meiner eigenen Lebensrealität abgeglichen. Im Rückblick waren das wertvolle, vulgär-psychologische Studien, vor allem wenn ich vertraute Strukturen gerade in jenen Fernsehfamilien wiedererkannte, die uns rein äußerlich am fernsten waren.

Doch dann kamen die Neunziger, und das sogenannte Reality-TV boomte.

Angeblich echte Familiendramen verdrängten nach und nach die offensiv ausgedachten. In nachmittäglichen Gerichtssendungen und kurz darauf klassistischem Elendsvoyeurismus sah man in den Privatsendern nun »Familien im Brennpunkt«. Sie kamen in diesen Pseudo-Realitysoaps nur noch als maximal zerrüttetes Begaffmaterial vor, an denen sich Super Nannys und Schuldnerberater die Zähe ausbissen.

Die Wollnys, Büchners, Katzenbergers, Geissens und andere »Real Life«-Dynastien gaben der traditionellen Familienserie schließlich mit ihren eigenen Endlos-Shows den Rest.

Seither ist die deutsche TV-Familie Geschichte. Sie ist Teil einer Vergangenheit, die nicht wiederkommen wird. Vielleicht kann man das positiv deuten: Familien leben heute so selbstbewusst ihre jeweils eigenen Modelle, dass sie keine Identifikationsfiguren im Fernsehen mehr brauchen. Kulturpessimistisch betrachtet ist es aber eher der moderne Hang zur Selbstentblößung, der die Familienserie gekillt hat.

Denn wie soll man mit erfundenen TV-Sippen sympathisieren, wenn uns echte Familien schon viel Expliziteres und Bestürzenderes über ihren Alltag präsentierten, als man je wissen wollte?

»Ich fühle mich ein Stück weit um Kinder betrogen«

Demonstration gegen Paragraf 175, Pfingsten 1973

Homo-Ehe Längst sind Familienformen diverser als das »Vater, Mutter, Kind«-Modell. Axel Blumenthal hat in den Neunzigerjahren für die Ehe für Schwule und Lesben gekämpft. Heute sagt er: Der Schritt war richtig, ging aber noch nicht weit genug. *Von Stefan Hunglinger*

In Sachen Familien scheint es in Deutschland eine neue Normalität zu geben: Patchwork, unverheiratete Paare mit Kindern oder mehrfache Scheidungen und Ehen – all das sind keine Aufreger mehr, anders als noch vor wenigen Jahrzehnten. Schwerer jedoch haben es Regenbogenfamilien, mit schwulen, lesbischen oder trans Elternteilen. Erst seit 2017 sind in Deutschland Eheschließungen für schwule oder lesbische Paare erlaubt, seither dürfen gleichgeschlechtliche Eheleute auch Kinder adoptieren. Doch immer wieder stoßen queere Familien auf Widerstände oder Vorurteile, viele Fragen sind ungeklärt. Etwa, warum eine lesbische Ehepartnerin nicht einfach Mutter des Kindes sein kann, das ihre Frau gebiert, sondern es erst adoptieren muss.

Einer, der früh für Gleichberechtigung queerer Menschen und das Recht auf gleichgeschlechtliche Eheschließung gekämpft hat, ist Axel Blumenthal, geboren 1962. Er ist freiberuflicher Coach und Berater und lebt in Hannover.

SPIEGEL: Herr Blumenthal, was macht eine Familie aus?

Blumenthal: Dass Menschen füreinander eine Verbindlichkeit eingehen. Dass man auch in schwierigen Zeiten zueinandersteht, sich gegenseitig unterstützt und sich aufeinander verlassen kann. Als schwuler Mann steht für mich neben meiner biologischen auch so etwas wie meine Wahlfamilie.

SPIEGEL: Was ist mit Kindern?

Blumenthal: Kinder sind nicht zwangsläufig nötig für eine Familie. Ich glaube, dass auch Paare Familien darstellen, und ich würde sogar sagen, dass das auch für Konstellationen von mehr als zwei Personen gilt.

Dass Axel Blumenthal und viele andere heute so selbstverständlich über verschiedene Beziehungs- und Familienformen sprechen, ist eine vergleichsweise neue Entwicklung. Zwar gab es im und direkt nach dem Zweiten Weltkrieg in Deutschland eine kurze Zeit, in der überkommene Geschlechterrollen teilweise aufgeweicht wurden – weil die Männer an der Front gefallen oder vermisst waren und die Frauen arbeiten und sich emanzipieren mussten. Doch in den Fünfzigerjahren verengte sich das Ideal wieder zum klassisch christlichen Familienbild mit dem Vater als Familienoberhaupt und der Mutter als Hausfrau und Hüterin der Kinder.

Ein Bruch mit diesem Ideal kam erst mit der 68er-Bewegung. Sie propagierte sexuelle Befreiung, wollte mit Traditionen und überkommenen Tabus brechen. Auch Schwule und Lesben zeigten sich nun zunehmend selbstbewusst. Die Ehe allerdings fanden die 68er grundsätzlich eher spießig, Familienformen standen noch nicht im Fokus.

SPIEGEL: Als Schwule und Lesben in den Siebzigerjahren in der Gesellschaft sichtbarer wurden, spielte das Thema Familie keine Rolle. Haben Sie eine Erklärung, warum das so war?

Blumenthal: Selbst bei meinem eigenen Coming-out in den späten Siebzigerjahren waren Kinder mit schwulen Eltern noch schwer vorstellbar. In meiner Schulzeit habe ich ganz viel über schwule Männer gelesen, Psychologiebücher. Mir ist angst und bange geworden bei der ganzen Pathologisierung, die da betrieben wurde. Aber selbst in vernünftigen Büchern wie »Der gewöhnliche Homosexuelle« von Martin Dannecker und Reimut Reiche von 1971 ist an queere Familien nicht wirklich gedacht worden.

SPIEGEL: In dem Buch ging es darum, Homosexualität vom Stigma der Krankheit zu befreien. War es für queere Familienplanung noch zu früh?

Blumenthal: Nicht nur meine heterosexuelle Umwelt hat mir damals signalisiert: »Du bist schwul, da kannst du Kinder abhaken«, auch mein schwules Umfeld vermittelte, dass ich Kinder vergessen könne, da ich ja vor meinem Coming-out keine bekommen hätte. Da fühle ich mich im Nachhinein wirklich ein Stück weit betrogen. Uns war gar nicht möglich, schwul zu sein und eine Familie zu gründen, auch mit Nachwuchs. Ich war damals schon relativ selbstbewusst, aber selbst ich konnte beides nicht zusammendenken.

Faktisch war männliche Homosexualität in Westdeutschland bis 1969 strafbar. Der Paragraf 175 im deutschen Strafgesetzbuch war 1871 eingeführt worden. Er stellte »widernatürliche Unzucht« zwischen männlichen Partnern unter Strafe. Etwa 10.000 Männer wurden bis zum Ende des Kaiserreichs 1918 aufgrund dieses Paragrafen verurteilt.

Im Nationalsozialismus wurde das Gesetz weiter verschärft, allein ein Verdacht konnte nun mit bis zu zehn Jahren Haft bestraft werden. Bis zu 50.000 Männer wurden inhaftiert, rund 15.000 kamen in Konzentrationslager. Auch lesbische Frauen wurden gesellschaftlich geächtet, entsprachen nicht dem »gesunden Volksempfinden«, wie es hieß. Die DDR setzte den Paragrafen 175 schon 1957 faktisch außer Kraft. In der Bundesrepublik galt die diskriminierende Vorschrift weiter – rund 50.000 Männer wurden deswegen verurteilt. Erst 1969 wurde die Bestimmung abgemildert, nun waren nur noch homosexuelle Handlungen mit Männern unter 21 Jahren strafbar. Ganz gestrichen wurde der Paragraf erst 1994.

SPIEGEL: Hat auch die Kriminalisierung der Homosexualität dazu geführt, dass an Familien erst einmal nicht gedacht wurde?

Blumenthal: Auch in Westdeutschland war der Paragraf 175 Ende der Siebzigerjahre schon so gut wie nicht mehr in Gebrauch. Doch die gesellschaftliche Ächtung war sehr präsent. Das warf die Frage auf, wie offen man die eigene Partnerschaft leben konnte und wollte. Und das betraf ganz besonders Familienkonstellationen. In den frühen Achtzigerjahren wurden gleichgeschlechtliche Paare mit Kind noch immer schräg angeguckt, besonders Männerpaare. Zwei Frauen und ein Kind waren schon eher akzeptiert.

Zwei Frauenpaare 1910:
»Daran gehindert, gegenseitig Verantwortung zu übernehmen«

1992 erregte eine Aktion bundesweit Aufsehen: In rund 100 Kommunen quer durchs Land hatten etwa 250 schwule und lesbische Paare das Aufgebot bestellt. Unter ihnen waren auch TV-Star Hella von Sinnen und ihre Partnerin Cornelia Scheel, Tochter des einstigen Bundespräsidenten. Allen war klar, dass die Standesämter die Eheschließungen ablehnen würden – eine rechtliche Grundlage für gleichgeschlechtliche Ehen fehlte.

Innerhalb der Szene war die Aktion umstritten: Der Bundesverband Homosexualität war grundsätzlich gegen die Ehe und bevorzugte zivilrechtliche Partnerschaftsverträge für alle Paare, der Schwulenverband Deutschlands hingegen befürwortete die rechtliche Gleichstellung und die Öffnung der Ehe auch für Schwule und Lesben. Ein Ziel der Aktion sei jedenfalls erreicht worden, berichtete die »Süddeutsche Zeitung«: »Es herrscht öffentliche Verlegenheit«. Und eine Diskussion kam in Gang.

SPIEGEL: Sie waren einer der Aktivisten, die damals die »Aktion Standesamt« vorantrieben. Wie kam es zu der Idee?

Blumenthal: 1987 habe ich angefangen, in der Beratung des Gesundheitsamtes Hannover zu arbeiten. Da hatte ich dann bald mit HIV-positiven und an Aids erkrankten Klienten zu tun. Damals gab es noch keine wirkliche Therapie. Einer meiner erkrankten Klienten war ein sehr vermögender Mann, der von seinem Partner liebevoll gepflegt wurde. Zu seiner Familie bestand kein Kontakt mehr, weil die mit seiner Homosexualität nicht klarkam. Als er starb, stand die Familie vor der Tür und verlangte die Hälfte des Erbes. Den Rest hat der Staat dann enorm besteuert, weil er und sein Partner ja nur »Bekannte« waren und keine Ehepartner. Die Leiche hat die Familie in dem Dorf verscharrt, in das mein Klient eigentlich nicht zurückwollte. Der Partner wurde von der Beerdigung ausgeschlossen. So etwas habe ich mehrfach erleben müssen. Da war ich als Sozialpädagoge irgendwann verärgert, weil man nichts dagegen tun konnte. Es war ungerecht, aber es war legal. Deshalb habe ich damals zuerst an den Petitionsausschuss des Deutschen Bundestages geschrieben und die Situation geschildert.

SPIEGEL: Wie lautete die Antwort?

Blumenthal: Es gab offensichtlich kein Interesse, sich damit zu beschäftigen. Dänemark führte dann 1989 als erstes Land weltweit die eingetragene Lebenspartnerschaft ein. Da habe ich gedacht: Das will ich jetzt auch in Deutschland haben. Über die Deutsche Aidshilfe hatte ich damals Kontakt zur Bundesarbeitsgemeinschaft Schwule Jurist*innen und zu Manfred Bruns, der Bundesanwalt war und sehr wichtig wurde in diesem Kampf. Im Rahmen des SVD *(erst Schwulenverband in der DDR, dann Schwulenverband in Deutschland, heute LSVD+ Verband queere Vielfalt* –Red.) haben wir dann mit dem schwulen Grünenpolitiker Volker Beck und dem Aktivisten Günter Dworek die Aktion Standesamt ausgerufen.

SPIEGEL: Wozu sollte die massenhafte Bestellung von Aufgeboten gut sein, wenn doch eh klar war, dass die Eheschließungen nicht stattfinden würden?

Blumenthal: Wir wollten bekannt machen, worum es uns geht. Zudem suchten wir einen gemeinsamen Startpunkt für eine Klage gegen die Diskriminierung, der wir begegneten. Dazu brauchten wir einen Ablehnungsbescheid, und dafür mussten wir das Aufgebot bestellen.

Szenen von der »Aktion Standesamt« 1992:
»Wir wollten bekannt machen, worum es uns geht«

SPIEGEL: Wie erinnern Sie sich an den Tag?

Blumenthal: Auf dem Standesamt in Hannover wurden mein Freund und ich, beide Schnauzbart im Gesicht, gefragt, ob wir Männer seien. Das haben wir bejaht. Als unser Antrag dann abgelehnt wurde, sagte der Leiter des Standesamtes, er müsse das leider tun, würde aber darauf hoffen, dass sich das in seiner restlichen Amtszeit noch ändern würde. Das fand ich damals sehr schön. Wir haben es leider nicht geschafft, er ist vorher in den Ruhestand gegangen.

SPIEGEL: Sie sind an einen wohlgesinnten Standesbeamten geraten, aber politisch war das Thema sehr umstritten.

Blumenthal: Ein paar Tage vor der Aktion gab es eine Diskussionssendung im ZDF, bei der ich mit meinem Mann zu Gast war. Wir hatten zwei Opponenten, die beide nichts gegen Schwule und Lesben haben wollten, aber nicht damit einverstanden waren, dass die auch heiraten können. Klaus-Peter Willsch, heute CDU-Abgeordneter im Bundestag, sagte damals sinngemäß: Wenn man das zulasse, könne man ja demnächst seinen Goldfisch heiraten. Ausgerechnet die »FAZ« hat mich am nächsten Tag gegen Willsch verteidigt und schrieb, dass ich der Einzige in der Sendung gewesen sei, der etwas Vernünftiges zum Thema Ehe gesagt hätte.

SPIEGEL: Wie ging es nach der Aktion weiter?

Blumenthal: Wir haben begonnen, uns bis vors Bundesverfassungsgericht hoch zu klagen. Mein Mann und ich sind im Oktober 1993 oben angekommen, aber ein anderes Paar aus Nürnberg war auf dem Gerichtsweg noch ein paar Tage schneller gewesen als wir. Das Bundesverfassungsgericht hat dann aber kein Urteil gefällt, sondern abgelehnt, sich mit dieser Frage zu beschäftigen. Die Begründung war, dass die Ehe im Verständnis der bundesdeutschen Bevölkerung ein Konstrukt sei, das die Verschiedenheit der Geschlechter voraussetzt. Das könne sich zwar ändern, aber für diese Änderung hätte das Gericht bis dahin keinen Beleg. Das war für uns gleichsam eine Hausaufgabe.

SPIEGEL: Wie meinen Sie das?

Blumenthal: Wir haben uns gesagt: Die Haltung der Gesellschaft ändern wir. Deshalb sind wir in Talkshows gewesen und standen als Ansprechpartner für Journalisten bereit. Damals ging es darum zu zeigen: Es geht uns nicht um eine abstrakte rechtliche Forderung, sondern es gibt einen ganz lebenspraktischen Hintergrund. Wir werden daran gehindert, gegenseitig Verantwortung zu übernehmen. Das Ehegattensplitting ist ein Beispiel. Es wurde immer wieder gesagt: Schwule haben ja keine Kinder, die brauchen kein Ehegattensplitting. Was für ein Blödsinn! Splitting hat mit der Kinderfrage überhaupt nichts zu tun. Das Splitting ist im Prinzip eine Kompensation des Staates für das Risiko, das Verheiratete eingehen, indem sie für ihren Partner, ihre Partnerin, erst mal selbst aufkommen müssen, bevor der Staat aktiv wird.

Der Aktivismus hatte konkrete Folgen: 2001 trat das Gesetz über eingetragene Lebenspartnerschaften in Kraft. Damit waren weitgehend die gleichen Rechte verbunden wie bei der Ehe – nur kein Ehegattensplitting. 2011 gab es laut Zensus-Daten in Deutschland rund 34.000 eingetragene Lebenspartnerschaften, rund 40 Prozent davon zwischen zwei Frauen.

SPIEGEL: War das Lebenspartnerschaftsgesetz von 2001 für Sie ein erster Erfolg?

Blumenthal: Das war ein Projekt der rot-grünen Bundesregierung, dagegen gab es massiven Widerstand. Bayern hat mit Thüringen und Sachsen damals noch versucht zu verhindern, dass das Gesetz in Kraft tritt, und eine krachende Niederlage erlitten vor dem Bundesverfassungsgericht. Das Gericht hat damals schon ganz klar gesagt, dass es keinen Grund für ein Abstandsgebot zwischen der eingetragenen Lebenspartnerschaft einerseits und der Ehe andererseits gibt. Was konservative Politiker aber 2017, als über die »Ehe für alle« abgestimmt werden sollte, nicht davon abgehalten hat, wieder das Gegenteil zu behaupten.

SPIEGEL: Zur Ehe für alle kamen auch kritische Stimmen aus der queeren Community: Die Ehe wäre eine Anpassung an die Heteronormativität, also an das vermeintlich traditionelle monogame Mann-Frau-Paar mit Kindern, es gäbe doch eigene, bessere queere Konzepte. Wie sind Sie mit dem Konflikt innerhalb der Community umgegangen?

»Leben funktionieren auch ohne die klassische Rollenverteilung.«

Blumenthal: Wie normal, wie heteronormativ man seine Beziehung lebt oder nicht lebt, das ist ja eine nicht mal unter Heteros einheitlich geklärte Frage. Deshalb finde ich diese Diskussion nach wie vor unzweckmäßig. Ehe für alle heißt ja erst mal nur, dass wir heiraten können, nicht müssen. Es ging darum, die gleichen Rechte zu haben. Sollen wir jetzt einen rechtlichen Rahmen für weitere Familienkonstellationen schaffen? Das ist eine ganz andere Frage, die ich uneingeschränkt bejahen würde. Im Abstammungsrecht gibt es noch Nachbesserungsbedarf, was den Geburtseintrag im Geburtsregister angeht. Das Selbstbestimmungsgesetz ermöglicht zwar seit 2023 eine leichtere Änderung des Geschlechtseintrags im Personenstandsregister, aber Geburtsurkunden ändern zu lassen, ist weiterhin schwierig. Trans Männer wollen aber nicht als Mutter in den Geburtsurkunden ihrer Kinder eingetragen bleiben oder werden, wenn sie ihre Geschlechtsidentität standesamtlich haben anpassen lassen.

SPIEGEL: Auch dass lesbische Frauen, die Kinder, die ihre Partnerinnen zur Welt bringen, weiterhin adoptieren müssen, wird von der Community kritisiert.

Blumenthal: Selbst die Zuständigen in Jugendämtern sind peinlich berührt, weil sie lesbischen Paaren diese Diskriminierung zumuten müssen. Selbst wenn bei Heteros sonnenklar ist, dass der Ehepartner zeugungsunfähig ist und ein anderer den Samen gespendet hat, ist der Ehepartner automatisch Vater. Warum soll das bei lesbischen Frauen anders sein? Und natürlich ist auch im Hinblick auf weitere Familienformen zu wünschen, dass man guckt, wie das zu regeln ist. Etwa Fälle, in denen ein lesbisches Paar sagt, wir leben beide mit dem Samenspender zusammen. Oder ein schwules Paar, das sagt, wir leben mit der Mutter unseres Kindes zusammen. Wie kann man diese Familienkonstrukte schützen? Das ist ein Auftrag, den die Politik vor sich hat.

Während früher vor allem Lesben und Schwule im Fokus standen, wenn es um nicht heteronormative Lebensentwürfe ging, heißt es heute oft LGBTQ (abgekürzt für lesbisch, schwul, bisexuell, transgeschlechtlich und queer) oder einfach nur »queer«. Der englische Begriff dient als Sammelbezeichnung für alle sexuellen Orientierungen, die nicht heterosexuell sind, für nicht normative Geschlechtsidentitäten sowie Lebens- und Liebesformen außerhalb der Grenzen der traditionellen Paar- beziehungsweise Familienbeziehung.

Die Bezeichnung wurde in den USA erst nach der Jahrtausendwende häufiger genutzt, von dort kam sie nach Deutschland. In Bezug auf Familien ist in Deutschland oft von »Regenbogenfamilien« die Rede. Damit sind Familien gemeint, in denen mindestens ein Elternteil queer ist. Die gesellschaftliche Realität, in der solche Familien häufiger werden, spiegelt sich bislang noch nicht in neuen gesetzlichen Regelungen wider.

SPIEGEL: Vielen geht die Anerkennung diverser sexueller und geschlechtlicher Lebensweisen jetzt schon zu weit.

Blumenthal: Das macht mir Sorge. Wir sehen ja in den USA, dass es wirklich zu einem Rollback kommen kann. Aus der AfD ist ja schon gefordert worden, die Ehe für gleichgeschlechtliche Paare wieder abzuschaffen. Auch dass antiqueere Gewalt zugenommen hat, hat ja Gründe: Auf der rechten Seite wird ein entsprechendes Klima geschürt. Ich hoffe noch auf genug gesunden Menschenverstand der bundesdeutschen Bevölkerung.

SPIEGEL: Bringt die Anerkennung queerer Lebensweisen denn auch für die Mehrheitsgesellschaft Vorteile?

Blumenthal: Ich glaube schon. Denn letzten Endes sind Lesben und Schwule oder allgemein queere Lebensentwürfe ein Beispiel dafür, dass Leben auch ohne die klassische heteronormative Rollenverteilung funktionieren. Wenn man sich die Statistik der ersten Jahre anguckt, waren die Scheidungszahlen bei gleichgeschlechtlichen Ehen niedriger als bei Heteros. Natürlich haben in den ersten Jahren viele Paare geheiratet, die sich schon ewig kannten und wussten, was sie taten. Aber die Entscheidung für eine solche Lebensform ist bei uns doch noch mal überlegter als bei Hetero-Paaren. Deshalb wundert es mich auch nicht, dass Homo-Paare in allen soziologischen Untersuchungen als gute Eltern dastehen. Es sind schlicht keine Zufallskinder dabei. Queere Eltern haben sich ganz anders mit ihrem Kinderwunsch auseinandergesetzt.

SPIEGEL: 2017 konnten Sie Ihren Mann nach langem Kampf heiraten. Haben Sie Tipps für eine gelingende Ehe?

Blumenthal: Offenheit und die Fähigkeit, ganz ehrlich über alles zu reden. Wenn mein Mann und ich Meinungsverschiedenheiten haben, dann gehen wir beide sehr schnell weg von Argumenten und versuchen, die Bedürfnisse dahinter zu verstehen. Man sollte herausfinden, wie man die Bedürfnisse seines Gegenübers bestmöglich erfüllen kann, ohne dabei die eigenen Bedürfnisse zu vernachlässigen. Für uns gehört auch eine offene Beziehung dazu. Man muss gönnen können. Je mehr man liebt, desto mehr steigt die eigene Liebesfähigkeit. Und je mehr man davon gibt, desto mehr kommt auch nach. Das ist zumindest meine eigene Erfahrung. Was dabei die Regeln sind, das muss jedes Paar selbst aushandeln. Da wird es tausendundeine Variationen geben, und das ist gut so.

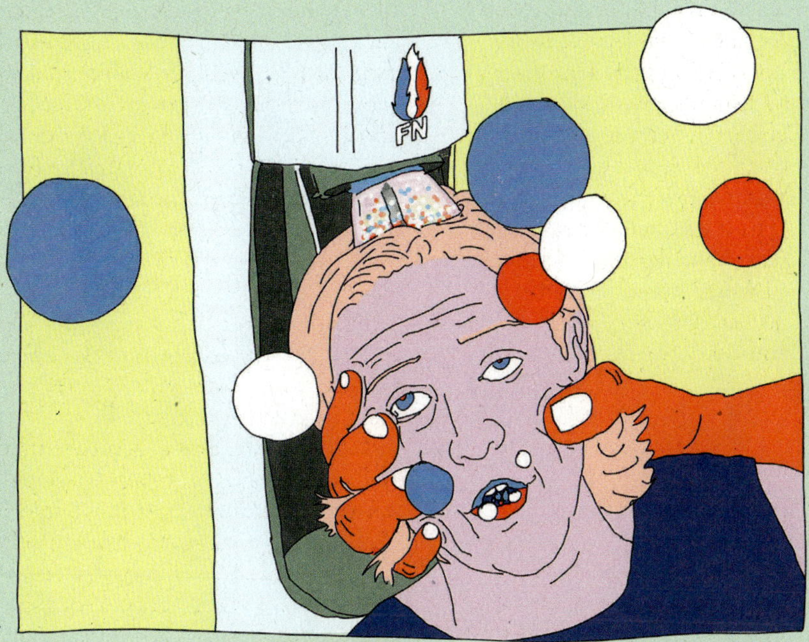

WIE ALLES ANFING
Der Name Le Pen ist Wählerinnen und Wählern in Frankreich bereits seit Jahrzehnten ein Begriff. Der Nationalist Jean-Marie Le Pen (*1928) wurde zum ersten Vorsitzenden der 1972 gegründeten Partei Front National, einer Vereinigung rechtsextremer und neofaschistischer Bewegungen. Finanziell unterstützt wurde er von Hubert Lambert, einem gleichgesinnten Industriellen. Wiederholt trat Le Pen – erfolglos – für das Amt des französischen Staatspräsidenten an. Sein Scheitern dürfte auch mit seinen xenophoben und offen antisemitischen Einstellungen zu tun haben. Erst Tochter Marine Le Pen machte die Partei in den vergangenen Jahren salonfähig und eroberte eine schnell wachsende Wählerbasis.

Die Le Pens

Papa ist Antisemit

WAS HINTER DEN KULISSEN PASSIERTE
Als Achtjährige hatte Marine Le Pen 1976 einen Sprengstoffanschlag auf ihr Wohnhaus überlebt, der wahrscheinlich ihrem Vater galt. Dass ihr Vater und dessen Partei verachtet wurden, weckte in ihr wohl trotzigen Widerstand. Nachdem Jean-Marie politisch extremer geworden war, etwa Freundschaften zu Ex-Mitgliedern der Waffen-SS und Kollaborateuren des Vichy-Regimes pflegte und zunehmend offene antisemitische Bemerkungen machte, ließ Mutter Pierette sich scheiden und düpierte den Patriarchen mit einem »Playboy«-Shooting. Tochter Marine redete über ein Jahrzehnt kein Wort mit ihr. 1998 waren sowohl Familie als auch Partei zerstritten: Die älteste Tochter Marie-Caroline, die den Vater politisch beerben sollte, stellte sich gegen ihn. 2011 übertrug der Patriarch deshalb die Macht an Marine, seine Jüngste. Die unterzog den Front National einer Neuausrichtung. Im Zuge einer »Entteufelung« wurden rechtsextreme Kader aus der Partei bugsiert, auch ihr Vater wurde ausgeschlossen (blieb aber bis 2018 Ehrenvorsitzender). Die Umbenennung in Rassemblement National sollte das Image aufpolieren.

WIE ES WEITERGING
Die Rechtspopulisten wurden zunehmend wählbar. Bei den Europawahlen 2024 bekam die Partei 31 Prozent der Stimmen. Die anschließenden nationalen Wahlen verschoben die Mehrheitsverhältnisse in der französischen Nationalversammlung, sodass der kürzlich von Staatspräsident Emmanuel Macron zum Premierminister ernannte Michel Barnier nun bei Gesetzesvorhaben mit Le Pens Opposition verhandeln muss, um Mehrheiten im Parlament zu organisieren. Für Marine Le Pen ist das ein großer Erfolg und ein Meilenstein für ihr erklärtes Ziel, 2027 selbst in den Élysée-Palast einzuziehen – wenn ihr nicht noch eine Verurteilung wegen Veruntreuung von EU-Geldern in die Quere kommt, für die sie derzeit vor Gericht steht.

Familienforschung

Gerlinde Kottar erforscht seit 30 Jahren ihre Ahnen, inzwischen kennt sie ihren Stammbaum sieben Generationen zurück. Bei der Suche hat sie nicht nur viel über ihre Vorfahren gelernt, sondern auch über sich selbst.

Von Maren Keller

Eine eigene Geschichte

Oberflächlich betrachtet könnte man sagen, dass es meist mit einem Brief beginnt, einem alten Foto – oder wie im Fall von Gerlinde Kottar dem Reisepass ihrer Großmutter, den sie beim Umzug im Keller gefunden hat. Meist sind es Zufallsfunde, mit denen das Interesse an der Ahnenforschung beginnt, das so viele Menschen teilen. Gerlinde Kottar aus Wien gehört dazu. Aber auch der Entertainer Hape Kerkeling, der gerade ein Buch über seine Ahnen geschrieben hat. Und wenn man eine Weile mit Menschen wie Gerlinde Kottar redet, dann versteht man, dass Ahnenforschung in Wirklichkeit mit keinem gefundenen Pass und keinem alten Fotoalbum beginnt. Sondern mit einer Frage: »Wer bin ich, und was ist meine Geschichte?«

Gerlinde Kottar hat beobachtet, dass es so etwas wie ein typisches Zeitfenster gibt, in dem Menschen oft beginnen, sich für die Ahnenforschung zu interessieren. Meist seien sie Mitte fünfzig, manchmal 60, selten 40. Jedenfalls in einem Alter, in dem sich der Blick nicht mehr nur auf die Zukunft richte, sondern auch zurück.

Sie selbst ist nun 56 Jahre alt und hat schon vor 30 Jahren mit der Ahnenforschung begonnen. Was vielleicht niemals so gekommen wäre, wenn sie nicht so ein starkes Bedürfnis gehabt hätte zu verstehen, was eigentlich ihre eigene Rolle im Welt- und Familiengefüge ist. Kottar sagt, das hänge sicherlich damit zusammen, dass ihre Familiengeschichte schon immer speziell gewesen ist. Ihre Mutter war zunächst nur die Geliebte ihres Vaters. Sie selbst war eine Schwangerschaft, die es nie hätte geben sollen. Lange wollte ihre Mutter abtreiben, und Gerlinde Kottar sagt, sie verdanke es nur ihrer Großmutter, dass es nicht so weit kam. Und nach dem Tod des Vaters heiratete ihre Mutter einen Halbbruder aus der ersten Ehe des Vaters und brachte so das ganze Generationengefüge ins Wanken.

Sie begann also mit der Ahnenforschung, um ihre Familie zu verstehen. Und auch sich selbst. Und die meisten Menschen, sagt sie, seien überrascht, wenn sie wüssten, wie weit man schon mit einem Namen kommt. Ihre Kinder, erzählt Kottar, sagten manchmal, sie stalke tote Leute.

Dabei sagt Kottar von sich selbst, dass sie keine ganz typische Ahnenforscherin ist. Zum Beispiel weil sie sich nicht nur für Namen und Daten interessiert. Sondern auch für das, was weitergegeben wird über die Generationen. Die Traumata. Die Konstellationen. Die Themen.

Für sie selbst beispielsweise habe es viel verändert zu verstehen, welches Bindungstrauma ihre Mutter, die eine Zeit lang in einem Pflegeheim aufgewachsen ist, mit sich herumgetragen habe. Durch die Beschäftigung mit der Ahnenforschung hat Kottar mehr über die Zustände in der damaligen Zeit in den Pflegeheimen gelernt, und sie hat begriffen, dass ihre Mutter dort vermutlich vernachlässigt und misshandelt worden ist. Für Kottar hat sich dadurch viel geklärt. Sie hat verstanden, warum es ihr selbst als junge Frau so schwerfiel, sich irgendwo zu Hause zu fühlen. Warum sie sich schon so früh einen Freund gesucht hat. Und warum die Beziehung zu ihrer Mutter bei aller Liebe immer eine ambivalente war.

Familienfotos und Dokumente:
Schatz für das eigene Leben

Gerlinde Kottar sagt, sie sei ein spiritueller Mensch. Und sie wisse, dass nicht jeder an all das glaube. Aber den Dingen sei egal, ob man an sie glaube. Dann wirkten sie eben im Unbewussten. Und die einzige Möglichkeit, ihnen die Macht zu nehmen, sei, genau hinzusehen.

Kottar wäre deshalb wahrscheinlich nicht überrascht, wenn sie hören würde, dass Hape Kerkeling in einem Interview zu seinem Buch gesagt hat, dass er erst durch die Ahnenforschung verstanden habe, was das Motto seiner Familie sei: nämlich das Versteckspiel. Da war der Katholik, der sich in einer protestantischen Stadt versteckte. Da war der Kommunist, der sich unter Nazis versteckte. Da war seine geliebte Großmutter Bertha, die womöglich eine uneheliche Königstochter war. Und da war sein eigenes Versteckspiel – in den ersten Jahren seiner Fernsehkarriere hielt Hape Kerkeling seine Homosexualität geheim.

Solche Zusammenhänge zu sehen – das ist es, warum Gerlinde Kottar davon überzeugt ist, dass die Ahnenforschung für die meisten Menschen ein Schatz für das eigene Leben sein kann, selbst wenn sie das gar nicht ahnen.

Kottar sieht sich auch deshalb nicht als typische Ahnenforscherin, weil sie – wie sie es ausdrückt – nicht nach Informationen sucht, sondern sich von ihnen finden lässt. Dazu passt, dass sie nicht an Zufälle glaubt. Sondern überzeugt ist, dass die Dinge im richtigen Moment zu ihr finden.

Sie lässt sich bei der Ahnenforschung viel von ihrer Intuition leiten. Aber sie weiß auch, dass das nicht jeder-

Forschungsunterlagen, stilisierter Stammbaum:
Die Anzahl der Spuren, die Menschen hinterlassen, kann sich unterscheiden

manns Sache ist. Und dass es viele Menschen gibt, die lieber systematisch Schritt für Schritt vorgehen.

Zunächst heißt das meist, erst einmal mit möglichst vielen Familienmitgliedern zu reden, vor allem mit den älteren, um Anekdoten, Wissen und vor allem Namen zu sammeln. Dabei kann es eine gute Idee sein, gemeinsam alte Fotos anzusehen, weil das oft dazu führt, dass Menschen Dinge erzählen, die ihnen sonst vielleicht nie eingefallen wären.

Im zweiten Schritt lohnt es sich, all dieses Wissen systematisch aufzuschreiben und nachzurecherchieren. Das hilft dabei zu überlegen, was man als Nächstes herausfinden will. Davon hängt ab, wo man eigentlich sucht. Ob man mehr über bestimmte Gegenden nachliest. Ein Archiv aufsucht. Oder eine Anfrage an ein Standesamt stellt.

In den meisten Gegenden Deutschlands wurden Standesämter 1875 gegründet, in den Rheinprovinzen unter napoleonischer Herrschaft schon eher. In Österreich entstanden sie später. Für die Zeit davor sind die Kirchenbücher das, was später die Standesamtregister sind: Dort wurden Geburten erfasst, Hochzeiten oder Todesdaten.

Würde man – rein theoretisch – 25 Generationen bis zu den Erzahnengroßeltern zurückgehen, gäbe es im Schnitt über 33 Millionen Vorfahren, die man ausfindig machen könnte. Es gibt einzelne Menschen, die ihren Stammbaum bis ins Mittelalter hinein rekonstruiert haben. Realistischer sind zehn Generationen. Gerlinde Kottar reichen sieben. Ihre Forschung reicht also gute 200 Jahre zurück. In eine Zeit, als Österreich ein Kaisertum war unter Herrschaft der Habsburger. Und die meisten Mitglieder von Gerlinde Kottars Familie von der Landwirtschaft lebten.

Aber egal, mit wie wenig Generationen man sich begnügt: Immer wird es irgendwann stocken. Immer werden irgendwo Sackgassen sein. Manchmal wurden Unterlagen in Kriegen zerstört. Oder sind bei Umzügen verloren gegangen. Und die Anzahl der Spuren, die Menschen hinterlassen, kann sich ganz erheblich unterscheiden.

Kerkeling hat in einem Interview zu seinem Buch gesagt, dass er so automatisch bei den bunteren Figuren der Familiengeschichte gelandet ist. Gerlinde Kottar sagt, ihrer Erfahrung nach sei es etwas schwieriger, die Frauen nachzurecherchieren. Weil deren Namen sich öfter änderten. Und weil von den männlichen Ahnen ja oft militärische Unterlagen existieren und diese gut zu finden sind. Dabei sind es die Großmütter, die ihr besonders am Herzen liegen.

Egal, wie viele oder wenige Informationen zu einem Ahnen man schließlich findet – sie alle müssen irgendwo festgehalten werden. Und das sollte mit ebenso viel Bedacht geschehen wie das Suchen. Auch wenn dafür jeder seine eigene Methode finden muss, also herausfinden muss, ob er seine Unterlagen nach Quellenart sortiert, nach Orten oder nach Personen. Ob er Ordner haben möchte mit nummerierten Seiten. Oder ob er alles in Mappen sortiert, wie

Reisepass der Großmutter, alte Fotos:
Den Ahnen mit Respekt begegnen

Gerlinde Kottar das tut. Und ob er eines der digitalen Programme verwenden will, die es für Ahnenforschung gibt.

Das in Deutschland beliebteste und wahrscheinlich auch bekannteste dieser Programme ist MyHeritage, das im Monat um die 400.000 Menschen nutzen. Gegründet wurde es von dem Israeli Gillad Japhet, der so besessen von Ahnenforschung ist, dass er laut einer Anekdote, die er selbst gern erzählt, einmal die DNA seines toten Großvaters aus Spucke-Resten extrahiert haben soll, die sich unter Briefmarken auf alten Briefen befanden.

Japhet erzählt auch gern, wie er zur Ahnenforschung kam – lange bevor er sein Unternehmen gründete. Mit 13 Jahren reichte er für ein Familienforschungsprojekt in der Schule über 50 Seiten ein, in denen es um das Leben seiner Mutter und die Gründung des Staates Israel ging. Und mit Anfang dreißig machte er für sechs Monate ein Sabbatical, um seinen Stammbaum zu erforschen.

Sein Unternehmen hat er jedoch nicht nur wegen seiner eigenen Begeisterung für die Ahnenforschung gegründet. Sondern auch, weil diesem Thema für Menschen in Israel noch einmal eine ganz besondere Bedeutung zukomme.

Was Japhet damit meint, versteht man, wenn man Lebensgeschichten wie die von Schalom Korai liest. Korai gehört zu den sogenannten Holocaust-Waisen. Als Kind wurde er aus dem brennenden Warschauer Ghetto gerettet. Ohne dass jemand wusste, wie dieses Kind eigentlich hieß, wer seine Eltern waren, woher es kam. Korai wuchs in Waisenhäusern auf. Arbeitete später als Kraftwagenfahrer. Gründete eine eigene Familie. Aber die Unwissenheit über seine eigene Herkunft beschäftigte ihn bis ins hohe Alter. Ein Psychologe riet ihm schließlich zu einem DNA-Test. Und dieser Test offenbarte, dass Schalom Korai Verwandte hatte. Dass es einen Zweig seiner Familie gab, der den Holocaust überlebt hatte, weil der Bruder seines Großvaters in die USA ausgewandert war.

Im Juli reiste Korai schließlich in die USA, begleitet von einem Journalisten und einem Fotografen. Es existiert ein Foto von diesem Tag. Ein Gruppenfoto aus der Ankunftshalle des Flughafens. Korai steht in der Mitte, sichtlich überwältigt. Ebenfalls auf dem Foto: seine Großcousine Ann, die all das organisiert hat und später mit dem Satz zitiert wird, es sei ein wunderbares Gefühl, Korai die Familie zu geben, von der er nie wusste, dass es sie gibt.

Japhet, der Gründer von MyHeritage, hat eine Vision: Eines Tages soll es ausreichen, einen DNA-Test zu machen, und sein Programm wird mithilfe digitalisierter Informationen und künstlicher Intelligenz den Stammbaum jedes Menschen erstellen können.

Ohne all die mühsamen Anfragen bei Standesämtern, bei lokalen Archiven oder in Pfarrämtern. Ohne dass man sich selbst Sütterlin beibringen müsste oder über schlecht lesbaren Handschriften grübeln muss.

Würde Japhets Vision Wirklichkeit werden – für Menschen wie Schalom Korai wäre das ein wertvoller

So kommen Sie Ihren Vorfahren auf die Spur

Recherche Wollen Sie Ahnenforschung betreiben, wissen aber nicht, wo Sie anfangen sollen? Ein paar Tipps für die Recherche.

Ihre ersten und wichtigsten Quellen sind **Familienangehörige.** Sprechen Sie mit älteren Familienmitgliedern, und fragen Sie nach Fotos, Dokumenten und Anekdoten.

Besonders wichtig sind der **vollständige Name** jedes Familienmitglieds, der **Geburtsort** und das genaue **Geburtsdatum.** Erfragen Sie bei Frauen in der Familie auch den Namen, den sie vor der Hochzeit trugen, den Mädchennamen. Versuchen Sie zudem herauszufinden, wann eine Hochzeit stattgefunden hat und wann und wo Ihr Verwandter gestorben ist.

Arbeiten Sie sich **Generation für Generation** zurück. Dabei werden Sie feststellen, dass es meist schwieriger wird, je weiter Sie in die Vergangenheit kommen. Das ist völlig normal. Sollten Sie in eine Sackgasse geraten, machen Sie an einer anderen Stelle weiter. Manchmal finden Sie später auch über Umwege einen neuen Angang oder eine neue Spur.

Am hilfreichsten werden in der Regel **Geburtsurkunden, Hochzeitsurkunden und Sterbeurkunden** sein. Wenn Sie in den Geburtsurkunden die Namen der Eltern finden, wissen Sie, wo und wie Sie weitersuchen können.

Historisches Familienfoto

Um an diese Dokumente zu gelangen, müssen Sie wissen, zu welcher Zeit sie ausgestellt wurden: Seit 1876 werden diese Urkunden deutschlandweit von **Standesämtern** geführt. Dort erhalten Sie für etwa 15 Euro Auskunft. Sollte der Suchaufwand für die Mitarbeiter und Mitarbeiterinnen des Standesamts größer sein, weil Sie beispielsweise kein genaues Geburtsdatum wissen, erhöht sich diese Gebühr. Wenn es um Informationen aus der weiteren Vergangenheit geht, helfen häufig **Kirchenbücher** weiter. In diesem Fall müssen Sie sich an die zuständige Kirchengemeinde wenden. Ob und wie es dort weitergeht, kann sich je nach Gemeinde unterscheiden.

Die ältesten Kirchenbücher reichen bis ins 15. Jahrhundert zurück. Mit etwas Glück können Sie mit diesen Quellen sehr weit kommen. Allerdings sind auch viele Sammlungen im Laufe der Geschichte verloren gegangen. Es kann also sein, dass Sie vorübergehend in eine Sackgasse geraten.

Wenn Sie von einer Kirchengemeinde keine Antwort erhalten, können Sie auch versuchen, über die **Landeskirchen oder Diözesen** weiterzukommen.

Inzwischen sind sehr viele Quellen **digitalisiert.** Es lohnt sich zu überprüfen, ob Sie auch Ihre gesuchte Information bereits digital auffinden können.

Beginnen Sie frühzeitig damit, alles, was Sie erfahren, **nachzurecherchieren.** Ein falscher Name oder ein falsches Datum schleicht sich schnell ein und kann später zu Problemen führen.

Überlegen Sie sich, wie Sie Ihre Funde **dokumentieren und organisieren** wollen. Sie können dafür jedes System wählen, das Sie möchten. Es muss nur zu Ihnen und Ihren Vorlieben passen. Vielleicht gehören Sie zu den Menschen, die alles gern digitalisieren und Onlineprogramme nutzen. Vielleicht halten Sie Ihre Unterlagen aber auch lieber in Mappen zusammen.

Wenn Sie mit der Ahnenforschung beginnen, werden Sie bald auf Angebote für **DNA-Tests** stoßen. Falls Sie so einen Test machen wollen, seien Sie sich bewusst, dass Datenschützer Bedenken haben und Experten vor falschen Erwartungen warnen: Allzu konkrete Informationen werden Ihnen diese Tests nicht liefern.

Maren Keller

Anhänger mit Kinderfoto einer verstorbenen Tante:
Demut vor schweren Schicksalen, Dankbarkeit und manchmal Unverständnis

Gewinn. Aber es würde dabei womöglich etwas verloren gehen. Wenn alles mit wenigen Klicks auffindbar ist, würden die Momente schwinden, in denen Gerlinde Kottar ein plötzlicher Jubel überkommt.

Ahnenforschung wird manchmal auch als Detektivspiel bezeichnet. Und wie es bei Rätseln so ist: Das Suchen und das Finden gehören untrennbar zusammen. Und es ist schwer zu beantworten, ob das eine ohne das andere nicht vielleicht manchmal seinen Wert verliert.

Gerlinde Kottar sagt, sie liebt es, in Archiven zu stöbern. Sie kann so begeistert vom Geruch alten Papiers schwärmen, dass man ihn bald selbst zu riechen glaubt. Natürlich – auch sie verbringt viel der Ahnenforschungszeit vor dem Computer. Aber sie hat auch schon Nachrichten an Grabsteinen hinterlassen, um Verwandte zu finden. Und sie reist auch an die Orte, an denen ihre Ahnen lebten, um dort Spuren zu finden oder Familienmitglieder. Einmal war sie so in einem winzigen Dorf in Tschechien. Bei Menschen, mit denen sie sich nur verständigen konnte, weil sie in Begleitung einer Bekannten war, die für sie dolmetschte. Und die Reise war so bedeutungsvoll für sie, dass sie eine Zeit lang den Plan hatte, sich selbstständig zu machen und auch für andere Menschen solche Reisen an die Lebensorte der eigenen Vorfahren zu organisieren.

Diese Verbundenheit zu Menschen und zu Orten – sie ist nur eines der Gefühle, von denen Kottar im Zusammenhang mit der Ahnenforschung spricht. Da ist auch die Demut vor den schweren Schicksalen, die einige der Ahnen erlebt haben. Da ist die Dankbarkeit. Und auch das Unverständnis gehöre manchmal dazu.

Ganz gleich, was man über das Leben der eigenen Vorfahren herausfindet – Kottar ist es wichtig, den Ahnen mit Respekt zu begegnen. Niemand habe ein Recht, über das Leben eines Vorfahren zu urteilen. Im Gegenteil: Durch die Ahnenforschung hat sie noch einmal mehr verstanden, dass jeder Mensch einmal jung war. Dass jeder Mensch einmal ein Kind mit Träumen und Hoffnungen war. Ganz gleich, wie das Leben später verläuft.

Hape Kerkeling hat in einem der Interviews zu seinem Buch gesagt, er habe das Gefühl gehabt, er habe seiner Großmutter etwas zurückgeben können. Dadurch, dass er ihr eine Geschichte gab.

Gerlinde Kottar, die in ihrem Leben sieben Ausbildungen gemacht hat, erzählt davon, wie sie während einer Autofahrt plötzlich das dringende Gefühl überkam, ihren Meistertitel als Damenkleidermacherin im Namen tragen zu wollen. Mails unterschreibt sie seitdem mit Mst.in Gerlinde Kottar. Sie hat das Gefühl, dies stellvertretend für all die Ahnen zu tun, denen es durch die Zeit, in der sie lebten, verwehrt geblieben war, Titel zu erreichen. Seit etwa einem Jahr trägt sie auch wieder ihren Mädchennamen. Weil er als einziger der Nachnamen, die sie im Laufe ihres Lebens getragen hat, nichts mit einem Mann zu tun hat. Dafür umso mehr mit ihrer eigenen Geschichte. Und der ihrer Ahnen.

Sachbücher

Empfehlungen unserer Fachleute

Christopher Neumaier: »Familie im 20. Jahrhundert. Konflikte um Ideale, Politiken und Praktiken«
De Gruyter Oldenbourg; 596 Seiten; 114,95 Euro.
Eine umfangreiche Analyse des Wertewandels rund um die Familie im Deutschland des 20. Jahrhunderts.

Heidi Rosenbaum: »Formen der Familie. Untersuchungen zum Zusammenhang von Familienverhältnissen, Sozialstruktur und sozialem Wandel in der deutschen Gesellschaft des 19. Jahrhunderts«
Suhrkamp; 634 Seiten; antiquarisch.
Das gut lesbare Buch untersucht, wie und warum die Vielfalt schichtspezifischer Haushalts- und Familienformen im Laufe des 19. Jahrhunderts einer relativ einheitlich wirkenden modernen Kernfamilie wich.

Reinhard Sieder: »Sozialgeschichte der Familie«
Suhrkamp; 360 Seiten; antiquarisch.
Standardwerk von einem Pionier der historischen Familienforschung. Sieder beschreibt den Wandel der Familienstrukturen von der Frühen Neuzeit bis in die Gegenwart in unterschiedlichen Berufs- und Statusgruppen.

Unsere Experten sind die Historikerin **Isabel Heinemann,** die zu Geschlechtergeschichte in BRD und DDR forscht, sowie der Historiker **Andreas Gestrich,** der die Sozialgeschichte von Kindheit, Jugend und Familie untersucht hat (siehe Interview Seite 20).

Filme

Wackeliger Haussegen

Viermal versuchten sich Regisseure an Thomas Manns im Jahr 1900 erschienenem Jahrhundertroman »Die Buddenbrooks«: 1923 verfilmte Gerhard Lamprecht den Roman um die Lübecker Kaufmannsfamilie als 105-minütigen Stummfilm. Von der zeitgenössischen Kritik wurde der Film zwar gelobt, doch der Starautor selbst war von der Verfilmung offenbar wenig angetan. Bei einem zweiten Anlauf 1959 – Mann war vier Jahre zuvor gestorben – wich Regisseur Alfred Weidenmann so großzügig von der Romanvorlage ab, dass man sich fragen darf, warum das fertige Produkt noch als Verfilmung gilt. 20 Jahre später gelang Franz Peter Wirth mit einer Adaption als elfteiliger Fernsehserie ein Publikumserfolg in der Bundesrepublik und der DDR. Wie sonst außer in einer Serie wollte man auch die über vier Generationen erzählte Familiengeschichte aufarbeiten? Vom ehrgeizigen Kaufmann, der den wirtschaftlichen Erfolg der Buddenbrooks begründet, zum Sohn Jean Buddenbrook, der es in die Politik schafft, über die drei Kinder Thomas, Christian und Tony, die weder das wirtschaftliche noch soziale Prestige der Familie halten können – bis hin zum Enkel und Künstler Hanno, der das schwere Erbe gleich ganz verschmäht. Zuletzt wagte sich 2008 Heinrich Breloer mit hochkarätiger Besetzung (Armin Mueller-Stahl als Familienoberhaupt, Josef Ostendorf als Senator Möllendorpf, Iris Berben, August Diehl und Jessica Schwarz) an den Stoff. Über 180 Minuten entrollte Breloer die Saga der **»Buddenbrooks«** (Foto). Bei der Kritik fiel der opulent inszenierte Spielfilm dennoch überwiegend durch.

Bildbände
Familienbilder mal anders

Wolfgang Luef: »Im Museum gewesen. Überall meine Familie gesehen: Klassische Kunst neu interpretiert«
Yes Publishing; 64 Seiten; 9,99 Euro.
Autor Wolfgang Luef findet in Gemälden von Bruegel bis Caspar David Friedrich Parallelen zum familiären Treiben daheim. Man kann ihm zustimmen oder im Familienkreis lebhaft darüber diskutieren, weshalb er falsch liegt.

Ingo Taubhorn: »Family Affairs. Familie in der aktuellen Fotografie«
Kehrer Verlag; 304 Seiten; 49,90 Euro.
Im Begleitband zur gleichnamigen Ausstellung in den Hamburger Deichtorhallen 2021 schauen Fotografinnen und Fotografen in Wohnzimmer rund um den Globus. Deutlich wird, wie vielfältig und komplex Familie überall auf der Welt gelebt wird.

Linda Fregnis Nagler: »The Hidden Mother«
Mack; 432 Seiten; 350 Euro.
Weil die Belichtungszeiten zu Beginn der Fotografie sehr lang waren, mussten Mütter für die Fotos ihres Nachwuchses erfindungsreich werden. Sie versteckten sich unter Laken, hinter Sesseln oder Vorhängen. Der Band versammelt 1000 Daguerreotypien von skurriler Komik.

Ausstellungen
Neue Seiten entdecken

Landesmuseum Stuttgart
In der Museumsführung des Landesmuseums Stuttgart können Besucherinnen und Besucher das Thema Familie spielerisch entdecken. Eine Fachperson führt Gruppen bis zu 20 Personen 60 Minuten lang durch die Ausstellung und liefert Hintergrundwissen. Mitmachen ist definitiv erwünscht: Die Ausstellung ist so konzipiert, dass Kleingruppen gemeinsam Aufgaben lösen, Familienthemen besprechen und darüber diskutieren. Der Führungstermin (wechselnde Termine) muss zuvor auf der Website gebucht werden.
www.landesmuseum-stuttgart.de

Germanisches Nationalmuseum
In den Alltag von Familien im Mittelalter kann man in der digitalen Ausstellung »Liebe, Ehe und Familie« des Germanischen Nationalmuseums eintauchen. Die Seite zeigt hochauflösende Bilder von Brautkronen und Stammbüchern, geht auf die Rechte der Frau in der Ehe ein, klärt auf über die Bedeutung der Eheversprechen, das trügerische Bild der mittelalterlichen Großfamilie, Kindheit und Rollenbilder der Zeit. Wer dabei angefixt wird, kann in vier weiteren digitalen Kapiteln mehr über das Leben im Mittelalter erfahren.
www.alltagimmittelalter.gnm.de

Memoiren
In fremde Familien eintauchen

Edmund de Waal: »Der Hase mit den Bernsteinaugen. Das verborgene Erbe der Familie Ephrussi«
dtv; 352 Seiten; 13 Euro.
Autor de Waal folgt dem Weg von Familienerbstücken durch die Hände seiner Vorfahren und durch die dunkelsten Jahre des 20. Jahrhunderts.

Annie Ernaux: »Eine Frau«
Suhrkamp; 88 Seiten; 20 Euro.
Keine zwei Wochen nach dem Tod ihrer Mutter begann Literaturnobelpreisträgerin Ernaux, über die Biografie der Älteren zu schreiben, aber auch über das komplizierte Verhältnis zu ihr: wie die beiden sich auseinanderleben, streiten – und doch durch Liebe verbunden bleiben.

Hape Kerkeling: »Gebt mir etwas Zeit: Meine Chronik der Ereignisse«
Piper; 368 Seiten; 24 Euro.
Bei der Ahnenforschung entdeckt der Komiker ungeahnte Verwandtschaftsverhältnisse zum britischen Königshaus, recherchiert das Schicksal von Vorfahren in den Niederlanden und gibt dem Publikum Einblicke in sein Privatleben.

Ewald Frie: »Ein Hof und elf Geschwister. Der stille Abschied vom bäuerlichen Leben«
dtv; 192 Seiten; 13 Euro.
Frie, Professor für Neuere Geschichte an der Universität Tübingen und neuntes von elf Kindern einer katholischen Bauernfamilie, erzählt sachlich, aber sehr persönlich vom Wandel bäuerlichen Familienlebens um die Mitte des 20. Jahrhunderts.

Foto- / Bildnachweise

Titel Bettmann Archive / Getty Images; Kolorierung: hey folks / DER SPIEGEL **Kompendien 1–9** Illustrationen: Frank Höhne / DER SPIEGEL **Seite 3** Gerhard Kiesling / bpk **Seiten 4–5** Hulton Fine Art Collection / brandstaetter images / Getty Images, Rolf Zöllner / ullstein bild, akg-images, TV-Yesterday / INTERFOTO **Seiten 6–13** Die Photographische Sammlung / SK Stiftung Kultur – August Sander Archiv, Köln; VG Bild-Kunst, Bonn, 2024 **Seiten 14–19** IMAGO (5), akg-images (4). Bpk (2) **Seiten 20–27** Michelle Urra / DER SPIEGEL **Seiten 28–29** ddrbildarchiv.de / akg-images, Sammlung Rauch / INTERFOTO **Seiten 30–35** fine art images / INTERFOTO (2), Artcolor / picture alliance / dpa, Victoria and Albert Museum / bpk **Seiten 36–39** TV-Yesterday / INTERFOTO, Schweizerisches Nationalmuseum, Austrian National Library / INTERFOTO, akg-images **Seiten 42–46** Christophel Fine Art / UIG / Getty Images, Bridgeman Art Library, Erich Lessing / akg-images, Hermann Buresch / bpk **Seiten 48–53** Ursula Edelmann – Städel Museum - Artothek, Freies Deutsches Hochstift (2), Ursula Edelmann / ARTOTHEK **Seiten 54–56** akg-images **Seiten 58–61** British Library / akg-images, Mary Evans / INTERFOTO **Seiten 62–66** Illustration: Sebastian Haslauer / DER SPIEGEL; Heritage Images / IMAGO **Seiten 68–70** Hermann Buresch / bpk **Seiten 72–75** Haeckel Archiv / ullstein bild, Conrad Huenich / ullstein bild, ullstein, Getty Images **Seiten 76–81** akg-images (5), Carl Friedrich Mylius / bpk, Edmund L. de Rothschild / Thorbecke Verlag **Seiten 82–87** bpk, Andres Kilger / Nationalgalerie, SMB / bpk, akg-images **Seiten 88–92** Archiv Freilichtmuseum Glentleiten, Bezirk Oberbayern, Volker Herold / Waz FotoPool, brandstaetter images / ullstein bild **Seiten 94–98** Jeannette Petri / DER SPIEGEL (6), Museum Vogtsbauernhof **Seiten 100–101** TopFoto / Keystone **Seiten 102–106** Werner Kreusch / picture alliance / AP / dpa, Bridgeman Art Library, RoyalPress Nieboer / picture alliance / dpa, akg-images, Arkivi / IMAGO, J. C. Schaarwächter / bpk, ullstein bild, Schröwig / picture alliance / dpa **Seiten 108–113** Heinrich Lichte und Co. / akg-images (alle) **Seiten 114–119** akg-images / picture alliance, Fritz Carl / bpk, Bridgeman Art Library, bpk (2) **Seiten 120–124** [M] PresseFotosHeinz / ullstein bild; DER SPIEGEL, PresseFotosHeinz / ullstein bild (2), Eastblockworld.com, Bernd Heinz / action press **Seiten 126–129** Max Kohr / action press, United Archives / Getty Images, picture alliance / dpa, Fotoreport WDR / picture alliance / dpa **Seiten 130–134** Rüdiger Trautsch / Schwules Museum, Corbis Historical / Getty Images, Rolf Zöllner / ullstein bild, Kurt Strumpf / picture alliance / AP / dpa **Seiten 136–141** Helena Lea Manhartsberger / DER SPIEGEL (alle) **Seiten 142–143** United Archives / ullstein bild **Seiten 145** Evan Vucci / AP, akg-images, picture alliance / AP, Leonhard Foeger / REUTERS **Seiten 146** Liselotte und Armin Orgel-Köhne / bpk

Impressum

SPIEGEL-Verlag Rudolf Augstein GmbH & Co. KG, Ericusspitze 1, 20457 Hamburg, Telefon: 040 3007-0, -2700 (Kundenservice), Telefax: 040 3007-2246 (Verlag), 040 3007-2247 (Redaktion), E-Mail: spiegelgeschichte@spiegel.de **Herausgeber** Rudolf Augstein (1923–2002) **Chefredaktion** Dirk Kurbjuweit (V.i.S.d.P.), Dr. Melanie Amann, Thorsten Dörting, Cordula Meyer **Leiterin Derivate** Dr. Susanne Weingarten **Redaktionsleitung** Dr. Felix Bohr, Dr. Eva-Maria Schnurr **Redakteurin dieser Ausgabe** Jasmin Lörchner **Redaktion** Rafaela von Bredow, Jonas Breng, Solveig Grothe, Christoph Gunkel, Dr. Katja Iken, Jochen Leffers, Frank Patalong, Frank Thadeusz **Gestaltung** Aaron Sondermann, Leon Lothschütz **Bildredaktion** Anke Wellnitz **Chefin vom Dienst** Anke Jensen **Schlussredaktion** Regine Brandt, Lutz Diedrichs, Birte Kaiser, Dörte Karsten, Sylke Kruse, Fred Schlotterbeck **Dokumentation** Stephanie Hoffmann; Johanna Bartikowski, Johannes Eltzschig, Dr. Matthias Fett, Leonie Charlotta Geiger, Imko Haan, Renate Kemper-Gussek, Ulrich Klötzer, Ines Köster, Mara Küpper, Rainer Lübbert, Andrea Tholl **Titelbild** Teamleitung: Alexandra Grünig, Johannes Unselt; Suze Barrett, Pia Pritzel, Marcus Wiechmann **Organisation** Corinna Engels, Heike Kalb, Ute Mettenbrink **Produktion** Petra Thormann; Sonja Friedmann, Katrin Zabel **Herstellung** Silke Kassuba; Iris Weber **Anzeigen** Hannes Engler **Anzeigenpreisliste** 2024 vom 27.11.2023 **Mediaunterlagen** www.spiegel.media **Verantwortlich für Vertrieb** Torben Sieb **Druck** appl druck GmbH, Wemding **Objektleitung** Manuel Wessinghage **Geschäftsführung** Thomas Hass (Vorsitzender), Stefan Ottlitz

FSC RECYCLED Papier FSC® C004592

ISSN 1868-7318

Abonnementbestellung

Coupon bitte ausschneiden und im Briefumschlag senden an:

SPIEGEL-Verlag,
Abonnentenservice,
20637 Hamburg
oder per Fax: 040 3007-3070

Ich bestelle SPIEGEL GESCHICHTE
☐ für €9,00 pro Ausgabe
☐ für €9,00 pro digitale Ausgabe
☐ für €1,50 pro digitale Ausgabe zusätzlich zu meinem laufenden Printabonnement

Name, Vorname des neuen Abonnenten

Straße, Hausnummer oder Postfach

PLZ, Ort

E-Mail (notwendig, falls digitale Ausgabe erwünscht)

SPIEGEL GESCHICHTE erscheint sechsmal im Jahr. Ich zahle nach Erhalt der Rechnung. Alle Preise inkl. MwSt. und Versand. Das Angebot gilt nur in Deutschland. Hinweise zu den AGB und meinem Widerrufsrecht finde ich unter www.spiegel.de/agb.

Datum, Unterschrift des neuen Abonnenten

SG-IMPR; GD-IMPR; GD-IMUP

Das Zeitalter der Verführer

Populistische Bewegungen sind auf der ganzen Welt auf dem Vormarsch. Angeführt werden sie häufig von charismatischen Figuren, die ihren Anhängern scheinbar Orientierung in einer chaotischen Welt bieten. Die nächste Ausgabe von SPIEGEL GESCHICHTE erzählt von Populisten und Demagogen, die die Sehnsüchte ihrer Gefolgschaft selten erfüllten, sie aber häufig in Kriege und Verderben stürzten.

Hasardeur Siegen oder am Galgen baumeln – mit dieser Haltung wurde Wladimir Iljitsch Lenin zum Motor der russischen Oktoberrevolution. Mit seiner Bereitschaft, aufs Ganze zu gehen, fand der Revolutionär viele Unterstützer.

Heilige Ihre Fans forderten vom Vatikan die Heiligsprechung Eva Perons. Die historische Forschung sieht »Evita« jedoch als knallharte Taktikerin, die ihrem Mann, Argentiniens Diktator Juan Peron, bei der Machtsicherung half.

Hetzer In Talkshows gab der österreichische Rechtspopulist Jörg Haider den charmanten Faktenverdreher in Nadelstreifen. Im Bierzelt verwandelte der Chef der »Freiheitlichen Partei Österreich« (FPÖ) sich zum brüllenden Neonazi.

Das neue Heft erscheint am 17. Januar 2025.

Zum Schluss

Diesmal: Wie verwandt ist man mit den Kindern der Schwester, der Enkelin des Onkels oder dem Sohn der Cousine? Neun verwirrende Tatsachen über die liebe Verwandtschaft.

1 Was heißt Verwandtschaft?

Verwandt ist, wen wir als solches sehen und akzeptieren. Biologisch verwandt sind jene, die Erbgut miteinander teilen. Mutter und Vater geben je die Hälfte ihrer DNA an ihre Kinder weiter. Die einzigen zu 100 Prozent verwandten Menschen sind eineiige Mehrlinge.

2 Der Verwandtschaftsgrad ist eine Frage der Nähe

Mit unseren vier Großeltern teilen wir nur 25 Prozent des Erbguts. Der Verwandtschaftsgrad sinkt mit der wachsenden Zahl der Vorfahren, die uns voneinander trennen. Das ist in der Biologie so, spiegelt sich aber auch im Recht.

3 Die »neben unserer Linie« sind mit uns weniger verwandt

Geschwister stehen uns am nächsten, sind aber rechtlich gesehen bereits Verwandte zweiten Grades. Deshalb sind sie beispielsweise in der Erbfolge unseren eigenen Kindern nachgeordnet.

4 Tanten, Großonkel und andere »Seitenlinien«

Tanten und Onkel sind Geschwister unserer Eltern. Was aber ist ein Großonkel? Hier geht es um Generationen: Die Geschwister der Großeltern sind Großtanten oder -onkel. Und die Schwester des Urgroßopas ist entsprechend die Urgroßtante, eine Verwandte fünften Grades.

Vater und Tochter, 1954

5 Ist der Mann meiner Tante mein Onkel?

Biologisch gesehen sind die Ehepartner unserer Tanten und Onkel keine Verwandten. Rechtlich gesehen sind die »Angeheirateten« Schwägerinnen oder Schwager dritten Grades. Im echten Leben können sie natürlich trotzdem »Lieblingstante« oder »-onkel« sein.

6 Wieso ist der Sohn der Cousine mein Neffe?

Cousins und Cousinen sind Kinder unserer Tanten und Onkel. Wer deren Kinder nun für »Großcousinen« oder »Cousins zweiten Grades« hält, ist auf dem Holzweg: Sie sind Nichten und Neffen zweiten Grades, denn in Generationen gesehen stehen sie zwar auf gleicher Stufe wie die Kinder unserer Geschwister, aber einen Verwandtschaftsgrad weiter »seitwärts«.

7 Patchwork: Die erweiterte Familie

Halbgeschwister teilen mit uns zwar nur einen Elternteil, sind uns rechtlich aber gleichgestellt. Anders bei den für Patchwork-Familien typischen Stiefgeschwistern, mit denen wir biologisch keinerlei Verwandtschaft teilen. Sie zählen nur dann als verwandte »Vollgeschwister«, wenn sie auch adoptiert wurden.

8 Oheim, wer ist die Muhme?

Früher wurden Verwandtschaftsgrade präziser bezeichnet. So war der Oheim der Bruder der Mutter, während der Onkel der Bruder des Vaters war. Dessen Schwester war Tante, während man die Schwester der Mutter Muhme nannte. Begriffe wie Base oder Vetter waren alternative Bezeichnungen für Cousinen und Cousins, ein Niftel musste nicht Nichte sein, sondern war irgendeine Verwandte zweiten, dritten oder vierten Grades. Der Schwippschwager nimmt Geschwister von Angeheirateten in die erweiterte Familie auf.

9 Und die Enkelin des Onkels?

Ist natürlich eine Nichte zweiten Grades: Sie ist die Tochter einer Cousine oder eines Cousins. Die kann man übrigens auch halbieren: Ein Halbcousin ist Kind eines Halbonkels, während eine Doppelcousine ein Kind ist, das mit uns vier Großeltern teilt: Zum Beispiel dann, wenn unsere Väter Brüder und zugleich unsere Mütter Schwestern waren. Wer glaubt, so etwas sei irrelevant, schlage bitte nach: Stichwort »Europäischer Hochadel«.